漢家天下

七國之亂

削藩埋禍，七國叛起！
山河能否再歸漢室？

清秋子 著

長安未央宮中，自正月初起，數日間，便有羽書雪片般飛來
稱吳王劉濞倡亂，七國齊反，叛兵已逼近睢陽

景帝聞報，大出意料，心中不免慌亂
立召群臣會議，商議對策……

目 錄

初登大殿，韜光養晦守天下　　　　　　005

新枝得勢，老樹終難免摧折　　　　　　037

削藩急策，隱伏亂象埋禍機　　　　　　071

七國叛軍，鼙鼓震天兵戈起　　　　　　103

萬騎出征，敵軍潰散魂魄飛　　　　　　133

梟雄覆滅，烽火遍地成焦土　　　　　　167

深宮謀計，美人心機鬥後宮　　　　　　191

酷吏無情，皇子含淚嘆命運　　　　　　235

千古名將，壯志未酬遺悲歌　　　　　　277

大儒獨抗，野彘之威撼朝野　　　　　　299

目錄

初登大殿，韜光養晦守天下

　　文帝後元七年（西元前157年）夏六月，初一這日，長安未央宮內，宮人們無不神色張皇，都知當今皇帝臥病不起，藥石無效，怕是挨不了多久了。

　　中庭御道上，多日未有帝輦經過，頗顯寥落。偶有麻雀落下，也嫌日晒難當，都是旋落旋起，一副神不守舍的樣子。

　　至正午，蟬鳴如織，越發聒噪得令人焦心。文帝寢殿外，宮女、宦者無言肅立，看似憂傷，實是疲累得耐不住，捱過一刻是一刻。正各想心事間，忽聞室內哭聲大作，有如渠水出閘。眾宮人猛一驚，都睜開眼，心中暗暗舒了口氣——「總算是駕崩了！」

　　片時過後，便有慎夫人、尹姬等後宮姬妾，聞訊奔來，入內與竇皇后同哭，哭聲便越發嘹亮。過了好一會兒，哭聲稍減，只聞宦者一聲高呼，眾宮人當即捧著水盆、汗巾、龍紋覆衣、布帶、覆衾等，魚貫而入，為逝者小殮。

　　眾人一邊入內，一邊就看見太中大夫鄧通，雙目通紅，跌跌撞撞奔出寢殿，並無一句言語。

　　自從文帝病倒，內外傳達及瑣事等，皆由嬖臣鄧通一手打理，再無其餘人插手。如今他倉皇而出，卻不見有任何吩咐，眾宮人就甚覺奇怪。再抬眼望望，見太子劉啟立在床前，滿面肅然，正在恭請皇后等人稍退。宮人們這才明白：皇帝的善後事宜，已由太子接了過去。

　　忙碌了一個正午，操辦完淨身、著衣等事，眾人又以白布帶將遺體

初登大殿，韜光養晦守天下

絞束，蒙上覆衾。此時，晏駕的文帝僅露出面孔，眉目安詳。竇后視力不濟，湊近臥床，瞇眼看了看，不禁又淚如泉湧，悲呼道：「陛下……」眾姬妾聞聲，跟著又是一番嚎啕。

這半月來，太子劉啟食不甘味，可謂天下心事最重的一人。方才哭聲大作時，他只覺天旋地轉，大氣都難以撥出，然困於身分，也只得強自撐住，不亂陣腳。待小殮完畢，才覺遊魂歸竅，略覺放鬆，遂直起身來，望一眼身旁的詹事[1]周文仁，吩咐道：「速去請太后、丞相來。」

那周文仁年方弱冠，生得唇紅齒白，人亦極伶俐，聞令疾步趨出，不多時，便請來了薄太后與丞相申屠嘉。

後晌的半日裡，寢殿內外人進人出，忙亂不休。至入夜時分，才見劉啟與丞相申屠嘉一左一右，扶著薄太后緩緩出寢殿，送往長樂宮去。嘈雜半日的未央宮，方復歸寂靜。

黃夜，竇后、太子等諸人，皆換了素服為文帝守靈。寢殿內外，燭炬通明，如同白晝一般。階陛上下，唯見人影幢幢，竟不似陽間景象，於夏夜裡生出一股寒意來。

次日晨，天氣欲雨不雨，滿天都是陰霾。眾臣上得朝堂來，見氣氛有異，都惶恐不安。但見丞相申屠嘉走出，一臉凝重，揚一揚手，壓住眾人喧譁，從袖中掣出一道詔旨來，聲音瘖啞道：「昨日午時，今上已殯天，諸臣請聽遺詔。」

滿朝文武不由齊聲驚呼，忙整好衣冠，伏地聽宣詔。

這道遺詔，係由文帝臨終前口授、申屠嘉執筆錄成。詔曰：「朕承宗廟，以微眇之身登天下君王位，二十年有餘矣。賴天地之靈、社稷之福，致海內安寧，無有兵革。朕天資不敏，常畏己過，恐有損先帝遺

---

[1] 詹事，官職名，秦置，西漢沿置。掌皇后、太子家事。

德。在位既久，又恐不得善終；今幸以善終，當無悲哀。詔令天下吏民，只可服喪三日，不禁嫁娶、祭祀、飲酒、食肉等。入朝赴喪儀者，皆勿用斬衰[2]，纏頭喪頻寬勿過三寸，車輛兵器勿覆白布。勿發民間男女入宮哭靈，哭靈各王侯官吏，只旦夕各哭十五聲，禮畢既罷。非旦夕之時，不得擅哭。宮內近侍原服喪三十六日者，今七日即可釋去。以此布告天下，使吏民知朕意。朕之寢地霸陵，一仍其舊，勿有所改。」

眾臣聞詔，雖已知遲早將有這一日，仍不免心驚肉跳。想想這天下，得享二十餘年太平，全賴今上寬仁溫厚，今日忽聞聖駕崩殂，都不知今後將有何等變數。又聞遺詔所言，竟是令天下臣民「短喪」，於祖制甚是不合，各人便都不安，然也無人敢出一語。

如此靜默片刻，人群中才漸起哀聲，先有一二人領頭，眾人隨即猛省，一齊放聲哭起來。

申屠嘉亦淚流不止，本也想放聲哭一回，然想到百官皆六神無主，宰執絕不可自亂，只得強打起精神，拭了拭淚，命諸臣罷朝歸家，換了素服，稍晚再入宮來哭靈。

這日，按儀制是大殮之日。眾宮人將文帝遺體搬至前殿，布好靈座，以供拜祭。

待靈座布好後，前殿已是一派素白世界，哀氛立見。太子劉啟上前抱住父皇遺體，不住號哭。宮女扶薄太后在旁垂淚。竇后、慎夫人等後宮諸人，亦是各個滿臉哀容，伏地慟哭。

一通哭畢，宦者將遺體抬起，移入金絲楠木棺，眾人再哭；隨後掩棺，接著三哭。棺蓋將要閉合時，薄太后忽地掙脫攙扶，伏棺大慟道：「兒啊！難得你事事小心，從不越矩，怎的就走到了我前頭？」說著，就

---

[2] 斬衰，古代喪服中最重的一種，以粗麻製成。

初登大殿，韜光養晦守天下

要以頭觸棺。

太子劉啟見事不妙，忙喚了一聲：「太后保重，父皇他……走得還算心安。」隨即起身，扶住薄太后，溫言相勸。

薄太后撫棺悲泣多時，方才哽咽道：「吾兒心事多，他走得實不心安啊！」劉啟、竇后等人無奈，只得又勸慰再三。

待三通哭畢，眾人又對著靈座焚香祭奠，各自默禱，將眼淚幾乎流乾，方告一番禮畢。

此後數日間，京城公卿及百官，皆列隊上殿祭奠。未央宮內，唯見一片雪海似的衣冠。逢到朝夕兩時，階陛上下一片哭聲；其餘時分則靜默無聲，無人敢擅哭。數日間，外地諸王也陸續趕來，一時間馬車轔轔，當街交馳，滿城皆是一派哀容。

萬民服喪的三日裡，四方城鄉無不靜默，如萬物都失了聲一般。百姓們白日忙畢，夜來在棚架下納涼，說起今上駕崩，都連聲嘆息，對來日未定之數，甚是擔憂。

三日後，長安城內各嗇夫、里正，聯翩巡城，高聲告諭百姓，令民間皆解去喪巾，不得延遲。文帝於生前屢次施惠於民，百姓心中感念，都想多服喪幾日；然見曉諭嚴厲，終是不敢違命，便都紛紛除去了喪巾。

待文帝入殮七日後，百官也都脫去喪服。當日上朝，三公九卿簇擁太子劉啟，齊聚在文帝靈座前。奉常[3]朱信跨前一步，撩衣伏地，向劉啟報出：「臣等遵太子令，議定大行皇帝尊號，曰『孝文皇帝』。乞請太后、太子恩准，頒布天下，永載典冊。」

諸臣聞言，神情便一振，隨之都伏地頓首，紛紛贊同，請上尊號。

---

[3] 奉常，秦置官名，九卿之一，掌宗廟禮儀。漢初更名為太常，惠帝時又改回奉常，至景帝六年，復名太常。

劉啟見群臣無異議，自是照准。

　　隔日，群臣又擁劉啟至高廟，祭告高帝。一番繁文縟節後，接過璽綬，太子劉啟才算是受遺命，襲了皇帝之位，後世稱他為「景帝」。

　　同一日，新踐位的景帝即下詔，尊祖母薄太后為太皇太后，尊其母竇皇后為皇太后，又加封阿姊劉嫖（ㄆㄧㄠˊ）為館陶長公主。其時竇太后之兄竇長君已死，便封其子竇彭祖為南皮侯；竇太后之弟竇廣國，亦封為章武侯。

　　此後半月間，除嶺南藩王免奔喪外，其餘劉氏諸王都已入都，先後哭祭完畢。景帝見喪期已畢，不敢有違父命，便下詔行奉安大典。擇了個吉日，親率文武百官，扶柩至霸陵奉葬。

　　且說這霸陵，在長安城東南百里開外，灞水之濱，依山而建，高居於白鹿原上，別有一番景緻。文帝生前因擔心遭後世人盜陵，不在平地起陵，故而霸陵的墓穴，乃是鑿壁而成。如此，山即是陵，陵即是山，可望千秋而不毀。

　　奉安之日，王公、百官、侍衛數千人，簇擁文帝棺槨出城。文帝在世時，耽迷神蹟，曾有詔，漢家從此尚赤色。如今奉安隊伍出城，旗色便是紅的，望去遍野如火。

　　如此曉行夜宿，走了三日，方行至灞水畔。景帝遂下車徒步，率群臣沿陵西大道而上，行禮如儀，場面極是壯觀。

　　鼓樂齊鳴中，景帝立於霸陵之頂，遠望新豐一帶煙樹，渾茫難辨，不覺就出神。想到高帝創下的這片河山，從此將擔在自家肩頭，福兮禍兮，實不可測，心中總覺忐忑。

　　梓宮下葬之時，群臣一片哀聲，與文帝作陰陽永隔之別。文帝生前

初登大殿，韜光養晦守天下

近寵鄧通，更是哭得昏天黑地，倒地不起。

景帝禮畢起身，回頭一瞥，見群臣正圍住鄧通勸慰，便也未言語，揮袖令人將他扶走。

炎天暑日裡，一番大典完畢，君臣都覺疲憊。歸途上，景帝親點丞相申屠嘉為驂乘，一路無語。望見長安覆盎門之時，景帝才側首望了望申屠嘉，嘆息一聲：「今日事，總算是畢了，願天下安泰如故。」

申屠嘉白髮皤然，滿面滄桑，聞言卻微微搖頭道：「陛下，孔子曰：『其或繼周者，雖百世可知也。』聖賢之言，總有他的道理。無論君臣百姓，今後若不循周禮，則天下未必能安。」

景帝頗覺驚異，回望申屠嘉一眼，稍後淡淡答道：「丞相說得是，儒學之道，朕亦略知一二。」

申屠嘉見景帝不悅，忙辯白道：「老臣乃弓弩手出身，豈知儒學之道？蒙文帝厚恩，領班朝堂，久了，少許有所耳聞。」

景帝也未加理會，只是一笑：「朕也想從周禮，然有太皇太后在，吾力有所不及。想從周禮，卻是心急不得呀。」

申屠嘉面色略略一暗，便又道：「陛下即位，似應早立太子，大統相承，以告中外，也好安定人心。」

景帝於太子一事，另有打算，又不欲外人知曉，便敷衍道：「這也心急不得。我正盛年，未立太子，難道大統便不穩了嗎？」

申屠嘉見話不投機，只得拱手謝罪：「是老臣多想了。」

少頃，景帝想起方才鄧通情形，便道：「那太中大夫鄧通，無德無識，以吮癰而得寵，如何做得了文官？」

申屠嘉回道：「文帝用他，實是用人有誤。」

「向在朝中，鄧通恃寵妄為，不守禮法，丞相可將此人除掉。」

申屠嘉並不知景帝與鄧通的過節，聞言一驚，忙應道：「文帝在時，臣亦素厭鄧通所為，曾當面訓誡。然其劣行，無非是恃寵，免官也就罷了。若問罪至死，則有損文帝臉面，朝野不免有議論。」

「丞相倒是仁慈，朕卻不想饒過此豎！」

「臣明日即罷其職、追奪先帝所賜銅山，令其歸鄉就好。」

景帝感慨道：「父皇雖聖明，然諸事千頭萬緒，總有看顧不到的。你我君臣，今後要來補救。」

申屠嘉心中一凜，連忙然諾。

說話間，車駕已近覆盎門，君臣兩人迎風憑軾，眼望著道旁楊柳依依，各想心事。

如此，景帝順利登大位，由夏入冬，一晃數月，倒也平安，堪堪就迎來了新年。當年十月，循例改元，因景帝在位時曾三次改元，故自本年起，史稱景帝前元之年。

新年伊始，景帝便有詔書一道，下給御史大夫陶青。詔曰：「孝文皇帝臨天下，通關塞，遠近無別；除誹謗，去肉刑，賞賜長者，撫卹孤獨，以育眾生；減嗜慾，不受貢獻，不為私利；廢株連，不誅無辜；除宮刑，放先帝美人[4]歸家。凡此種種，皆上古帝王之所不及，而孝文皇親為之。此厚德，如日月之明，祀廟禮樂亦當與之相稱，應以高廟、惠帝廟奏樂舞為例，為孝文皇帝廟作昭德之舞。如此，祖宗之德方可傳於萬世，永永不窮。奉常可與丞相、列侯、禮官等議乎文帝廟禮儀，具文奏上。」

---

[4] 美人，漢宮後妃八品等級之一。漢襲秦制，後宮秩分八品，即皇后、夫人、美人、良人、八子、七子、長使、少使。此處泛指後宮姬妾。

初登大殿，韜光養晦守天下

　　陶青接旨後，不敢有所怠慢，連忙去找申屠嘉等人商議。

　　數日後，眾人議罷，將文帝廟樂舞禮儀一一擬定，入朝呈給景帝。景帝接過，略一瀏覽，露出多日不見的笑顏來：「好，合當如此。」

　　此時，申屠嘉又高聲進言道：「今臣等有議：漢興至今，萬里晏然，功莫大於高皇帝，德莫大於孝文皇帝。應尊高皇帝為太祖，孝文皇帝為太宗，今後天子，宜世世祭祖宗之廟。四方郡國，天下凡高皇帝臨幸處，均已建有高廟；今後凡孝文皇帝臨幸處，也應有太宗廟。令所在諸侯王、列侯每歲祭祀，不忘祖宗盛德。望陛下恩准，布告天下。」

　　景帝略一遲疑，打量了申屠嘉一眼，方道：「丞相老成，此議當出於至誠，朕焉有不准之理？然立廟不得擾民，太宗廟成之日，群臣亦不必朝賀。」當下，便命丞相府擬詔，頒布四方。

　　詔令頒下，四方皆服。天下百姓至此時，已看了數月，心稍始安，知新帝有心承繼父業，不至於另起爐灶。

　　如此，文景兩代的更替，竟是波瀾不驚。不覺間，景帝前元元年（西元前156年）春季已至。四月間，風調雨順，萬物勃發，百姓都覺是天意照拂。景帝心中也高興，為改元之慶，特下詔大赦天下，廣賜民爵一級。

　　這「賜民爵」一事，最易博得民心。漢代爵位共二十級，從庶民至公卿不等，平民亦可有爵位。爵位可賣與他人，亦可抵罪。廣賜民爵一級，無爵者便有了爵位，有爵者則晉升一級，無籍流民也可因此而受惠，變身為庶民。

　　至五月又有詔下，承文帝遺旨，實施農田減租一半，將「三十稅一」推至各地鄉里。

012

四方百姓聞詔，無不歡踴。聖旨雖未允「大酺三日」，鄰里私下之間，卻是多有悄悄聚飲的。父老們無不慨嘆：漢家開關四十年，終是等到了太平盛世。

　　豈料，朝野臣民正在額手稱慶間，忽有一日，長安百姓竟望見驪山那邊有警，各烽燧之上，竟是黑煙滾滾，沖天而起！

　　原來，是軍臣單于欺景帝新即位，猜漢家無暇旁顧，便出動胡騎南犯，殺入了代國境內，劫掠地方。景帝閱過邊報，不禁怒從中來：「匈奴欺我無人乎？」當下，便想起了父皇遺囑，欲用周亞夫為帥，統兵北征。

　　這日天氣晴好，景帝照例來至長樂宮，向兩太后請安。自改元之後，竇太后已遷至長樂宮，與薄太后住在了一處。景帝見母后正陪著薄太后閒坐，語多歡洽，便也無心久坐，匆匆問過幾句，就起身欲退。

　　薄太后卻一揚手，喚道：「慢！孫兒來去匆匆，心神不寧，莫不是有了大事？」景帝只得復又坐下，恭謹答道：「正是。邊地有警，胡騎又犯我代國。」

　　「哦？才逢春日，如何胡騎也來作踐了，他兵馬多乎？」

　　「區區小股，然欺人也未免太甚。」

　　薄太后不覺一笑：「是欺你新君踐位，不知如何掌兵吧？」

　　景帝恨恨道：「正是如此。孫兒不才，擬拜條侯周亞夫為將，統兵去北邊殺他一回。」

　　薄太后一驚，斂起笑容，不以為然道：「這又何必？」

　　景帝不禁將眼睛睜大：「祖母之意，是令我忍了？」

　　竇太后此時插言，叱責道：「此為大事，你好生聽祖母教訓！」

初登大殿，韜光養晦守天下

薄太后這才緩緩道：「匈奴為小股胡騎，又並非秋犯，或是熬不過春荒了，前來打劫一番，我又何必勞師動眾？」

「我若不理，那邊地軍民，卻是要受苦了。」

「這個不難！你父是如何做的，你便如何做就好。」景帝眉毛一挑，脫口道：「祖母是要我和親？」

「和親有何不好？自高帝和親以來，匈奴雖時有襲擾，然終未成大患。那麼和親之計，便是妙計，不可輕易更動。」

「兒臣是怕：此次為他所欺，那混帳單于，便要欺我一世。」

「焉有此理！來日若匈奴逼得緊了，再用周亞夫不遲。」景帝聞此言，一時便默然不語。

竇太后見此，忍不住又責備道：「你生長於深宮，從未掌過兵，莫說本事不及高帝，即便比起你先父來，亦多有不及。如今新承大統，當以不生事為上。還是聽祖母之言，以黃老之術應萬變，莫去學那班儒生，做事迂腐。」

景帝仰頭想想，領首道：「祖母與母后所言，確是高明，兒臣這便去布置。」

薄太后這才微露笑意，又囑道：「漢家已非初立，單于當知輕重；我若有誠意，他也必不欺我。孫兒所遣和親使者，品級不可低。」

此後，景帝果然忍下了一口氣，遣御史大夫陶青赴漠北，厚賜重禮，與軍臣單于約好，漢匈再次和親。只不過，眼下諸公主尚年幼，三年後，當送公主一名嫁與單于。

那軍臣單于得了面子，甚是得意，遂對陶青開顏一笑：「你家新帝，倒是頗知禮。也罷也罷！我就准了他吧。」其實，他也知景帝雖新踐，

014

漢家武備卻一如從前，不便輕易啟釁。加之線報早已探明，景帝脾性不似文帝溫文，昔年一怒之下，竟能將吳太子擊死，若真惹怒了這位新帝，兩家輸贏如何，真還難說。於是下令撤兵，命各部不得輕犯漢境。自此，前元年間，匈奴便再無一騎南下了。

回頭再說景帝臨朝，對東宮兩位太后頗有顧忌，故而舉止謹慎，萬事都從簡，不令大小官吏事過繁劇。朝臣見此，心中原有的忐忑，便都放平了，無不慶幸文帝有眼光，任用了晁錯為太子家令，將儲君調教得好。

大臣中唯有一人，心裡卻惴惴不安，這便是張釋之。

張釋之脾性骨鯁，是個拗直的文法吏。前文說過，劉啟做太子時，曾與故梁王劉揖一同乘車入宮，車過司馬門，腳下一懶，未依禁令下車步行。時張釋之為公車令，專掌司馬門出入，不單阻擋住劉啟兄弟不允入內，還上書劾奏了劉啟一本。

此事由薄太后轉圜過去，太子劉啟也認了錯，並未起波瀾。其後，張釋之位至九卿，做了七年的廷尉，直聲滿天下。文帝恐他位高招禍，早早便罷了他的職，令他閒居，僅備顧問，算是功成名就了。然時勢更易，當年的太子熬成了皇帝，張釋之心下便感不安，怕新帝記恨當年之事。

新帝即位之日，眾臣朝賀，張釋之縱是見慣了場面，也忍不住拿眼去瞟景帝，察言觀色。景帝那邊，反倒是不見有何異常，偶遇刑律事有不明之處，還遣人來向張釋之詢問。

如此捱過幾日，每日懸心，張釋之終是不能忍，不由就想起一個人來。

此人姓王，名禹湯，乃一布衣隱士，世人皆稱王生。早年曾師從黃石公，後歸隱於終南山，躲避秦亂。待漢家定鼎後，為生計之故，偶或

初登大殿，韜光養晦守天下

亦下山來，在長安城內走動。

王禹湯精通黃老，又富辯才，京中公卿多半慕其名，願折節與之交往，一時門庭若市，脫不開身，索性就在城內買屋住下了。

王生之名，在京都漸漸傳開，文帝也有所耳聞。其時文帝正痴迷方術，便下令，召王禹湯入朝面詢。

廷對當日，王禹湯所言倒也平常，其間卻有一事哄傳朝野。那日，王禹湯受文帝恩准，端坐於廷中，白髯垂胸，貌似神仙。三公九卿見了，無不畢恭畢敬，環坐其側伺候。

文帝望著王禹湯，也是呆了，心想黃石公所授之徒，真是各個豐神俊逸，便恭敬道：「先生大名，不只傳於閭里，連朕這宮牆也擋不住了。今日先生來此，請不必顧忌，可以放言黃老。長安高士陰賓上，亦常入宮，為朕講解黃老。惜乎朕學無長進，唯願洗耳恭聽。」

「呵呵，陰賓上兄，老夫同門也。當年在穀城，黃石公所授篇什，陰兄當場便可領會，老夫則遠不及。今聞陰兄又成帝師，便不敢攀舊誼。陛下若願聽老夫閒話，老夫便從穀城說起……」

正說到半途，王禹湯瞥見自己襪繩鬆了，便自嘲道：「吾老矣，鞋襪都著不齊整了。」遂左右看看，一指張釋之道：「張廷尉，請為我結好襪帶！」

時眾公卿皆大驚，文帝也感愕然，卻見張釋之神色不變，上前跪下，為老人將襪繩繫好。

文帝便拊掌笑道：「今日裡，朕竟能親見世間高節！」

罷朝下來，有大臣馮敬往訪王禹湯，提及此事，頗感不解：「先生不似刻薄之人，如何當廷折辱張廷尉，令他下跪結襪？」

王禹湯捋一捋白鬚，緩緩答道：「張廷尉，天下名臣也。其為人無私，法不阿貴，刑無等級，致天下刑名事清平公正，草民不生事端。漢家安固，張廷尉可謂有首功，為吾所敬重。然吾一布衣也，人老且賤，不能從旁助他一二，故而出此計。」

　　馮敬更是大惑：「先生如此，豈不是壞了張廷尉名聲？」

　　王禹湯仰首一笑：「這你便不懂。廷尉若為太子跪地結襪，則其名必是不堪，為世人所笑；而今，他甘為布衣老叟結襪，豈不是天大的美名嗎？天下人若知之，焉能不敬！」

　　馮敬立時醒悟，大為信服，此後逢人便講。朝中諸公聞聽此說，都尊王禹湯為大賢，而益發敬重張釋之。

　　有了這一番邂逅，張釋之也有心結交王禹湯，自此兩人成為莫逆，過從甚密。

　　當時張釋之受文帝重用，權傾一時，得罪人甚多，心中也知福禍之道無常，略感畏懼，於是願聽王禹湯講些黃老之術，以謀如何避禍。

　　景帝繼位，今非昔比，張釋之自然要求教於王禹湯。這日，張釋之沐浴一番，乘車登門，來拜見王禹湯。王氏居所，在長安城西交道亭市，四周一片車馬輻輳，其屋所在，卻是鬧中取靜。入深巷五十步，即是柳蔭垂地，綠意中儼然有一茅屋，籬牆上花木繁盛，恰似鄉野。

　　車方停住，王禹湯便聞聲而出，推開籬門，笑道：「料定你此時要來了。」

　　那王禹湯久居長安，公卿見得多了，知其虛實，並不以公卿為尊。見了張廷尉，直如鄉里相見，也不特別巴結，只含笑揖過而已。

　　張釋之令隨從在門外等候，自己隨王禹湯進了籬門，在院內坪地坐

初登大殿，韜光養晦守天下

下，將一番心事講了出來，問王生有何見教。

王禹湯聽了，並未立刻對答，只放鬆了腿腳，箕踞而坐，笑道：「原來是小事，又何必如此鄭重？老夫便不拘禮了。」

張釋之看到王禹湯腳上布襪，想起當日事，便也一笑。

王禹湯會意，連聲笑道：「當年足下與我，算是有結襪之誼；今日你來問計，老夫自是知無不言。」

張釋之嘆息道：「今上初即位，行事峻急，不比文帝寬仁。在下當年值守司馬門，正在風頭上，未想到攔了太子，便是逆了日後的龍鱗。如今新帝繼位，若究起往事來，恐將大禍臨頭。」

王禹湯拈鬚想了片刻，才道：「聞足下所言，今上似並無問罪之意，足下便不必驚恐。然君臣之間，既有過節，若都不說破，日久必生芥蒂，不可不防。老夫勸你，還不如直截去謝罪為好。」

「去謝罪？無乃太過突兀乎？」

「今上昔為太子，受足下折辱，豈能不耿耿於懷？你今日說破此事，便是示人以無所懼。今上即便有心責罰，也必有所顧忌，總不至於要你的性命了。」

張釋之這才恍然大悟，連忙叩首道：「謝先生救我一命。」

王禹湯笑笑擺手：「哪裡。老夫只是想：天子乃貴人也，不似賣漿屠狗者流，豈能睚眥必報？老子曰：『兵強則滅，木強則折。』你今日先行謝罪，反倒可以得個生路，不至折損乾淨。此一節，盡可放心。」

張釋之心中有了數，連忙致謝。想想不勝感慨，望著眼前的竹籬茅舍，忽然心生羨意，便道：「王生大名滿長安，儼如布衣公卿，卻能淡泊至此，實是高致。在下閒居多年，屢有應酬，想如此隱於市，卻是不能。」

「呵呵，張公謬獎了，老夫哪裡有什麼高致？我不事聲張，實是有所忌，無非怕招禍而已。雖是仁君治世，也大意不得。數十年來，凡張揚者，幾個有好下場？周勃入獄，薄昭賜死，新垣平伏誅，還見得少麼？」

張釋之聞此言，心中一驚，便也無心閒聊了，匆忙起身告辭。

隔日，便依王禹湯之言，至北闕叩門，請入朝覲見。少頃，謁者便來回話，說今上有請張公。

張釋之聞景帝並未拒見，心頭才放鬆，疾步趨上殿，摘去頭冠，伏地叩首道：「臣張釋之見過陛下，今日來，是為謝罪。當年臣下入值宮禁，於司馬門前，曾冒昧攔阻陛下乘輿，實為大不敬。望陛下據實責罰，臣不敢有半句怨言。」

景帝正不知張釋之有何事求見，聞他提及舊事，倒是出乎意料，怔了怔，方勉強一笑：「張公不提，朕倒險些忘了。當年你為公車令，攔我車駕，實是職分所在。春秋楚莊王便有『茅門之法』，太子車馬犯門禁，連御者都要斬了。張公往日，尚遠不及楚莊王。快請平身，無須再提舊事了。」

張釋之只是不起，又叩首道：「當時臣初入宮禁，位卑而氣盛，依仗文帝寵信，處處賣直，陛下今日正當責罰。」

景帝便面露不豫之色：「你越說越不好聽了，什麼賣直？耿直之氣，臣子總是要有的，朕若不容，便是朕之過。你可一仍其舊，秉公直言，不可令朝野有所議論，說朕不喜直臣。」

張釋之這才鬆一口氣，知無性命之虞了。然稍後返歸府邸中，回想景帝辭色，仍捉摸不透，心中總還是惴惴不安。

初登大殿，韜光養晦守天下

其所擔憂，也並非無由。謝罪才過去數月，景帝忽然就有詔下，令張釋之赴淮南國為相，去輔佐無足輕重的淮南王。

接旨之日，張釋之心中一凜，知今上並未釋舊日之嫌，這是要逐他出長安了。想當年自己為文法吏，正受文帝寵信，儒生賈誼卻受猜疑，便是這般被逐出長安的。如今風水流轉，竟輪到自己被逐了。

憤懣之餘，也只得忍下，自嘆躁進之時只顧逞強，不懂得留後路，不算是個聰明人。

臨出都門那一刻，想起王禹湯之言，張釋之不由就嘆：「幸而王生救我，否則今日，或是綁赴東、西市也未可知。」行前曾起意，想與舊僚痛飲一場，又恐為今上察知，怪罪下來，於是作罷，帶了家眷悻然出都。

此時的淮南國，已不是往日大國，早割出去了過半，僅留十五縣，封給了淮南厲王劉長的長子劉安。張釋之以原九卿之尊，外放此地，與貶謫也無甚分別了。

且說那淮南王劉安，脾性與乃父大不相同，心思縝密，素懷大志，不喜狗馬游獵，只喜讀書鼓琴。其父厲王劉長，當年因謀反被誅，此等劇痛，只被他深藏於心。自十五歲起，即受封為淮南王，迄今已有九年。其間，只是廣招賢士為賓客，聚議文學；又召來一群方術之士，一同煉丹。如此韜晦，實是暗自從定主意，要重耀門楣。

這日，張釋之千里馳驅，風塵僕僕進了淮南國都壽春，便有淮南王所遣郎中令前來，迎請張釋之入王宮，為之接風。

當年淮南厲王劉長犯事，文帝嚴命五公卿會審，主審之一便是張釋之。當日會審，五公卿擔心劉長日後報復，便不顧文帝本意，串通一氣，從重判了流徙之刑，致厲王在途中絕食而死。如今面對厲王之子，張釋之早已無當年威風，不免面露尷尬。

劉安將張釋之延入宮中涼亭，不分賓主，相對坐下。亭外，可見淮南王宮，有無數白牆瓦屋，掩映於竹林間，極之清雅。

張釋之正在觀賞，劉安便笑道：「我這裡，從未有朝中重臣來過，閣下是頭一人。」

張釋之聞此言，心中一怔，不禁多了些忐忑。

好在劉安似是全不記得往事，席間對飲，只議論刑名事。且言談間，對張釋之當年斷獄，多有讚語。

酒過三巡，張釋之見劉安知書達理，無所不通，不由心生敬佩。卻不料，劉安又斟上滿杯，一飲而盡，忽就脫口道：「閣下當年斷獄，鐵案如山，從無冤錯，可還記得十七年前事？」

十七年前，正是厲王暴卒之日。張釋之臉倏地就漲紅，結巴了兩聲，方說道：「這個嘛⋯⋯令尊當年，無非任性不羈，實無死罪，全怪縣吏疏忽。臣於此事，也是耿耿於懷，曾奉旨查辦沿途瀆職者，殺了許多人。」

劉安卻擺擺手道：「家父之事，不提了。臣僚之生死，君王一言而已。然閣下為廷尉七年，生殺予奪，皆以一語而斷，無須先報天子。就天下刑名事而言，張廷尉之權，豈非大過了天子？」

張釋之立時驚惶，連忙伏拜道：「萬萬不敢！臣也知職分所在，不敢枉法。」

劉安便一笑：「一人識見，終有不足，非干枉法不枉法。寡人也知閣下忠直，並無過錯，然何以為今上所不容，外放到了敝國來？」

張釋之便語塞，臉面上紅白不定。

劉安見此，拿過張釋之案上酒杯，親自為他斟滿一杯，勸酒道：「閣

初登大殿，韜光養晦守天下

下請飲。家父獲罪時，正是弱冠年紀，恰如我此時一般，若不獲流刑，或可以庶民身分而善終。理雖如此，我卻是七歲即喪父，不得盡孝道。至今思之，仍不能釋懷。竊以為，一人獨斷，對錯便由不得他一人，不知閣下以為然否？」

這一席話，語帶機鋒，卻又並未點破。張釋之聽來，句句錐心，只覺無地自容，連忙伏地稽首，幾欲泣下：「大王責備得是！臣下自以為無私，卻是暗懷私心。於今受謫來此，便是報應，願聽大王處置。」

劉安卻揮揮袖，一笑了之：「閣下快請平身。今日接風，寡人也是要表明心跡。你是朝廷遣來，統領眾官，一切依律行事。寡人讀書二十載，規矩還是懂的。今後諸事，你我兩不相犯就是。」說著，便命左右端上一道美饌來，以箸指點道，「此乃寡人煉丹時偶得，閣下請嘗。」

張釋之一臉茫然，見盤中物似肉醢狀，便以羹匙搲來嘗了，驚問道：「此是何物？如此美味！」

劉安笑道：「此物以豆菽為料，加以鹽滷製成，寡人取名為『豆腐』，為天下未有之美味。」

「果然鮮美，大王有口福。」

「呵呵！寡人以為，人若未食豆腐而死，是為至憾呀。」

此番宴請，張釋之耳聞目見，知劉安城府甚深，遂心生敬畏，不敢大意。於此後，在淮南任上，唯有循規蹈矩，再無所施展。公職閒時，想起當初在朝時，只覺得心痛。一心為天下執法者，竟不得好報，君臣之間的事，實在是說不得了。如此鬱悶日久，忽一日，竟病歿於任上，這已是後話了。

且說景帝貶走張釋之，內廷外朝都有些議論。這日，景帝依例至東

宮，向太皇太后及太后問安。至薄太后處，見薄太后因喪子之痛，已幾近盲目，臥於床上，不能起身。問過數語，方能答上一句。

景帝見了，不由得傷感，連忙好言安慰。薄太后痴望屋梁良久，只呢喃道：「你父皇不敢棄黃老之術，萬事淡泊，方有二十三年安穩，你也須謹記。」

景帝忙答道：「孫兒已知，絕不敢違。」

稍後轉至竇太后處，見阿姊劉嫖也在。竇太后目力亦不濟，幾近半盲，便將長公主劉嫖接來宮中，貼身伺候。平日由劉嫖攙扶，倒還能走動。

景帝問過安，竇太后忽扯住他衣袖，蹙眉道：「近年天下安穩，訟事清平，全賴張釋之打下了好底。你父皇也讚：『張釋之為廷尉，天下無冤民。』原以為改元之後，九卿換人，要起復張釋之，不想你卻將他逐走，今後將如何治天下刑名？」

景帝連忙揖道：「母后問得好，刑名之事，須得忠直之人擔當。兒臣夾袋中，早有合意人選。」

「張釋之桀驁，不用也就罷了，只怕旁人不能令天下心服。」

「非也，世上人才，非止一人。向日兒臣為太子，屬下侍臣張歐（ㄑㄩ），便擅治刑名，為人又簡素，不事苛求，僚屬皆敬重。以張歐接任廷尉，為萬全之計。」

「我只知太子太傅石奮，恭敬勤謹，倒不知還有個張歐。那石奮，不可為廷尉嗎？」

「石奮為人固無瑕，然太過拘謹，一向管束我甚嚴。今兒臣登大位，若用師傅為九卿，教我又如何驅遣他？先帝生前，已擢吾師為大中大

初登大殿，韜光養晦守天下

夫，兒臣並未忘恩，另外安排他就是。」

「哦，倒也是！那張歐，做事幹練便好，然不知是何等來歷？」

「乃是高帝時安丘侯張說之子，初在兒臣身邊為吏，行事穩重，有長者風，從未貶抑他人。僚屬亦尊他為長者，不敢有所欺瞞。太子宮上下凡涉刑名事，皆由他一手辦理，從無冤錯。」

竇太后面露微笑道：「唔，那便好。啟兒初登大位，用人謹慎就好，不可令躁進之徒近身。」

景帝便又道：「兒臣即位，總要令群臣振作，九卿此次換人，不止廷尉一職，連帶郎中令[5]、宗正、中尉，都要起用新人。否則，老臣們因循慣了，新帝之言便無人聽。」

竇太后點點頭道：「如今天下承平，換些新人來試手，也好。那郎中令，執掌宮禁權要，須得小心，你打算換何人？」「便是兒臣舊屬周文仁。」

「周文仁？是那個白面郎嗎？」

「正是。此人雖年少，已隨我多年，定然可靠。」竇太后悶哼一聲，便不言語。

卻說劉嫖為人，心機雖多，卻也頗念舊，此時忍不住說道：「你換九卿，也就罷了，如何將鄧通也免了官？那鄧通，人還忠厚，父皇生前所倚賴者，無過於此人，如今無故而罷免，總要顧及父皇顏面。」

景帝素來敬畏阿姊，此時又不好提起舊事，便道：「那鄧通，以布衣入宮，僅有薄技，卻因擅逢迎，竟官至太中大夫。天下有學識者，皆嗤之以鼻。免官，也是為保全他。」

---

[5] 郎中令，官職名，秦置，漢初沿置。主掌宮廷侍衛。屬官有大夫、謁者、諸郎及宮禁衛士，為九卿之一。

「父皇賜他銅山,如何也奪去了?」

「想來阿姊亦知,鄧氏錢遍及天下,即是奪去了銅山,鄧通之富,人間也再無第二,阿姊不必擔心他受窮。」

竇太后此時打圓場道:「你姐弟二人,不必再爭。鄧氏之富,連我身邊近侍都垂涎。他雖罷歸,好歹還是富家翁,就任由他去吧。」

景帝躬身扶住母后,應道:「朝中人事,兒臣自當謹慎;無道理的事,自然不做。」

「如今啟兒登位,無波無瀾,真乃上天眷顧了,不似你父皇當初那般驚心。你既坐穩,便不能忘兄弟,要多顧些武兒才是。」

景帝便笑:「梁王在睢陽(今河南省商丘市),活得自在呢,與兒臣時有書信往還。」

竇后又執起景帝之手道:「你兄弟二人,生於板蕩之時,幼年多不安。能有今日,實屬不易,務要相幫相扶。你命好,做了皇帝,也不要令你弟太過冷清。」

此時,斜陽照亮廊下,滿庭海棠,熾如煙火。景帝忽就想起幼年,與幼弟繞父皇膝下玩耍,是何等快活,心中便起感傷,忙對母后連聲然諾。

數日之後,張歐接了廷尉職,入朝覲見。景帝見他神色略顯惶恐,便溫言囑道:「你以太子舊臣晉升九卿,固然突兀,然群臣亦不敢有所非議,只放心去做。」

張歐答道:「臣並非忌憚群言,只是唯恐蹈前人覆轍。」

景帝這才知他心事,便勸勉道:「張釋之功高才大,曾任廷尉多年,並無過失。外放淮南國,乃是為轄制外藩。張釋之在朝時,頗有建樹,

初登大殿，韜光養晦守天下

你亦不可畏手畏腳。刑名事，關乎天下治平，往日如何，今日便如何。由你來掌廷尉府，朕放心，只不要像張釋之那般苛急。」

張歐探明景帝心思，遂放下心來。走馬上任後，一如在太子宮時，訟斷持平，獄無冤滯。景帝看了數月，心中大喜，獨召來張歐囑道：「朕聞涓人議論，往日笞法過苛，易致人死，與仁德之政相違。今日可改笞法，勿使過重。百姓犯法坐罪，捱了竹板，必也有羞恥心，知錯改過就好。」

張歐喜道：「臣下於此，早就有不忍之心。文帝廢肉刑，初心至為仁厚，然張蒼所定刑制，重笞之下，人犯焉能苟活？民間裡巷間，已是聞笞刑而色變，議論頗多。」

景帝頷首道：「正是此理。不可名為輕刑，實則殺人。」

張歐奉了旨，隔日便上奏，請減笞法，將原來五百改為三百，三百改為二百，依次減等。又建言，笞刑所用竹杖，須將竹節削平；獄卒行刑，中途不得換人；等等，總之是不許摧殘人犯。

景帝看過奏摺，含笑道：「便可照此頒下。治天下，諸侯可以欺，草民卻不可以欺。」

張歐聞此言，不覺驚異。抬眼望望景帝，只覺自家舊主即位後，城府頓深，真是非同往日。

未幾，海內風聞新任廷尉治訟寬仁，疑罪赦之，不似從前苛求，顯是有新政氣象，官民便都讚聲不絕。

舊屬張歐既能勝任，景帝心便放下。不由又想起昔日師傅，便召石奮來問詢。

這位石奮，乃是河內郡溫縣（今河南省溫縣西南）人。當年高帝東擊

項羽,石奮年方十五,於漢軍過河時,前來投軍,在高帝身邊為小吏,十分恭謹。一日,劉邦與他閒聊,問道:「家中還有何人?」石奮答曰:「家父已喪,獨有老母,不幸失明。家貧,有一姊,能鼓琴。」劉邦便又問:「你方年少,能隨我征伐嗎?」石奮答:「願盡力!」

高帝大悅,便召石奮阿姊為美人,以石奮為中涓,掌書信、奏表。定都長安後,又徙石家至長安城內戚裡。此地所居者,皆為外戚,故有此名,乃萬人垂涎的富貴地。

至文帝時,東陽侯張相如曾為太子太傅,免官之後,公卿皆推選石奮接任。

自此,石奮為太子太傅歷十數年。此刻景帝見了石奮,倍感親切,忙問道:「多時不見,師傅仍行走如常,不見衰老。」

石奮連忙稱謝道:「今見陛下,恍如隔世,萬不可再稱師傅了。」

景帝便笑:「哪裡,師傅嚴謹,朕受益甚多,當終身為師。不知諸公子可還好?」「託陛下之福,臣之四子,勤謹孝順,皆已官至兩千石。」

「哦呀!石君及四子,皆為兩千石;人臣之尊,集於一門。朕要送你個別號了,喚作『萬石君』才對。」

石奮一怔,竟破天荒開懷大笑。

一番寒暄畢,景帝才提起正事,溫言道:「今我為天子,當報師恩。只恐師傅在朝,君臣皆有不便,不如勞煩師傅為諸侯國相。如此,於公於私兩便。」

石奮焉有不受之理,連忙謝恩。君臣二人,又閒話了多時,方依依作別。待詔令頒下,石奮便打點好行裝,上任去了。

朝中人事既妥貼,景帝才稍覺釋然。他自幼在代地長大,猶記得早

初登大殿，韜光養晦守天下

年，旁枝弱系，闔家時有悃惶。如今即位，年已三十二歲，雖難改急躁，卻也多了些歷練。

問政之初，諸事不敢怠慢，只照著父皇舊章行事，將「無為」二字奉為至寶。偏巧上天於此時，也好似真的有護佑，一連兩年，內外均無大事。奉常府的一班史官，常閒得無聊。

如此無風無浪，至前元二年（西元前155年）四月，太皇太后薄氏忽然病重，藥石均無效，堪堪將離人世。

一日，景帝正與舊屬晁錯對坐，議論天下事，忽聞長樂宮有宦者來報：「太皇太后病篤，今晨已食水不進。」

景帝大驚，慌忙撇下晁錯，乘輿趕至長樂宮。趨近病床前，見薄太后病體支離，面色蒼白，不由就落下淚來。

薄太后聞聽動靜，微微睜開眼道：「可是孫兒前來？」

景帝伏於床邊，執薄太后之手哀泣：「正是孫兒，來向祖母請安。」

「哦哦，孫兒莫悲戚，祖母還能撐幾日。這裡起居，無須你掛心，你阿娘晝夜守在此，方才離去歇息。」

「孫兒繼位不久，百事都需指教，唯願祖母早日痊癒。」

薄太后艱難一笑：「這不是實話了。天下事，我也無甚要囑託，只是孫兒急躁，不似你父皇那般沉穩。黃石公曾有言：『高行微言，所以修身。』我看你修身功夫，還欠缺得很，日後事多，萬勿莽撞。」

說話間，竇太后由宮女攙扶進來，對景帝擺手道：「祖母疲累了，且勿多言。」景帝也知不宜多言，忙拭淚道：「祖母放心，孫兒自當收斂。」

如此捱了幾日，薄太后氣息日弱，終是撐持不住，撒手而去了。

且說這薄太后，出身寒微，其早年事蹟堪稱傳奇。其父乃吳縣（今

江蘇省蘇州市)人,戰國末,為魏國宗室僚屬,與宗室之女魏媼私通,生下了薄姬。

薄姬雖是私生,其福卻是不薄,父死後,由魏媼撫養長成。秦末大亂時,梟雄魏豹起兵,自立為魏王。魏媼便將薄姬送入魏王宮,做了魏王豹的姬妾。

魏媼對此女頗為上心,曾請了女相士許負,來為薄姬看相。那許負素有盛名,所言無不中,見了薄姬,只說了「母儀天下」四個字。

魏王豹聞知此事,以為自己可做天子,滿心高興。豈料紛亂之時,運氣不濟,在楚漢之間反覆不定,終為劉邦部下所殺。薄姬失了依傍,竟淪落至織布工房勞作,眼見得下場不妙。哪裡想到,此後,卻有了天大的轉折。

當時漢王劉邦身邊,姬妾中有管夫人、趙子兒兩人,自幼與薄姬交好,三人曾約定「苟富貴,勿相忘」。聞說薄姬喪夫,徬徨無所依,管夫人、趙子兒都不免感慨。某日,二人相語此事,恰為劉邦耳聞。劉邦早見過薄姬,此時想到薄姬守寡,頓生憐憫,便在成皋召見薄姬,有意收其為後宮夫人。三說兩說,果然將薄姬說動。

薄姬於絕處逢生,也有心討好,便笑對劉邦道:「昨夜妾有夢,見蒼龍盤於腹上,今日即有幸,見了主公。」

劉邦聞此言,笑顏逐開道:「此莫非吉兆乎!」當夜,便寵幸了一回。

不想只這一夜,薄夫人便有了孕,後來誕下皇子劉恆。事若至此,倒也圓滿,然薄夫人終究性情恬淡,不討劉邦喜歡,整年也難見劉邦一面,好似身居冷宮。

如此,待劉恆成年,奉詔就國,便上書懇請父皇,請偕生母同往。劉

初登大殿，韜光養晦守天下

邦早就無意於薄夫人，見了劉恆上書，也樂得破例，便准了薄夫人出宮。

呂后專權時，因妒生恨，劉邦所遺姬妾及庶子，多不能善終。唯薄夫人陪劉恆在邊地，母子皆得保全。

後陳平、周勃等誅殺諸呂，擁劉恆為新帝。薄夫人則母憑子貴，尊為皇太后，這才應了許負早年所言的「母儀天下」。

薄太后素信黃老，處世穩重，一心教導文帝謹慎施政，開了漢家興盛之世。如今以高壽殯天，朝野都感念不已，葬儀隆重，自不必說。太后陵寢號為「南陵」，在文帝霸陵東南九里處（今陝西省西安市東南郊），雄踞於白鹿原上，至今可見。

薄太后在世時，有意迴護娘家親眷，早年即欽定，將自家一姪孫女薄巧慧，許給太子劉啟為正妃。

薄巧慧賢淑內斂，並無短處，倒是個好內助；然劉啟卻不喜此女，只看在薄太后的面上，不敢不從而已。後劉啟繼了大位，不得已立了薄女為皇后，卻仍是冷淡待之，只寵愛一位栗姬[6]。後宮的種種糾葛，就此埋下了一根伏線，此處暫且不表。

葬畢薄太后，景帝心內倒是略一鬆。原來，景帝年幼時，薄太后、竇太后就管教甚嚴，如今登了大位，兩太后也仍是耳提面命。景帝性雖峻急，然自幼家教嚴格，對兩太后始終畏懼。再者兩太后聲望甚高，臣民無不敬服，景帝即便是天子，若忤了兩太后之意，在朝中亦是寸步難行。如今薄太后殯天，無異於移去了一座山，顧忌便少了一半。

此前數年，栗姬朝夕所慮，便是將薄皇后掀下位去，閒言碎語，向景帝說了不少。景帝對薄皇后不耐煩已久，也早存廢后之心，所礙無非是薄太后尚在。

---

[6] 姬，古代帝王妾，總稱為姬，而非正式名位。

待薄太后一死，廢后便不可免。當年秋九月，薄太后落葬尚未及半年，景帝便斷然下詔廢后，開了天子無故廢后第一例。

薄皇后既廢，皇后之位便虛懸，此時栗姬正得寵，理當扶正。景帝卻用了些心思，擱下了此事，權且快活幾日再說。

心情既好，景帝游獵便也多了起來。這日，視朝方畢，就帶了一隊郎衛，披甲執弓，又往郊外馳去。

時值天熱，半途中，景帝解下皮甲，脫下戰袍，只餘一身短衣。手搭涼棚張望，見前面荒草萋萋，高可蔽人，便問左右道：「此是何地？」

新任郎中令周文仁在旁，連忙答道：「此地是軹道亭。」

「啊？」景帝一驚，立即吩咐道，「前後去探看，謹防歹人行刺。」

周文仁得令，即命眾郎衛拔劍警戒，四下裡散開，往草叢中去探看。

眾郎衛去後，周文仁甚是不解，疑惑道：「如今京畿，網羅甚密；軹道離長安不遠，如何能有歹人？」

景帝便怒目圓睜，叱責道：「當年呂太后即是在此，遭了黑犬衝撞，一命歸天。而今我君臣過此地，焉能不防？」

周文仁這才警覺，忙挺身一躍，持劍護在景帝之前。

片刻工夫，郎衛們提劍返回，為首校尉稟道：「陛下，左近無可疑之人。唯有一老者，獨自在打草。」

景帝稍感釋然，想想便道：「是何等樣人？帶來看看。」校尉得令，便帶了數人復返草叢中，將老者帶回。

景帝看那人模樣，白髮蒼髯，身著曲裾白布衣，與尋常農人無異。然觀其神色，又不似草莽之輩，心中便起了疑，俯身問道：「老丈，你可是農夫？」

初登大殿，韜光養晦守天下

那老者見景帝未施禮，便也端立不動，只淡淡答道：「非也。散淡之人，蒼髯匹夫，雖也弄稼穡，卻不以種田為業。」

景帝覺老者言語不善，便冷笑：「散人也罷，匹夫也罷，總要有個謀生的勾當。」

「在下略通黃老之術。」

「哦？原來是位高士，失敬了。然⋯⋯你既不是農夫，又緣何在此勞碌？」

「打些草，以餵羔羊。」

景帝便大笑：「原以為方術之士，餐風飲露，不事稼穡，原也要顧及柴米事。」

那老者這才一揖，似笑非笑道：「足下高看術士了。世上百樣人，不慮柴米者，怕是唯有天子家人了。」

景帝一驚，心知老者絕非凡俗，連忙下了車，回揖道：「敢問長者大名？」

那老者臉上，忽露出傲然之色，環視四周郎衛，答道：「在下草民，姓名無關緊要。足下既稱老夫為長者，我便要問：這班軍爺，為何無禮至此？」

景帝瞟了一眼那校尉，當即叱道：「爾等做了什麼？」

那校尉不禁呆住，囁嚅答道：「⋯⋯適才，小的並無唐突。」

那老者便又道：「老夫刈草，是為生計，並無不法之舉。青天朗日下，幾位軍爺不問情由，便要帶我走。足下游獵，小民謀生，本來兩不相干，即便是天子過路，也不該擾民至此。」

景帝聞言，臉色一變，疑心自己身分已被看破，連忙整好衣冠，施

禮道：「聞長者談吐，絕非尋常，在下請教尊姓大名。」

「老夫微賤，不過長安一布衣，名喚王禹湯。」

「原來是……」景帝不由驚喜，忙又深深一揖，「先生大名，傳遍長安，為何卻淡泊若此？」

「我崇信黃老，自是要恭儉樸素，這不足為奇。」

「然刈草這等事，終是細事，可命下人去做。先生高行，當有高致。」

「哪裡，足下誤會了。天生萬民，各有其業，這便是黃老『致太平』之道。世間高致，無過於此。若今日一夥軍爺、明日一群小吏，頻來攪擾，便不是太平之世，天子便也不是好天子。」

景帝不覺悚然，脫口詰問道：「莫非說，當今天子，竟不是好天子麼？」

那老者瞟一眼景帝，語帶譏誚道：「足下願聞我論天子，我便放膽說來。想那前朝文帝，恭謹仁厚，遇事三思而行。何也？乃因即位之初，斥老臣，拔新晉，致朝中大臣不安。後乃改過，漸趨老成，終成治平大業。再看當今天子，性本峻急，為太子時即有駭世之舉；今方即位，便又蹈先帝初時覆轍，顛倒本末，不信老成，這便最可堪憂。天子寵信新晉，任由其坐大，後必致亂，百姓也將受其累。以是觀之，何以說當今天子，就定然是好天子？」

周文仁渾身一震，提劍向那老者叱道：「老丈，當今即是廢了妖言罪，也不能放肆！」

景帝亦不禁愕然，忙喝止住周文仁，注目老者，溫言道：「先生博學，在下當焚香更衣請教，不該在此立談。請先生上車，覓一安妥處，待我從容受教。」

那老者微微一笑：「不必了。上車易，下車便難了。達官貴人有所

謀，草民也有所謀。草民所謀者，柴米而已，請足下自去逍遙。」說罷拱拱手，反身便疾步入草叢，又去刈草了。

景帝登車，卻未吩咐起駕，憑軾似有所思。

周文仁在旁為驂乘，忍不住提醒道：「陛下！」

景帝這才回過神，匆忙解下腰間龍紋玉珮，喚來校尉，吩咐道：「去贈予那長者，只說我主公欽敬之至，以此物相贈，聊表謝意。」

那校尉接過，奔入茂草中，良久方才鑽出，竟是一臉驚異：「回稟陛下，小臣遍尋草叢，只不見那人！」

景帝亦是瞪目：「刈草之處，竟也無蹤跡？」

「連那刈草之處，也遍尋不著，方圓數十丈，竟是寸草未斷。小臣恐陛下等得心急，未敢遠覓。」

「哦？」景帝下車，來至路旁，遠望茫茫草海，嘆道：「奇了，不想這太平時日裡，竟也有異人！」

周文仁便請命道：「容我帶人去尋。」

景帝搖頭道：「不必了。異人必有異行，我輩勿去驚擾。」如是悵然良久，方登車而去。

當日游獵罷，返歸宮中，景帝喚來周文仁，問道：「白日裡所遇王禹湯，可否訪到，召來奉常府任事？」

周文仁搖頭道：「怕是不能。臣下聽人說，王禹湯為人放達，行蹤不定，爵祿之類不在他眼中。先帝在時，亦請他不動，只能延入宮中，垂詢半日而已。」

景帝惋惜道：「原是個網羅不來的高人，那便罷了。」

燈下，又細思王禹湯所言，只覺草野之人，不知廟堂之苦，總是未

說中要害。如今天下，已不似先帝時。文帝一朝，四方諸侯王多為年少者，不足為慮，故而可以寬厚。如今諸王，卻多為自家尊長，城府已深，多年看似無為，卻不知彼輩此時，究竟揣了何種心思。

此時若再寬厚，無異於養虎遺患。朝中諸老臣，行事中庸，若不賴新晉之臣，壓抑諸王，削枝強幹，則傾覆之危，恐就在眼前了。

景帝由此又想到，身邊多子，大半已長成，應將諸子中能封王者，盡都加封，打發去就國，也好分守四方，如此或可制衡旁枝，不使坐大。

想到此一節，景帝心便不寧，竟像是坐於炭盆之上。無多日，便有詔頒下，封次子劉德為河間王，三子劉閼（ㄧㄢ）為臨江王，四子劉餘為淮陽王，五子劉非為汝南王，六子劉發為長沙王，七子劉彭祖為廣川王。此外還有八子劉端、九子劉勝、十子劉徹尚年幼，便未封王。其中最幼小者劉徹，還未離繈褓，即是後來大名鼎鼎的漢武帝。

此時第五代長沙王吳羌[7]，已然病歿，無子可傳國。吳羌尚有兄弟在，景帝也不教他襲封，索性除國，另封自家庶子到長沙。長沙國僻遠卑溼，人多畏其荒涼，當年賈誼被貶，便是在此處。景帝素不喜六子劉發，便將他封於長沙了事。

說來，這劉發的出生，還源於一段荒唐之事。景帝後宮有一位程姬，以往甚得寵幸。劉發的生母唐兒，本是程姬身邊一唐姓侍女，景帝為太子時，某日召幸程姬，程姬因來了月事，不能侍寢，情急之下，胡亂將侍女唐兒打扮好，送去伺候。當夜景帝醉酒，未能辨識，與之歡洽一夜，便誤打誤撞地生下了劉發。侍女唐兒緣此，也得位列姬妾，是為唐姬。

---

[7]　吳羌，一說名吳著。

初登大殿，韜光養晦守天下

　　偶得這一皇子，終不是景帝所願，景帝便不喜歡，連帶那程姬也因此失寵。此次封劉發至長沙國，更將原封地大部收歸朝廷，僅餘長沙一郡，國勢已大不如早前的吳氏封國。

　　景帝封了諸皇子為王，料想天下應該無事，定能有數十年安寧。不料，世事多變，這一番如意算盤，卻被朝中一人攪亂。

新枝得勢，老樹終難免摧折

話說前元初年的禍事，緣起還在於用人。景帝由太子而即位，不能免俗，最喜提拔太子宮舊人。用了別人還罷，卻偏偏重用了舊屬晁錯，迭出險策，這就埋下了天大的禍根。

那晁錯，早在文帝朝時，就已嶄露頭角，先為太子舍人，因屢次上疏，言辭激切，縱論內外利弊，大受文帝賞識，接連擢為博士、太子家令、中大夫[8]。

這中大夫一職，雖屬要職，然終究是顧問，並不參與朝政大事。景帝即位，看滿朝皆為父皇舊臣，心中不快，便要培植羽翼，更換九卿之外，又將晁錯擢為內史。

內史之職，執掌長安及京畿數十縣民事，位次九卿，可參與朝議，已屬十分顯要了。如此超秩拔擢，可見晁錯得寵之深。

昔年晁錯在太子家令任上，任事幹練，太子僚屬無不敬服。景帝為太子時，亦十分看重晁錯，今日超擢為重臣，就更是言聽計從，特允他一日十二時，可隨時入見。

晁錯素來才思敏捷，勇於言事，如今更無所忌憚，動輒便單獨覲見，每月都有上疏，建言變更舊法。

昔日在文帝朝，晁錯曾一口氣連上〈言兵事疏〉、〈守邊勸農疏〉、〈論貴粟疏〉、〈賢良對策〉等奏疏，景帝為太子時，便已逐字讀過，滿心欽敬。今日坐了龍庭，凡晁錯所言，自是欣然准奏。每見晁錯，總難掩讚

---

[8]　中大夫，官職名，秦置，漢初沿置。為郎中令屬官，隨君王左右，備顧問。

新枝得勢，老樹終難免摧折

賞之色：「晁公所言事，皆深思熟慮，能想到朕所未料。朕初登大寶，本欲無為，然有此良臣，何能忍心無為？朕願愛卿能日有良策，助我早些平天下。」

得此讚賞，晁錯只矜持一笑：「臣雖愚魯，卻不敢怠惰，凡胸中所有，必傾囊呈與陛下。」

時日既久，公卿中無論新舊，都覺晁錯言僻行險，難以捉摸。朝政諸事，本已有規矩，大臣們行之多年，並無錯謬，如此一月月改下去，豈非要重演賈誼舊事？

群臣之中最惱恨晁錯的，當數丞相申屠嘉。申屠嘉是武人出身，陣上勝敗見得多了，行事一向穩健。見晁錯日日唐突，務求更張，堪堪要將守成之風敗壞完了，便起意要扳倒晁錯。

豈料晁錯那邊，聖眷正隆，哪裡將申屠嘉放在眼裡，只想著放手施展。

在內史府就任才數日，晁錯忽覺府衙所在，實在局促。衙門正朝東，出門便是太上皇廟。往來官吏，欲至外面大道，須繞廟牆而過，令人十分不耐煩。

手下吏員，窺破晁錯心思，便故意當晁錯之面，議論不休。說得晁錯火起，便喚了主事掾吏來，吩咐道：「就近閭里，發百十個民夫來，另開南門兩個，直通大道，免得我官吏多費腿腳。」

那掾吏詫異，脫口問道：「開南門？向南正是太上皇廟南牆垣，如何能穿過？」

「一道矮牆，又非王屋、太行，破牆而過就是。」

「這……如何使得？」掾吏不禁倒吸一口涼氣。

038

原來，那太上皇廟，即是高帝之父劉太公廟，尊貴無比，即便外牆，又豈是隨便能破的。

晁錯憤然道：「京畿數十縣，諸事頭緒如麻。署內吏員，更須惜時如金，方可免民怨。像如此每日繞路，天長日久，不知空耗了多少光陰。太上皇廟一道牆，豈如百姓生計之貴？」

掾吏仍不敢冒昧，提醒道：「稟主上，拆這太上皇廟南垣，事涉奉常府，須上報丞相方可。」

晁錯便一拂袖，笑道：「改路，又不是動兵。京畿三百里，何處不屬本衙管轄？又何須驚動丞相？你照辦就是。」

那掾吏不敢違命，立時召來附近里正、嗇夫，限時將民夫徵齊了。又擇了吉日，一眾民夫便拿了鋤頭、石錘，前來改路。

動工這日，百十人一擁而上，亂錘齊下，轟然一聲，便將太上皇廟南垣拆倒兩段。

太上皇廟內，廟僕射聞聽外面人聲鼎沸，連忙奔出來看，見南垣已鑿出兩個大洞，不由大駭，急忙喝止：「吽！爾等何許人也，敢動聖廟，便不怕殺頭嗎？」

內史府諸吏應聲道：「奉內史之命，本府出入不便，拆太上皇廟南垣，另開南門。」

「大膽！丞相可有令？今上可有旨？你內史府管轄京畿，三百里內任你拆。莫非拆瘋了嗎，竟敢拆到我這裡來？」

話音未落，但見晁錯自人群之後踱出，哈哈一笑，朗聲道：「僕射多慮了，本官又不是要拆廟，不過拆外牆而已。此南垣所在，乃長安之土，本官拆牆改道，有何不妥？」

新枝得勢，老樹終難免摧折

那僕射氣得渾身顫抖，戟指晁錯道：「晁內史，太上皇廟，天子祖宗所在也。無詔令者，擅拆一磚一瓦，即可棄市。你有幾顆頭顱，可抵此罪？」

晁錯微微一笑：「區區小事，何須本官拿命來抵？內史府出入繞路，空耗光陰，才是對不起祖宗的大事。此中有何差池，由本官擔當，僕射可不必驚慌。」說罷便向眾人一揮手，呼道，「左右，休得遲疑。拆！」

眾民夫一聲歡呼，便又蜂擁上前，七手八腳拆起牆磚來。

那僕射臉色慘白，呆了呆，遂一頓足，轉身便奔出廟門，赴奉常府告狀去了。

再說那丞相申屠嘉，這日在公廨，見奉常朱信踉蹌奔入，報說晁錯竟鑿穿太上皇廟南垣，不由大怒：「放肆！一個新任內史，竟敢擅動聖廟？自漢家建禮儀以來，聞所未聞。今日若放任他，明日就敢拆未央宮了！」當即喚了長史來，命起草奏章，要彈劾晁錯大不敬之罪。

那長史提筆擬文，寫到結句處，停了筆，抬頭問道：「晁內史當擬為何刑？」申屠嘉厲聲道：「蔑視太上皇，當處極刑。」

長史臉色微變，略一猶疑，才落筆寫畢。

申屠嘉接過擬文，瀏覽一遍，對朱通道：「好。明日上朝，我便遞入，要教他不日即赴黃泉，向太上皇謝罪。足下今夜請安睡，奉常府從未有之奇恥，明朝便可雪洗。」

朱信聞得此言，怒氣漸平，便躬身謝過，回府去了，只等看晁錯下場。

不料，丞相府中有那一二曹掾，素與晁錯交好，當夜便疾奔至晁邸中，通報了消息。

晁錯在白日裡，帶人鑿了太上皇廟牆，本不以為意，心想朱信又能奈我何。此時忽聞申屠嘉要大動干戈，便心有不安。欲往宮中入見，搶先辯白，又見夜色已深，怕驚了聖駕。若等明日朝議，聽候上裁，又恐君上不好袒護，事將不可測。當下糾結不已，繞室徘徊。

　　晁錯精通《尚書》，見案頭有數卷《尚書》，便拿來翻閱，以求良策。翻罷，棄卷而嘆道：「我素習儒典，以備大用；然事急時，卻百無一用。」

　　遂去書架上取了《商君書》，展開來看。只看了幾行，猛見有「夜治則強，君斷則亂」之語，不由拍案，大讚道：「正是此理。治事，哪裡能過夜？若拖過今夜，明日全憑君上裁斷，則大事去矣！頭顱能否保全，還未可知呢。」

　　當即便起身，喚了家老來，如此這般，吩咐了一番……

　　次日早朝，是為小朝會。上朝議事者，僅有三公九卿，以及太中大夫、內史等十數人。

　　諸臣昨夜多半都得了消息，知丞相今日要劾奏晁錯，於是滿廷肅然，都側身注目兩人。但見兩人神色自如，皆是無事一般，不像要鬥狠。眾人不知底細，只得佯作不知內情。

　　待殿上諸瑣事議畢，景帝才乘軟輦臨大殿，坐上龍床，循例問道：「今日事如何？」

　　申屠嘉遂將細事逐一稟明，景帝微微頷首，又問道：「可還有他事？無有，俱可罷朝了。」

　　申屠嘉忽就一昂首，高聲道：「還有！」說罷，自袖中摸出奏疏來，雙手呈上。景帝眉頭稍動，接過奏疏，隨口問了聲：「這是什麼？」

新枝得勢，老樹終難免摧折

「內史晁錯，目無綱紀，昨日藉口內史府另開南門，擅自動工，將太上皇廟牆垣鑿開，驚動列祖列宗，駭人聽聞，為神鬼所不容。臣彈劾晁錯，有大不敬之罪，按律當誅！」

申屠嘉言畢，諸臣都大驚，拿眼去瞟晁錯神色。卻見晁錯仍泰然自若，並不看申屠嘉一眼。

景帝閱畢奏疏，也只淡淡一笑：「丞相心細，容不得秋毫之過。然晁錯昨日事，乃因衙署與太上皇廟比鄰，出入不便，開南門以取直道，此為利民儉省之舉，如何就論起死罪來了？」

「聖祖之廟，豈容驚擾？且官署開門，不過區區細故，以細故而壞綱紀，為法所不容。臣請誅晁錯以謝天下。」

「呵呵，丞相年紀大了，要制怒才好。官署開新門，是為公事，公事便不是細故。開新門，免得吏佐繞路，事亦不算小。且所毀並非廟牆，乃為外垣，祖宗又何以受驚動？」

申屠嘉未料景帝不問情由，便迴護晁錯，不禁啞然，稍頓才又爭辯道：「若為公事之故，則應有公文呈報，否則便是擅舉。擅自毀廟，如何就能無罪？」

景帝抬眼望望申屠嘉，不疾不徐道：「此乃朕之意。朕授意晁錯而為，並非他擅舉，丞相可以息怒了。」

諸臣聞景帝之言，都驚詫萬分，原想看晁錯落敗，卻不料，所見反倒是丞相張口結舌。

原來，昨夜晁錯在邸中打定主意，喚來家老，命其備車，要貪夜赴北闕求見。

那家老備好車，便自任御者，載著晁錯穿行閭里，飛馳至闕門，跳

下車來高呼：「內史晁錯求見！」

門內的公車令聞聲，心中納罕，忙登高去看。見北門外甲士提燈，照亮了來人面孔，果是晁錯無疑，便慌忙開了宮門，又去請謁者通報。

其時已近夜半，景帝沐浴已畢，正待入睡。忽聞謁者來報內史求見，便滿心疑惑，對那謁者道：「晁錯夤夜入宮，所奏非賊即盜，怎不見中尉同來？速傳他入內。」

少頃，景帝便披了常服，出來見晁錯。但見晁錯身著朝服，宛如上朝一般，趨入大殿，伏地便拜。

景帝見晁錯神情惶急，也是吃驚，忙問道：「愛卿，何事如此之急？」

晁錯道：「白日裡臣有一事，未及稟報。恐明日事有意外，特來奏明。」便將內史府另行開門一事，詳細奏來。

景帝仔細聽罷，頷首道：「不錯，愛卿倒是想得細。繞路事小，日積月累，卻也誤了許多大事。」言畢忽又疑惑道，「夤夜入宮，便是為此事嗎？」

「正是。」

景帝正要責備，何必為此小題大做，忽而悟到玄機，便一笑：「晁公，是怕丞相有意留難吧？」

晁錯並不直接作答，只回道：「臣於今夜，讀《商君書》，心有所感。商君言，官衙治事，不應過夜，故而夤夜求見，驚動了陛下。」

景帝心中有數，便含笑道：「好，朕已知。晁公也是不易，且去歇息吧。」

晁錯謝恩再三，才退下殿來。行至中庭，望見月光如水，一瀉千頃，心情便大好，長長噓了一口氣，自語道：「終無事矣！」

新枝得勢，老樹終難免摧折

再說這時申屠嘉在殿上，見景帝無動於衷，便知劾奏一事已洩漏，定是晁錯昨晚搶了先機。如此一來，反倒顯得自己唐突。萬般無奈之下，只得伏下身，叩首謝罪。

景帝揮揮手道：「丞相也無甚過錯，不過是躁進了些。治長安，頗不易，今後要多體諒晁內史。」

申屠嘉在心裡暗罵道：「晁錯小兒，鬼搗得好，老夫倒成了躁進！」

一場彈劾風波，就此化為烏有。返歸丞相府，申屠嘉越想越惱，臉色便不好。各曹吏員也都聞知彈劾事，便來打問，申屠嘉恨恨道：「亂天下者，晁錯也。此豎不除，還有何事可做得？」

有曹掾便勸道：「丞相勿急，晁內史行事一向乖戾，假以時日，他必有苦頭。」

「悔不該昨日未綁了他，送去廷尉府！只這一夜間，便教他得了轉圜。世事不平若此，這丞相還有什麼好做？」正說到此，忽覺一股急火攻心，就湧出一口痰來。痰中，可見血絲縷縷。

眾吏員慌了，忙搶上前去，將申屠嘉扶住，又喚僕役抬來軟輿，送回了邸中。

家中眷屬見了，也是慌作一團，急請了太醫來看。如此，申屠嘉便不能視事，每日臥於床上，時有嘔血，眼見得病體支離，一日不如一日。

眾公卿聞知，心中不安，都紛紛前來探望。申屠嘉見旁人來，並無一語，唯見袁盎來，則執其手不放，似有千言萬語要說。

其時袁盎已罷吳相，歸鄉賦閒；聞丞相病重，專程自安陵故里來探。

這袁盎免歸之事，說來也緣起晁錯——此前晁錯屢次上書，蒙文帝賞識，暴得大名。時袁盎已在朝，甚看不慣；於是兩人同朝，竟無一語。

044

後袁盎罷吳相,回朝覆命,忽又遭晁錯彈劾,稱其私受吳王劉濞(ㄆㄧˋ)財寶,應坐貪瀆罪。

此事混沌不清,袁盎亦是百口莫辯。文帝命御史府清查,卻也不得要領,似在有無之間。文帝覺如此甚不妥,便詔令袁盎免官,歸鄉了事。

袁盎落拓至此,之所以獨得申屠嘉推重,卻是另有一番緣故。

原來,申屠嘉性素耿直。自文帝後元二年為相,侍奉了文帝五年,一向孤清自守,不結私交。僚屬見之不忍,屢有勸諫,他也一概不聽。

當日,袁盎罷歸途中,恰遇申屠嘉車駕迎面而來,便連忙下車施禮,口稱拜見。那申屠嘉孤傲慣了,不喜臣僚恭維,只在車上拱了拱手,謝也未謝一句,便命御者驅車而去。

遠望丞相車駕塵頭,袁盎大窘,便是左右隨從,也都看得目瞪口呆。

返回家中,袁盎思之,覺大失顏面,心中頗不平,便專程赴長安,往叩丞相府求見。申屠嘉聞袁盎登門,心中好不耐煩,令袁盎在堂上等候良久,方才出來,只淡淡問道:「袁公遠來,可有要事嗎?」

袁盎長揖道:「請摒退左右,願與丞相私語。」

申屠嘉冷笑一聲:「袁公昔為中郎將,應知規矩。若有公事,請至衙署中,與我長史、掾吏商量。有何建言,我定如實上奏;若非公事,則我從不知何謂私語。」

袁盎料到申屠嘉孤傲,定是這副冷面孔,便伏地恭謹問道:「敢問丞相,足下與陳平、周勃比,何如?」

「這個⋯⋯我自是不如。」

「還好,丞相倒還有自知。昔陳平、周勃輔佐高帝,誅殺諸呂。足下

新枝得勢，老樹終難免摧折

僅為弓弩手，後為淮陽郡守，也不過循序而升，並無尺寸戰功，緣何卻敢傲視群僚？再看今上，自代地入都為天子，逢有郎官上書，必停車詢問，納其可用之言。世人聞之，無不稱道。今上謙遜如此，見聞日廣，聖明亦日增；足下卻反之，不聽勸諫，拒人甚遠，則日愚一日。我見今日朝堂上，乃是以聖明之君，督愚蒙之相。以此而論，足下禍將不遠矣！」

一席話，說得申屠嘉大慚，連忙跪下，向袁盎敬拜道：「我本粗人，從來愚鈍不明，幸得袁公指教。」說罷，恭恭敬敬將袁盎扶起，引入內室同坐，奉為上賓。

自此，申屠嘉便視袁盎為奇才，病篤之時，唯願與袁盎私語幾句。

袁盎看申屠嘉憔悴，心有不忍，伏床勸道：「天下事，不平者多，丞相不必憤懣。」

申屠嘉搖頭道：「我豈是小童，不知世事？然晁錯一人，便致大局動搖，實可堪憂。老夫為相，卻不能救天下之危，又何以心安！」

「丞相劾奏晁錯，非為過也，乃事不密也。恰如韓非子言：『事以密成，語以洩敗。』然這又如何？天下安危在大道，不在小技。一事之成敗，不足為憑，丞相請安心將養。」

縱有袁盎這般勸慰，申屠嘉心中仍不能平，鬱積漸重。又過了半月，所有藥石針砭，全不見效，太醫只是搖頭嘆息，無可奈何。未捱過四月，忽一日裡，申屠嘉吐血數升，竟含恨而卒了。

喪報傳入宮中，景帝亦大感意外，嘆道：「武人迂執，何至於此？」為之戚戚不歡半晌，方遣奉常朱信往弔。

郎中令周文仁，此日正侍奉在旁，見景帝鬱悶，便提醒道：「外間傳聞，丞相是為晁錯所氣死。雖為流言，亦不可小覷。」

景帝眼睛便睜大，哂笑道：「居然如此！也罷，丞相喪儀，務必隆重些，免得朝野議論。」便傳令少府，贈予丞相家眷重金，以作喪儀。又令奉常府禮官，要為申屠嘉擬個好諡號報上來。

　　隔日，朱信入朝，將所擬諡號呈上。景帝看了，見是一個「節」字，便頻頻頷首稱道：「好好！申屠嘉也恰合此諡。」

　　原來，古之諡字中，「節」為「好廉自克」之意，正合申屠嘉品行。朱信原就厭恨晁錯，見申屠嘉彈劾不成，反倒積鬱而死，不免物傷其類，便令屬下好好找一個字，要為已故丞相出口氣。此番所議諡號「節」，又另含有「直道不撓」之意，暗諷景帝不公。景帝只知其一，卻不知其二，看看甚妥，當下就准了。

　　申屠嘉病故，丞相一職由誰接任，令景帝頗費了一番躊躇。申屠嘉雖無顯赫戰功，但到底是高帝時舊部，閱歷深厚，壓得住百官。在他之後，竟然無一人能與之相比了。

　　如此延宕三月，丞相仍舊空缺。景帝赴長樂宮問安時，竇太后就問起：「啟兒，百官之上，不可無人。我身邊涓人都在議論，你還猶豫什麼？」

　　景帝便搖頭：「丞相之才，實難尋覓。」

　　「那晁錯，可中你意？」

　　「不可！今申屠嘉死，外間就有人歸咎於晁錯。若用了晁錯為相，朝堂之上，怕是亂就在眼前了。」

　　「也是。晁錯固然精明，然其性苛急，似全不信黃老。啟兒用他，萬不可過急。」

　　景帝點頭應諾，便扶起竇太后，一邊在庭中慢慢躞步，一邊慨嘆

新枝得勢，老樹終難免摧折

道：「老臣在時，萬事都覺掣肘；老臣一朝病亡，卻又似失了依憑。當年父皇，怕也是這般兩難⋯⋯」

轉眼來到秋八月，景帝想想也無法，只得循序，將那御史大夫陶青，擢為丞相。空出御史大夫一職，恰好授予晁錯。如此，晁錯亦是位列三公，能左右朝政了，與丞相實無差別。

詔書頒下，朝中眾臣心頭都一震。想那晁錯原為內史，竟能略過九卿，一躍而成三公，看來是聖眷日隆，誰也擋他不住。眾臣中，有半數心中不服，卻又不敢聲張，只敢腹誹。

那繼任丞相陶青，亦為新晉之人。其父名喚陶舍，乃高帝時功臣，曾任中尉，得封列侯。父死，陶青便襲了侯，為人素無大志，只知聽命。

晁錯聞聽任命下來，心中大喜，知景帝這步棋，甚是絕妙。陶青為相，只是個擺設，日後朝政大事，便可由自己隨心擺布了，雖不是丞相，卻也不遠矣。

罷朝歸來，步入邸中庭院，晁錯忽嗅到滿庭桂香，便捺不住狂喜。喚來家老，召集邸中隨從，在桂樹下擺宴，把酒慶賀。

席間，晁錯對眾人道：「爾等隨我，已有多年，嘗盡我家清苦，今日可望出頭了。記得年少時，我在穎川（今河南省禹州市），隨郡中高人張恢，研習法家之術，鄰人皆笑無用，今日如何？」

眾隨從便都恭維，大讚主人有異才，來日方長，更有高爵厚祿在後頭。

晁錯趁著酒興，又放言道：「韓非子曰：『智術之士，必遠見而明察。』我生也晚，無由獲戰功，若非依憑遠見，何能一夜間便為三公？正所謂亂世唯勇，承平唯智。無智者，空有抱負，也只能潦倒一生，我

輩焉能如此?」

眾人又是齊聲贊同。晁錯一時興起,便起身,抖了抖衣襟上落英,引吭高歌了一曲。歌曰:

皎皎白駒,賁然來思。爾公爾侯,逸豫無期。慎爾優遊,勉爾遁思。[9]

唱罷,邀眾人舉杯,慨然道:「大丈夫貴在有為。我學問尚欠,勝不過韓非子;然智術卻不遜前人,或可比肩李斯。來日,還有待諸君助我。」

此時,正有一縷微風拂過,桂花忽就飄落如雨。搖曳燭光中,唯見各人臉上,全是喜色。

再說申屠嘉含恨故去,朝野多有哀傷者,唯蜀郡中有一人,心中卻是暗喜。此人便是前朝寵臣鄧通。

此時,鄧通免官已有兩年,在故里南安閒居。文帝一朝,鄧氏所鑄「半兩錢」,成色既足,品相又佳,壓過官鑄的「五銖錢」。百姓喜用,都稱:「鄧氏錢,布天下。」二十年來,不知聚財多少,其身家富過天子,堪比在東南鑄錢的吳王。

此時,他雖無官做,又被奪了銅山,卻也是優哉游哉一個富家翁。此前文帝所賜十數次,每次皆是鉅萬(一億錢),加上鑄錢所獲,只怕是十代也消受不完。

日子雖富,鄧通卻貪戀往日風光,常感寂寞。當初被免,他不疑是景帝之意,只道是申屠嘉挾嫌報復。這日聞聽申屠嘉死,便覺有望再返長安,立遣心腹赴長安,廣施錢財,買通故舊,為他活動起復。

---

[9]　見《詩經・小雅・白駒》。

新枝得勢，老樹終難免摧折

　　錢撒了出去，自然見效。不多日，便有近臣收了錢，在景帝耳邊提起，稱鄧通忠直，被申屠嘉無故罷免，實為不公。

　　那景帝是何等聰明，聞此言，知是鄧通仍存僥倖之心，希圖再起，便喚來周文仁問道：「前太中大夫鄧通，百無一用。近日，如何為他辯白者甚多？」

　　周文仁略一躊躇，回道：「鄧通錢，流遍天下。鄧大夫想也是富過王侯，或是在都中使了錢，教人為他辯白。」

　　「中涓諸人，亦有盛讚鄧通的，莫非錢已使進了宮裡來？」

　　「內外朝諸臣，皆是俗子，如何能見錢而不喜？」

　　「焉有此理！如此，朕之安危何人能保？你這便去徹查，有收鄧通錢財者，都逐出宮去！」

　　周文仁便一時不語，稍後，才緩緩道：「陛下，倘是如此，則未央宮內，將無一個涓人矣。」

　　景帝聞言，幾乎驚倒：「莫非，你也收了鄧通錢財？」

　　周文仁慌忙伏地，額頭冒汗道：「……臣下雖受賄，卻不敢為他美言。」

　　「你為朕親信，位列九卿，仍恨錢少嗎？」

　　「望陛下寬恕。微臣若不收，便為眾人所猜忌；無須多時，必為眾口流言所毀，捏造些罪名，我便是有百張嘴，又如何說得清？」

　　景帝默然良久，方嘆息一聲：「朕明白了：水在潭中，原是不能至清。世間人情，竟要強過天子詔令，奈何！此事……收便收了，不助他人作惡就好，你下去吧。」

　　周文仁連忙謝恩，戰戰兢兢退了下去。

景帝望望周文仁背影，心中不禁怒道：「鄧通！吮癰之輩，竟猖獗至此乎？」

權衡數日，景帝打定主意，要處置鄧通，以解當年之恨，不再顧忌先帝臉面了。

於是召來廷尉張歐，密問道：「前太中大夫鄧通，被免歸家，如今竟賄買涓人，誣言申屠嘉不公，希圖起復。日前朕欲治他罪，還是申屠嘉為之說情，僅免官而已。鄧通所為，實是小人不知好歹。只不知他往日在朝，可有何不法情事？」

張歐答道：「查廷尉府舊檔，多年前，蜀郡曾有密報，鄧通歸鄉探親時，行蹤詭祕，有潛出關外之嫌。」

「哦！他去了哪裡？」

「往西南夷之地。」

「往那裡去做甚？」

「尚不知。此前僅為風聞，又礙於文帝顏面，廷尉府未便深究。下官接任後，覺世易時移，不宜重提此事。」

景帝便一笑：「張公治訟，還是往日做派，寧縱不枉。朕之意，刑名既開新政，則此事理應查清楚。可遣一得力掾吏，赴蜀郡將他拿下，解來京師，一問便知。」張歐驚道：「莫非鄧通……竟有謀反之意？」

景帝笑笑：「鄧通，小人也，謀反尚不至。然此人不知禮法，恃寵驕橫，當年私自潛出，焉能無不法之事？你拿問便是。」

張歐原為太子舊屬，心知景帝素惡鄧通，當下會意，便領命而去。

隔日，便有廷尉府一曹掾，帶了數名法吏，飛馬出都。一月之後，鄧通便被押解至長安，下了廷尉詔獄，械繫待罪。

051

新枝得勢，老樹終難免摧折

張歐喚來獄令周千秋，吩咐道：「鄧通一案，為欽案。昔年有蜀地郡丞告發，鄧通曾潛出西南夷，不知何為。你為廷尉獄老吏，執事三十餘年，深諳關竅。今務求嚴訊，不得包庇。」

那周千秋聞知是通天大案，也知張歐為人精明，便不敢怠慢，當下承諾：「廷尉放心，有周某在，管教他招認。」

過了數日，周千秋便命獄吏，將鄧通押上來，提審按驗。

那鄧通本在蜀郡聽候佳音，不料，卻等來了廷尉府差人，不問情由，一副鎖鏈套住，便押解進京。路上打問犯了何罪，公差卻只是不理。入長安後，又知是押入廷尉獄，心下這才慌了，不知是得罪了何人。

鄧通往日養尊處優，享慣了富貴，入獄不過才幾日，便覺度日如年。聽聞提審，反倒是高興，心想在故里未曾犯法，廷尉又豈能誣人，好歹敷衍幾句，料可無事。

待上得堂來，獄卒摘去足枷，鄧通抬眼一望，見詔獄大堂上，是一老邁獄令在問案，心下就一鬆，料定未必有甚大事。

周千秋見鄧通神色倨傲，心中便有氣，猛一拍驚堂木道：「下面人犯，可是鄧通大夫？」

鄧通揖道：「正是在下。」

「你既做過太中大夫，便問你，可知韓非子為何人？」

「在下讀書少，只知是⋯⋯法家先賢。」

周千秋便仰頭笑：「你既知法家，便應知法不可違。孝文皇帝一朝，鄧大夫權傾一時，可有過不法之事？」

鄧通挺了挺身，答道：「並無。」

周千秋瞄一眼鄧通，輕蔑一笑：「初來此處的，都說無罪……」說著倏爾就變臉，猛地招呼道，「來人，先以笞刑伺候，重重打！」

兩旁獄卒一聲呼喝，擁上前來，將鄧通按翻在地，掣出竹板便要打。

鄧通急得大呼道：「獄令留情！我往日在朝中，做事千頭百緒，不知何事犯了法，可否指點一二。」

周千秋冷笑道：「你可知本官姓名？」

「不知，還望指教。」

「在下周千秋，昔日曾折辱過周丞相的，料你也有所耳聞。你縱有鐵骨四兩，可比得過周丞相骨硬嗎？」

「鄧某不敢！然我因何事繫獄，也請指教。」

周千秋瞇眼片刻，忽而睜圓眼喝道：「本官問你，漢家臣民無數，可有幾個能潛入西南夷的？」

此言一出，鄧通頓時色變，知昔日擅出關外事，已被人舉發，不由汗出如雨，只得咬緊牙關道：「在下不明，獄令此言究是何意？」

周千秋冷冷道：「鄧大夫既不明，老夫可教你懂。左右，動刑！」

幾個獄卒得令，便將鄧通死死按住，撩開他深衣，褪下內褲，一人掄起竹板便打。

才打得數十下，鄧通便耐不住，一迭連聲地慘叫：「娘喲！我招，我招！」

周千秋便抬手，示意停刑，教獄卒扶起鄧通，拽至案前問道：「你出關去了哪裡？」

「只在滇國勾留。」

「潛出關去，有何圖謀？」

「久聞滇國異域，有蒼山大澤，景緻奇佳。在下飽食無趣，便忽生奇想，欲往異邦賞玩山水。」

「那麼，有何所見？」

「民皆從楚俗，男女衣裳同款，喜獵取人頭以祭祀⋯⋯」

「哦？」周千秋面色一沉道，「太中大夫，你是好興致，本官信了，然夾棍卻不信。來人，抬上夾棍！鄧先生一肚子學問，非用夾棍方能講得出。」

眾人一聲唱喏，便將夾棍、石錘搬上。有皁隸如狼似虎撲上，捆綁鄧通腳踝。

那鄧通早知夾棍厲害，料想今番是逃不過了，便將心一橫，仰天嘆道：「罷罷！拿筆墨來，我自寫供狀，絕無隱瞞。」

周千秋這才抪鬚一笑：「知時宜便好，莫要再藏了心機。」遂命書佐將筆墨、竹簡拿來，遞給鄧通。

無多時，鄧通將供狀寫就，周千秋接過看了，見上面寫道：「鄧某昔年潛入滇國，乃聞聽彼處有銅山，故而入夷地，聚遊民挖銅，馱回鑄錢，有私逃貨稅之罪。」

周千秋心中一驚，脫口問道：「只是此事嗎？」

鄧通叩首道：「在下既服罪，便不敢有所隱瞞。」

「出關外挖銅，所獲幾何？」

「滇國銅山甚小，僅獲利千金而已。」

周千秋又看一遍供狀，沉吟不語，心中暗想：「無怪此案通天，這鄧通，真有包天之膽。既如此，千金是他，萬金也是他，何不問成獲利十萬金？成就我大功，也令廷尉高興。」於是沉下臉來，將供狀擲還鄧通，

叱道：「潛入關外，必圖大財，何止區區千金？怕是十萬金也不止。」

鄧通慌忙辯白道：「獄令有所不知：若獲利十萬金，鑄錢便不止數十億枚。那西南夷，山高路險，如何馱得這許多銅回來？」

周千秋立時橫眉立目：「鄧大夫，你欺瞞本官，莫非想斷足嗎？」

鄧通一怔，注目周千秋片刻，反倒是不慌了，反問道：「足下無憑而嚴鞫[10]，是要令我自誣嗎？」

周千秋未料鄧通出此言，一時竟啞然，猛然想起：鄧通終究是前朝重臣，今雖入獄，朝中或還有朋黨，須探個究竟，才好下狠手。於是微微頷首道：「鄧大夫倒還有骨氣。也罷，今日過堂，便如此吧。容你先退下，好生思量。」

提審畢，周千秋便整理好衣冠，來至廷尉府廂房，求見張敺。張敺見是周千秋，劈面便急問：「鄧通可曾招供？」

周千秋俯首答道：「回廷尉，鄧通招認：昔年曾潛入滇國，在彼處招流民，挖銅載回，可值千金。」

張敺大喜，不禁拍掌道：「老吏斷獄，到底是爽快，我這便草擬上奏。」

周千秋卻故作遲疑道：「下官以為，鄧大夫私出邊關，偷逃貨稅，已是鐵案。然其所得利，遠不止千金。」

「何以見得？」

「廷尉也知：鄧氏錢常年流遍天下，其家財，何止萬萬錢。他豈能為千金之利，便犯險偷出邊關？下官以為，他往西南夷挖銅所得，在十萬金之上。」

---

[10] 鞫（ㄐㄩˊ），審問犯人。

新枝得勢，老樹終難免摧折

張歐未置可否，沉吟片刻，只說道：「那鄧通，佞臣也，一向不為今上所喜。雖如此，獄令斷案，也不可無憑，更不可羅織成罪。」

周千秋聞聽此言，知鄧通入獄乃是逆鱗，心中便有了數，於是斷然道：「廷尉放心，無須下官動刑，明日便教他自招。」

自廷尉府出來，周千秋便去找了相熟的涓人，探得鄧通當初開罪今上，原是為「吮癰」一事，心中更有了主意，要教鄧通甘心自誣。

次日，復又提審，鄧通心懷恐懼，以為必會有大刑伺候。不料上得堂來，卻不見如狼似虎的皂隸，僅有兩案相對，案上擺有酒饌。

只見周千秋獨自在堂上迎候，施禮見過，便請鄧通入席。

押解獄卒立刻上前，卸下足枷，扶鄧通入座。周千秋揮一揮袖，眾人便皆退去。

鄧通不明就裡，於恍惚中坐下，只聽周千秋好言勸道：「鄧大夫，且飲美酒。你我相識一回，便是前緣。此後何時再飲，怕是未可知了。」

鄧通聽出此言蹊蹺，便不舉箸，抬眼問道：「獄令究是何意？可以直說。」

周千秋卻不理會，只以平常語氣問道：「下官曾聞：太中大夫在昔日，竭誠盡忠，曾為孝文皇帝吮癰。可有此事？」

「有過。為臣之道，在於不避繁難。」

「哦呀！能為此者，豈非與孝子無異了？」「在下以為：孝道便是臣道，並無不同。」

周千秋微笑片刻，忽就話鋒一轉：「然臣子到底是外人，不是皇帝真孝子。你如此做，教那真孝子的顏面，又如何安放？」

鄧通不禁愕然，略一思忖，這才猛省：原是當日為文帝吮癰事，觸

怒了今上。今日繫獄問罪，即由此事而發。

正恍惚間，又聞周千秋舉杯勸道：「你既知原委，便不須本官費力了，招或不招，總歸逃不過的。」

鄧通哀嘆道：「往日事，追悔也是莫及了。」

「不然！若你招認曾潛入外邦挖銅，獲利十萬金，願以家財抵罪，今上豈能不顧文帝顏面，叫你去死？」

「去死？」鄧通臉色一白，不禁喃喃道，「且慢且慢，容我細思量……」

周千秋這番威逼，果然見效。才過了一夜，便有獄卒交上鄧通供狀，招認潛出挖銅，獲利十萬金，罪無可逭，願以全部家財抵罪。

周千秋看過大喜，命獄卒安撫好鄧通，便急赴廷尉府廂房，將供狀呈遞張敺。張敺看過供狀，將信將疑，只問道：「可是拷問所得？」

「非也。下官未動一指，僅曉以利害，鄧通便自願招認。廷尉若不信，可往獄中掀衣驗之。」

張敺想了想，才面露喜色，讚許道：「秉公斷案，當如是。鄧通既服罪，你便立有大功！」

旋即，張敺將鄧通案卷呈上，請景帝定奪。景帝看過，冷笑一聲，詢問張敺道：「以愛卿之意，當如何決此獄？」

「臣以為：鄧通鑄錢，終究是先帝特許。潛入外邦固然違禁，然只為鑄錢，亦無大罪。法之威嚴，乃在於持平，不如准其所請，罰沒家財，以示儆懲。」

「只抄了他家財，豈不太輕？」

張敺一笑：「鄧氏家財雖厚，然亦不足頂罪。其不足之數，可視為官債，令他限期償還，不得通融。如此辦理，既不傷先帝顏面，亦可令天

新枝得勢，老樹終難免摧折

下之人心服。」

景帝望住張歐，笑道：「張公到底是精明，也好！一個黃頭郎，如何就能富逾天子？『吮癰大夫』，只恐要貽笑萬年了，若不懲戒，又怎向後世交代？」

經廷尉府一番忙碌，待得鄧通蒙赦出獄，方知全部財物及家宅，盡已沒入官家。如此，昔日鉅富，轉瞬便成赤貧，且身負數億官債，獨自流落長安，衣食無著。

鄧通遭罰一事，數日之內，即哄傳於長安城內，百姓皆喜形於色，只恨罰得太少。

這日，館陶長公主劉嫖在長樂宮，正為竇太后剝棗。聞聽宮女說起此事，不覺黯然，對竇太后道：「那鄧通，也是可憐。父皇在時並無劣跡，不過擅逢迎而已。」

竇太后亦感嘆：「正是。人不可以驟貴，即便小人得志，也是要遭妒的。」

「啟弟行事，向來苛急。鄧通在往日，盡心伺候父皇，並無差池；如今落拓，總要留些顏面給他。」

「嫖兒心慈，便賜些財物與他吧，免得人議論，說咱家忘恩負義。」

如此，劉嫖便遣心腹，送了些衣物、錢財給鄧通。鄧通得了這接濟，好歹在長安賃了屋，東奔西走，指望有朝一日，賺些錢來償還官債。至於家眷落魄南安，已是顧不得了。

哪知廷尉府一班法吏，早盯牢了他。見鄧通有錢財到手，便如狼似虎般闖入，聲稱索取官債，要收繳財物。

鄧通連忙辯稱：「此為長公主所賜。」

法吏卻不理會，喝斥道：「賜物亦是所得。按律法，所得須先拿來償債，不得私用。你若不服，可詣闕告狀，天子自會處置。」便將所有財物，一掠而空，連一根金簪也未留下。

　　鄧通哪裡還敢告狀，只得忍下。次日，又被房東驅趕，倉促間無處可去，只得寄身橋洞下過夜。

　　夜寒難眠，鄧通睡了一刻，又掩衣坐起，遠望城內萬家燈火，不禁大哭：「先帝，鄧某愚忠，可曾有片刻負過你……」

　　長公主劉嫖聞知，亦是忍不住落淚，忙又遣人送去衣食，密囑鄧通，只說這財物是借貸而來，方不至為法吏奪走。

　　果然未過幾日，法吏又聞訊而來，氣勢洶洶，鄧通便照密囑所言，搪塞了過去。如此勉強撐持，又苟活了多時。

　　此後，長公主為兒女事操心，已無暇顧及。鄧通便日漸潦倒，竟至不名一文。只得在故舊家中寄食，飢一餐，飽一餐，困苦至極。久之，那舊友見他起復無望，便也厭煩，漸漸將他冷落了。

　　初冬日，鄧通棲身的偏屋中，四處裂隙，不能遮風。鄧通感染風寒，已有數日粒米未進，渾身無力。那舊友本不是良善之輩，施捨多日，已覺虧本，此時便故作不知，也不來問。

　　這日晨間，天降初雪，雪花飄進窗櫺，一層層覆於身上。鄧通睜眼醒來，飢腸轆轆，更覺周身寒徹，便想起往日，珍饈滿盤，食不厭精；到如今，枵腹忍飢，欲求一缽黃粱而不得，又何其哀哉！

　　此時，耳邊隱約響起人聲，似是喃喃咒語：「或將餓斃……」便想起當年，方士陰賓上曾有此言，當時只道是誑語，今日卻應驗了。只恨自己，年少時為何不守本分，偏要來長安。若留在蜀郡做個船伕，或還可以善終。

新枝得勢，老樹終難免摧折

想到此，鄧通不禁萬念俱灰，只顧閉目呻吟，奄奄待斃。

至朝食時分，鄰家有湯餅熟了，一股香氣飄進。鄧通眼前，忽就現出一個大陶碗，碗中是狗肉湯餅，上覆紫蘇，香滿陋室……

隔了數日，那舊友不見鄧通動靜，進來看時，才見鄧通竟已活活餓斃！那人自認晦氣，忙找來里正、嗇夫驗過。又邀眾鄰人幫忙，以破席裹住屍身，抬去城西，埋在了亂葬溝中。

消息傳入宮中，有涓人與鄧通相熟，說起此事，都唏噓不已。景帝聞知，只微微搖了搖頭：「當今之世，怎會有餓死溝渠者？」

可嘆一代嬖臣，聚財數十億，富逾天子，萬人垂涎。其終局，竟如此淒涼，實是出人意料。

鄧通雖死，景帝對此人猶自痛恨不已，暗暗發了毒誓，終其一朝不用佞臣，只用大才。對晁錯，就更是信任不疑。

再說那晁錯，自升任御史大夫之後，權傾九卿，勢不在丞相之下，不免就顧盼自雄。想漢家開闢以來，受天子寵信者，無過於此，或是天將降大任於己。於是每日罷朝，便將那《商君書》、《韓非子》翻了又翻，誓欲有一番作為。

這日夕食後，又在書房翻閱《韓非子》，偶見「事在四方，要在中央；聖人執要，四方來效」一句，不禁擊節讚道：「大哉韓非子！書生坐屋中，竟能洞見古今千年。僅十六字，便說盡了治天下之道。」

放下書卷，抬眼望窗外，直覺有慷慨之氣鼓盪於胸。狹室內不能安坐，便獨自踱至後園，見雪落紛紛，冬景蕭索，滿園竹篁已成瓊枝，更痛感時光易逝，不能再蹉跎了。

恰好這日休沐，景帝起意赴郊外賞雪，召來晁錯、周文仁同往。三

人皆著便裝，縱馬在前，帶了一隊郎衛隨後。

出東南霸城門，但見原野起伏，皆覆薄雪，天地間清朗之至。景帝不禁揮鞭喜道：「人在此間，便無雜慮，今日你我君臣，可學田忌、孫臏，馳逐決勝。」

周文仁喊了聲好，打馬便跑。景帝、晁錯哈哈大笑，隨即亦加鞭催馬。雪天行人無多，一行人放膽馳騁，馬蹄過處，騰起片片雪霧。霧中唯見白裘飄飛，似仙人御風而行。

快意之中，並不覺路遠，不足半個時辰，堪堪已馳上白鹿原。三人便勒住馬，放眼觀看。此時遠處梁峁，皆落滿雪，起伏如素帛飄逸。有三五人家，點綴其間，望去似墨跡點點。

片刻之後，隨行郎衛也趕到，景帝遂揮鞭向北一指，問道：「爾等可見否？」

眾人皆往北望，見霸陵高矗，隱於薄霧之後，宛若神山。晁錯見此景，不由大讚道：「壯哉！」

景帝亦是心潮難平，回首道：「先帝遺我，真是一片好河山。」

晁錯低迴片刻，忽然嘆道：「可惜這等河山，卻是片片如襤褸，不得連綴。」

「唔？」景帝便覺驚異，直視晁錯道，「晁公此是何意？」

晁錯便跳下馬來，以鞭柄在雪地上畫個圈，指道：「設若這就是天下，陛下以為，是否已盡在股掌中？」

景帝、周文仁也都跳下馬來，駐足觀看。景帝瞥過一眼，便道：「不錯，自長沙國改封，化內之境，皆已姓劉。晁公於此有何異見？」

晁錯微微一笑，便以鞭柄作筆，邊畫邊說道：「昔年高帝初定天下，

新枝得勢，老樹終難免摧折

覺異姓王不可信，故而大封旁枝同宗。陛下請看：高帝庶長子齊悼惠王，封得齊地七十餘城；庶弟楚元王，封得楚地四十餘城；族姪劉濞，封得吳地五十餘城……」

景帝定定望住雪地，只見那圈中，已被劃走一半大小，不禁倒抽一口冷氣。

晁錯見景帝有所動容，便趁勢道：「僅這三支庶孽，便分去天下一半；父子相傳，自成一統，遂與天子分庭抗禮。陛下如何便能說，天下已盡在股掌之中？」

周文仁望望雪地上圖畫，也是驚異萬分，脫口道：「以晁公所見，天下之半，竟是危殆了嗎？」

景帝沉默有頃，忽拽住周文仁衣袖道：「話說到此，也無心遊賞了。來，且席地而坐，你我恭聽晁公高見。」

三人遂解下白狐裘，鋪於地上，面對雪上圖畫而坐。周文仁抬頭，以目示意，眾郎衛便都散開，拔劍警戒。

景帝耐不住，先開口問道：「依晁公之見，天下事，已等不得了嗎？」

晁錯未答，只反問道：「臣要問：數十年來，漢家君臣治天下，以何為本？」「無為。」

「正是！秦末之亂，荼毒已甚，若不尊『無為』二字，則百姓不可活。即是高后稱制時，亦尚無為，百姓有口皆碑……」

周文仁便不解，發問道：「下臣不明：高后臨朝，正是多事之時，何以能稱『無為』？」

晁錯瞟他一眼，微笑反問道：「郎中令以為，治天下，只是治王侯公卿嗎？」周文仁茫然不能作答，只得拱手道：「願聞指教。」

晁錯望了望景帝，便從容道：「治天下者，其義有二，一為治百姓，一為治諸侯。治百姓事，在上者若無為，百姓不受擾，便似草木發榮滋長，無須人力相助。諸侯則不然，你若無為，他便想有為，放任既久，小獸亦成猛虎，反要來噬人了。」

景帝臉色微變，卻故意問道：「劉氏諸王，到底是骨肉，如何便能骨肉相殘？」晁錯淡淡一笑：「以臣愚意，骨肉相殘本無可怪，恰是骨肉，最不相容。」

「何以見得呢？」

「百姓欲效陳勝王，揭竿而成大事，難似登天。諸侯王則不然，恰是頂著個『劉』字，與天子之位，僅一步之遙，何人能不動心？人心不知足，自古而然，若不加約束，有幾人能安分守己？故而治諸侯事，勿忘有所為，否則必釀大禍。」

周文仁聞言，登時張口而不能合，景帝亦是汗流浹背。一時三人相視，都默默無言。

少頃，景帝才嘆息道：「誠如是，晁公並非危言。向時為太子，遵父命，常讀賈誼上疏。賈誼眼光老辣，指同姓諸王，名雖為臣，實則無不以天子自居。每讀至此，憂思難眠，方知父皇為難之處。」

周文仁卻有疑惑，問晁錯道：「各方諸侯王，錦衣玉食，代代享富貴；若謀反，則成敗之數難料。彼輩不愚，何以甘願冒此風險？」

晁錯冷笑道：「賭徒之心，你我可測乎？」

景帝不由微微頷首，瞄了一眼案上圖畫，又問：「依晁公之見，天下危殆，以何處為最？」

晁錯拿起馬鞭，指向圖畫東南隅，斬釘截鐵道：「即是此處。諸王之

新枝得勢，老樹終難免摧折

心，唯吳王最險。此前，吳王因已故吳太子之事，心生嫌隙，詐稱病而不朝。若按古法，當誅殺勿論，然文帝不忍，反倒安撫了事。文帝厚德至此，吳王本應改過自新，他卻不然，反倒日益驕恣，挖山鑄錢，煮海為鹽，誘使天下逃人歸附。此等虎狼，豈能無事？今若削藩王之地，當從吳王始。」

景帝沉吟道：「若削藩令下，吳王舉兵而反，將奈何？」

晁錯棄鞭於地，叩首道：「陛下，今削之亦反，不削之亦反。削之，其反急，禍小；不削之，其反遲，禍大。」

景帝尚未發話，卻見周文仁面露憂色，連連向晁錯拱手：「下官不才，請晁公也聽我一言。吳王譬如火藥，硝石硫黃雖在，然無火不發，我又何必舉火？」

晁錯挺身而起，高聲道：「與其等他舉火，不如我先舉火！昔日陳勝王舉事，天下皆郡縣，尚且頃刻崩解；而今之勢，天下半屬諸侯，一旦吳王反，你我君臣，欲再來這原上閒聊，可得乎？」

周文仁正欲反駁，景帝連忙制止道：「晁公乃智囊，天下大勢，你我皆聽晁公之言。」

周文仁悻悻道：「晁公之言，固然高明，只恐諸臣不肯聽。」

景帝望望二人，便對晁錯道：「既如此，你明日上奏本，交公卿列侯及宗室共議。朕並無定見，只從眾議。」

三人議罷，遂起身舉目四望，見冬日晝短，天已微有暗色。景帝便道：「這便返回吧，今日聽晁公高論，不虛此行。」

周文仁故意問：「歸程可還要馳逐？」

景帝望一眼晁錯，搖頭笑道：「張弛有道，孔夫子之言，亦不可廢。

歸程且徐行就好。」

一行人便攬轡徐行，緩緩下了白鹿原。

薄暮中雪意漸濃，漫天皆白，鄉路蜿蜒伸入蒼茫中。行至半途，忽見前面有一白衣老翁，手執長鞭，正趕著一群羊蹣跚而行。

景帝忙一擺手，眾人皆勒住馬，隨在羊群之後。鄉路兩旁，植有冬麥，一行人欲下田繞過羊群，又恐踐踏青苗。周文仁耐不住，嚷了一聲：「如此緩慢，要走到何時？」便要去喚老翁讓路。

景帝喝止道：「不得打擾！」

那老翁聞聲，回頭來看。景帝、周文仁便都一驚：原來此人，即是年前在軹道遇見的王禹湯。

王禹湯也認出二人來，仰頭一笑：「天下路窄，故人又相見了。」

景帝擔心道：「雪天路滑，王生如何遠出至此？」

王禹湯苦笑道：「今夏蝗蟲四起，將禾苗掠食一空，羊也無草可食，故而來原上放牧。」

景帝便笑：「天意乎，如何又遇老丈？」

「差矣！是老夫如何又遇諸公？」

「哦，這又有何不同？」

「老夫出門，本為生計，不欲有人攪擾。昔我刈草，被諸公無端拿問；今我趕羊，又遇諸公來爭路，不是嗎？」

「不敢！我等只是乘興出遊，不意驚擾了老丈。」

「不知諸公是何處貴人，不事生計，卻得終日優遊。若是意在無為，便隨老夫緩行；若是想有為，便請趕散羊群，只管前去。」

新枝得勢，老樹終難免摧折

晁錯在旁聞聽，心中驚異，忍不住脫口道：「你是何人，敢論無為有為？」

景帝忙對晁錯道：「這位老丈，即是高士王禹湯。」

晁錯一怔，細打量王禹湯一番，才施禮道：「原來是王生！久聞大名，恕在下冒犯。」

王禹湯略一還禮，橫瞥一眼道：「呵呵！閣下多禮了，我本布衣，談何冒犯？然無為有為之道，各有所見，莫非唯有公卿方可談論嗎？」

晁錯一笑：「非也。朝堂之人，草野之民，所守之道各不同，豈是交臂之間說得清的？」

王禹湯便止住步，注目晁錯道：「如此說來，閣下當是朝堂之人了？無怪口氣頗似晁大夫。」

三人聞聽，皆驚愕不止，景帝忙問道：「晁大夫又如何？」

王禹湯仰頭笑道：「晁大夫，當今之翹楚也，才比商鞅、韓非，只不要終局也相似便好。老夫以為，法家重刑名，雖多智，亦有一失，那便是：不知百姓安一日，君王也就安一日。若只顧朝夕更易，變動無窮，百姓不堪其擾，則君王天下又賴何以存？」

晁錯聽得刺耳，忍不住反駁道：「先生謬矣！韓非子曰：『不變古者，襲亂之跡。』為政者，豈能憚於民心不安，便守古不變？」

「荒唐！韓非子亦有言：『法禁變易，號令數下者，可亡也。』想那秦之一統，固是法家之功；然轉瞬即亡，不也是法家攪的嗎？」

三人頓又面面相覷，景帝連忙一揖道：「謝先生指教，惜不能朝夕俯身求教。前面有歧路，我等可擇他路而行，先生請自為。」

王禹湯自顧趕羊，頭也不回，只擺手道：「不謝。老夫妄言，諸公只

當未聞。我素不信孔子，只信他一句『血氣方剛，戒之在鬥』。你等尚在壯年，不知其玄奧，我是早已無此血氣了。」

晁錯又反譏道：「老人家閱世既多，膽量便小。當今天下，諸強藩環伺，你不與人鬥，人卻無一日不與你鬥。若是君王坐困關中，待四方禍起，怕要悔之不及！」

王禹湯只一笑：「這世上人，管他是草民藩王，有一日可安穩，便圖一日安穩；你若樂與人鬥，他便不得不陪你鬥，試問如此君王，可還坐得安穩嗎？」

說話間，諸人已至前面路口。晁錯還想反駁，王禹湯卻不再理會，只轉身揚臂，一聲鞭鳴，將羊群趕向一旁，為景帝一行讓開路。

景帝望望前面，對晁錯道：「天色已晚，不宜耽擱，且趕路要緊。」便匆忙向王禹湯揖過，打馬前行。

一行人馳驅片刻，景帝心緒仍不寧，又勒住馬回看，卻驚見王禹湯連同羊群，竟是蹤影全無！

景帝久久凝望，只覺恍惚。晁錯在旁道：「白衣人偕白羊遠去，想是已隱於雪野中了。」

景帝微微搖頭道：「王生，異人也，或是專為我而來……」

自原上歸來，當夜晁錯便遵旨，挑燈寫好奏本，於次日入闕呈上。景帝看過，交還晁錯，便令公卿、列侯及宗室齊集前殿，共議此奏可否。

待諸人會齊，景帝也來至前殿，旁聽集議。丞相陶青略述過大意，便請晁錯宣讀奏本。

晁錯此奏，經一夜斟酌，所論愈加有據，即是史上著名的〈削藩策〉。由晁錯本人讀之，更是滔滔雄辯，聲震殿宇。

新枝得勢，老樹終難免摧折

讀罷，晁錯昂然四顧，向眾人揖道：「臣晁錯，以此上奏，請告諭天下：責諸侯之罪過，削其地，以明尊卑。」

宣讀畢，滿堂公卿列侯皆屏息斂氣，不敢作聲。雖有人不以為然，卻只道是天子授意，亦不敢發難。

陶青見此，便道：「諸君既無異議，可上呈御批，頒行削藩之策。」

「慢！」座中忽有一人，舉手朗聲道，「御史大夫此議，乃魯莽之見，萬不可行。」話音落地，滿堂皆驚。景帝也向前傾身，要看清是何人敢爭辯。

待眾人看清，原來此人是詹事竇嬰。竇嬰，字王孫，乃清河郡觀津人，為竇太后族姪。他所任詹事一職，為宮內官，專掌皇后、太子家事。逢皇后法駕出行，詹事須為前導，乘導引車開路。

此次集議，本是公卿列侯議事，輪不到詹事這類小吏。然竇嬰卻是外戚，身分顯貴。早在文帝朝時，曾任吳相，不久因病免歸。景帝即位後，得竇太后之力，又入宮執事。這日，便是以宗室身分參與集議。

陶青也頗感意外，望了一眼景帝，才道：「竇詹事有何見教，不妨說來。」

竇嬰便振衣而起，向眾人一揖道：「御史大夫之議，乃申不害、韓非子一流，言必稱賞罰，事必求功成。急功近利，錙銖必較，恨不能一日便成。此道，可以取天下，而不能治天下。今日所奏，竟不惜逼諸侯急反。試問，諸侯急反，我可有急備？我若無備，而天下之半皆反，又何以當之？」繼而又轉向晁錯，面對問道，「晁公以文吏出身，嫻於文牘，耽迷掌故，既不知財計，又未識兵革，有何膽量輕言削藩？」

此言一出，滿堂譁然，諸臣皆面露惶恐，左右張望。

晁錯遭此反駁，氣得鬚髯戟張，當下叱道：「詹事之務，僅是眼前瑣細，無怪你目不及廊下，耳不聞窗外。當今急務，乃在天下枝強幹弱。諸侯居其國，法令自立，官吏自任，鑄錢以富其國，聚徒以強其眾；名為諸侯，實為敵國，是為不反之反。今若不削藩，天子之威日弱，崤關之外，不尊詔令；天下之半，難稱漢家。大勢如此，詹事你可知嗎？」說到此，晁錯意氣愈盛，向前幾步，又戟指竇嬰道，「臣少時習從法家，誠惶誠恐，不意今日廚灶馬廄間，竟有敢蔑視法家者！君不聞，韓非子素重『上尊』『主強』，若是上不尊、主不強，則天下紛亂，就在眼前。似竇詹事這般，渾噩如秦二世，坐待事發，則崤關如何能守，咸陽又如何能不焚？」

聽晁錯這番縱論，眾人中便不乏叫好者，此處彼處，讚聲四起。

竇嬰卻不為所動，雙目炯炯，略一躬身道：「晁公所言，不無道理，然天下事，非道理可以言盡。今之漢家，其務不在掃六國，而在安民，故法家之苛急，便是無端肇禍！孔子曰：『君使臣以禮，臣事君以忠。』諸侯雖不臣，然並非公然倡亂，若以禮而化之，則似引水澆火，可徐徐而熄之。晁公所本，乃商鞅之術，恃力而為，恃強而動，視諸侯為敵，必將逼反四方。天下得太平，迄今不過三十年，晁公便忍見刀兵四起、生靈塗炭乎？生於治世，卻喜聞劍戟聲，不是瘋癲，便是文痴！似晁公這般，欲自取其亂，竟是何居心，還請指教。」

竇嬰之言，說出多人心中隱憂，眾臣便有大半高聲贊同。

晁錯不甘削藩之計為一小官所阻，當即叱責道：「腐儒之論！你豈知人性本惡，若水之下流，僅憑善言怎可以教化？殷紂作惡，非流血不可以止；齊楚稱霸，循周禮則不能勸。今諸侯坐大，民間皆能預見其亂不遠，若斷然削之，便是利民。商鞅曰：『苟可以利民，不循其禮。』若以

新枝得勢，老樹終難免摧折

禮教徐徐化之，則遠地未服，都邑已破；絲竹未盡，鼙鼓驚夢；此處宮闕，恐早已不復為漢家了。覆亡之患，忠臣當挺身而救之；似竇嬰這般阻撓，又是何居心？臣是萬萬不可忍！」

待晁錯言畢，眾人心中一凜，都不敢當場置喙可否。

景帝細聽了許久，一時也難以決斷。又見兩人論辯，語氣愈加激憤，終不是事，便擺手勸止道：「二位所言，都不無道理。削藩事大，牽動國本，非一二日可籌劃妥備。且擱置不論，容後再議。」

聞景帝發話，眾人才覺鬆一口氣，都低聲議論不休。

陶青領會景帝之意，連忙打圓場道：「如此最好。孔子曰：『朝聞道，夕死可矣。』今聞二公高論，可以放心死兩回了。」

眾人便一齊發笑，紛紛附和，贊成緩議削藩為好。

晁錯見好事落空，滿心惱恨，本想奮力再爭，然礙於竇嬰外戚身分，不便太過得罪，只得忍下。

待返歸家中，晁錯百事不欲再問，獨立於廊下，痴望著滿庭白雪，良久方嘆道：「無怪《商君書》云：『拘禮之人不足與言事。』先賢到底是聰明，早看得明白。」

削藩急策，隱伏亂象埋禍機

　　自削藩之議擱置，朝中也就無大事。轉眼已至冬十月，正值元旦，又逢景帝大赦天下，諸侯來朝賀，削藩之事就更不能提起，上下都只忙著過年。

　　諸王之中，以梁王劉武來朝時，陣仗最大。梁王乃景帝唯一同母弟，自幼得竇太后寵愛，所封四十餘城，全為膏腴之地，物產甚豐，賦稅亦多，加上歷年父兄賞賜，更不可計數。府庫中，所藏奇珍異寶，世所罕見，即是長安富豪綁作一處，亦不能敵。

　　梁王財富既多，便大興土木，拓寬睢陽城垣，造起一座「梁園」來，方圓八十里。園囿幽深，宮觀相連。其間奇果佳樹，珍禽異獸，無不畢至，素有「七臺八景」之稱。又新建宮殿，中有複道凌空，橫跨梁園，自宮中直通「七臺」之首的平臺（今河南省商丘市平臺鎮），曲折長三十餘里，可飽覽景色，望之如天街。

　　梁王素有大志，並非耽於享樂，時常留心招攬豪傑。重賞之下，自崤關以東，各國遊士無不入其彀中。有齊人羊勝、公孫詭、鄒陽，吳人枚乘、嚴忌，蜀人司馬相如等，各擅異才奇技，名聞於中外，皆歸於梁王門下。

　　那公孫詭，名如其人，胸中多詭邪之計，然文采也是了得，凡有辭賦，世人皆爭誦。初次見梁王，即大受賞識，獲賜千金，官至中尉，統領梁國兵馬，人皆尊稱「公孫將軍」。此人擅製兵器，任中尉後，命工匠打造弓箭、戈矛數十萬件，以備不時之需。

削藩急策，隱伏亂象埋禍機

梁王平時出入，皆稱警蹕，樹天子所賜旌旗，隨從有千乘萬騎，擬同天子，天下諸侯無人可及。

景帝即位後，梁王曾兩次入朝，景帝都特予優待。入宮時，兄弟兩人同乘步輦，出宮則同車游獵。梁王所率侍中、郎官、謁者等，姓名錄於宮門籍冊，發給「憑引」[11]，出入天子殿門，與漢家官吏一般無二。

這日車入司馬門，梁王見景帝早在門內等候，忙跳下車來，施禮拜謁。景帝滿面含笑，執了梁王之手，寒暄多時，方才同乘步輦，一道入宮。

景帝幼時，與梁王同在代地生長，手足之情尤深。此番見梁王來，不由慨嘆：「帝王家，如何比得上民家？百姓家的兄弟，比鄰而居，朝夕得以見面；你我卻不能，一年方可見兩面。」

梁王亦有同感：「少年時入朝，尚可留京數月；而今為阿兄守土，想多來幾次，也是不敢。」

謁過景帝，梁王便要去拜謁竇太后。景帝欣然道：「我也與你同往。今日已有安排，在長樂宮設宴，為你接風。你拜謁太后畢，我二人便與太后一同入席。」

竇太后見了幼子梁王，自是滿心歡喜，噓寒問暖不停。眼看將至夕食時分，景帝便吩咐開宴，請竇太后入上座，自己與梁王分坐左右。

竇太后雖然看不大清，但眼前兩子英武豪壯，心中終究是喜，遂對梁王道：「武兒這幾年，有了些歷練，城府也深了，不比你阿兄差多少。」

梁王忙道：「哪裡，自幼阿兄就強於我，文韜武略，無不是由他指

---

[11] 憑引，證明身分的憑據，相當於身分證。

點。」此時，詹事竇嬰持了酒卮[12]上來，為三人逐個斟酒，執禮甚恭。

竇太后便指指竇嬰，對景帝道：「你這表兄，已到中年，尚無顯赫事功，害得我牽掛。近來他在宮中如何？」

景帝望一眼竇嬰，笑道：「王孫兄敢直言，日前集議削藩事，連晁大夫也敢頂撞。」

竇太后便驚異：「晁大夫學富五車，人說可比得韓非子，竇嬰如何能敵得過？」竇嬰連忙俯首道：「不敢。小臣只是主張，削藩之事不宜急。」

竇太后便道：「那也是。啟兒這大位，尚未坐暖，凡事總要『無為』在先。」景帝笑道：「太后放心，有武弟為我屏障，暫不削藩，料也無事。」

飲到微醺時，竇太后見眼前闔家團圓，忽就想起了文帝，心中一酸，竟落下淚來：「你們阿翁最不易。當年自代國入都，不知長安虛實，恐老臣作亂，臨行前囑咐我：一旦生變，務要發兵守住北塞三關，保晉陽不失。有晉陽在，便有自家的根基。我一個婦道人家，哪裡當得了這囑託？只顧抱住你兄弟二人啼哭。」

說起往事，梁王也不禁動容：「當時幼小，不知父王遭了何事，只記得阿母啼哭，我也啼哭，唯兄長神色不變，牽住父王衣襟死死不放。」

竇太后抹乾淚又笑：「這大喜時日，倒要說這些傷心事！我母子還是飲酒，不提往事。」

竇嬰聞此言，急忙又趨近斟酒。如此飲至酣暢時，三人都有醉意，梁王命竇嬰再斟滿，舉起酒杯道：「咱家得了這天下，是上天選中。這一杯，我獨自飲了，祝阿兄不負天意，近用能臣，遠服諸侯，定教這山河

---

[12] 卮（ㄓ），古代盛酒的器皿，廣口、筒狀。

削藩急策，隱伏亂象埋禍機

永固，代代相傳。」說罷便仰頭飲下。

一番話，說得景帝心暖，也舉起杯來，慨然道：「這一杯，我也獨飲。這山河，既屬了咱家，千秋萬歲後，將傳於梁王！」

梁王又驚又喜，連忙拱手道：「我哪裡敢！不敢不敢……多謝阿兄，弟知阿兄心意了。」雖也知景帝並非當真，心下卻不免暗喜。

竇太后聞聽景帝此言，竟然笑出聲來：「哦呀，這便好，這便好！為母生養你們兄弟，也不枉一番辛勞了。」便舉杯向景帝，斟酌著似有話要說。

豈料此時，竇嬰忽然持酒卮趨前，跪地向景帝進言道：「天下者，高帝之天下。循例父子相傳，方為大統，陛下如何能傳位於梁王？」

座中三人聞言，都是一驚，直直望住竇嬰，一時無語。

竇嬰也不理會，雙手奉酒卮遞與景帝，高聲道：「陛下酒後失言，請罰一杯。」

景帝這才猛省，便哈哈一笑，為自己斟滿一杯飲下，舒口氣道：「今日這罰酒，也是好酒！」

梁王卻忽地斂了笑意，惘然若失，只顧埋下頭去，盯住手中空杯。

竇太后則怒視竇嬰一眼，面有慍色，將酒杯重重置下，叱道：「豎子！我母子說話，要你竇嬰來插言嗎？」

景帝忙對竇嬰道：「王孫兄，我母子談家事，你且退下吧。」竇嬰面不改色，向三人逐一拜過，才從容退下。

望見竇嬰出去，竇太后恨恨道：「無眼力之人，真是可恨！無怪乎人到中年，尚一事無成。」

景帝便道：「太后無須理他，還是飲酒。」

竇太后望望梁王，微微嘆一口氣，忽就道：「算了，飲夠了！再飲也是無味。」說著，便喚宮女進來，冷冷道，「你兄弟在此吧，為母累了，要早去歇息。」

兄弟倆連忙起身，揖禮相送。

竇太后由宮女攙扶，蹣跚走到門口，又回頭對景帝道：「近有彗星當空，洎人都說，世將有亂臣出，我還不信呢。看你日漸驕矜，所用之人，也都恁地張狂，只恐禍將不遠了！」

景帝、梁王呆望著竇太后走遠，再坐下時，兩人都覺無話。

少頃，景帝才含笑道：「好酒不飲完，終究可惜。來，我為你斟上。」梁王悶聲不響，以衣袖遮住酒杯，望住景帝微微搖頭。

景帝也覺無趣，便對梁王道：「阿母的目疾日甚一日，偶有急躁，武弟也不必在意。」

梁王還是不響，恍惚不知望向何處。

景帝心中有數，暗責自己方才失言，便放下酒卮，上前將梁王扶起：「今日就到此吧，你舟車勞頓，也早些回去歇息。」

次日朝食後，景帝正欲喚竇嬰來，囑他言語要小心，不料卻有宦者進來，遞上了竇嬰的辭呈。

景帝驚道：「這是哪裡話？去喚竇詹事來。」

那宦者卻回道，竇嬰已於今晨，將諸事交卸完畢，自出宮去了。

景帝便雙眉緊蹙：「這又是何苦？」默思良久，終還是提起筆來批了，准竇嬰免職。

消息傳至長樂宮，竇太后餘怒未消，恨恨道：「跑掉就算了？人無良心，可至此乎！」說著，便命身邊宦者，去傳諭宗正劉禮，除掉竇嬰外

削藩急策，隱伏亂象埋禍機

戚門籍，削為平民，不再認這個族姪了。

饒是如此，梁王仍覺無趣，朝賀完畢，也無心在長安多留，帶了一干隨從，怏怏而歸。

竇嬰平白被免職，朝中眾臣不知底裡，只風聞他言語有失，都甚感惋惜。獨有晁錯聞知，卻是心中暗喜。

前次削藩之策受阻，晁錯尤恨竇嬰，如今竇嬰自敗而去，想那削藩一事，便有望重提。晁錯也知，若再交付公卿集議，或又將爭執不下，不如先不聲張，瞄住一二諸侯錯處，便可下手。

可巧就有失心的諸侯，自己送上了門來。此次朝賀，各路諸侯中，有一位楚王劉戊，最為招搖。入住長安楚邸後，未等拜謁，先就遣人四處尋找女伶。逢入夜，楚邸中燈燭通明，歡歌狂舞，直鬧得一派妖冶氣。城中有百姓望見，豔羨不止，滿城裡傳得沸沸揚揚。

晁錯任御史大夫，專事監察百官，手下眼線遍布四方。楚王劉戊行為不檢，才入都便鬧得不成體統。若在平常，也就罷了，諸王品行如何，由宗正府督察，御史大夫按例不問。豈料此次，正撞到了晁錯網中。晁錯瞄住諸侯王罪錯，已不止一兩日。此前薄太后駕崩，喪報傳至四方，諸侯王雖不必進京，也須守制服喪，禁歌吹宴樂。劉戊荒唐慣了，只道是長安遠隔千里，有何人能知守不守喪？於是照舊在王宮中淫逸，左擁右抱，顛鸞倒鳳。

這劉戊，乃楚元王劉交之孫，亦即景帝的堂弟。前文曾有交代，劉交乃劉邦四弟，最具文人氣。其子劉郢客，亦是文質彬彬之人。這父子兩人，先後為楚王，傳到了其孫劉戊這裡，卻是文脈盡失。劉戊襲了楚王，謹慎了不多時，便開始放浪，耽迷酒色，蔑視禮教，正應了「三代敗家」的俗諺。

楚王劉戊不成器,曾有一逸事,流傳甚廣。當年楚元王劉交,喜讀詩書,召名士穆生、白生、申公三人為中大夫,待若上賓。其中穆生不善飲酒,楚元王每逢召他對飲,都特備一壺醴酒(黃酒),清淡如水,也好令他不至醉倒。後劉郢客襲位,仍照此規矩優待。待劉戊襲了楚王,初時召穆生飲宴,尚備有醴酒,稍後便忘到了腦後去。

　　穆生見此情形,待宴罷出門,便仰天嘆道:「醴酒不設,王意已怠。若不離去,楚人遲早將以鐵鉗拘我,示眾於鬧市。」於是稱病不出,打算就此隱退。

　　白生、申公聞知,知是穆生鬧意氣,便上門去強勸:「公乃知理之人,如何不念先王舊德?今楚王忘置醴酒,略失小禮,公又何至於此!」

　　穆生對二人道:「昔讀《周易》,內稱『君子見機而作』,我不能有眼而不辨高低。先王之所以禮遇你我,是為重道;今嗣王輕慢我,便是忘道。忘道之人,焉能與之久處?我豈是為區區之禮而慪氣?」不久便稱病,掛冠而去。

　　白生、申公兩人,終究是念舊,未肯離去。豈料兩人日後遭際,果然被穆生說中,此處且按下不提。

　　此事傳於後世,便成了一句成語「醴酒不設」。意在警曉世人,若寵顧已衰,便要趁早離去。

　　再說年前,薄太后訃聞傳至楚國,楚王不獨心裡無悲,連佯裝文章也不做,照舊偎紅倚翠,縱酒歡會。此事早為御史府察知,今番入都又不檢點,真是忘乎所以了。

　　晁錯揀閱舊檔,抄錄下這一節,寫成一道劾奏,稱楚王在薄太后喪期內,縱酒暴淫,實屬大不敬,按律當斬。

077

削藩急策，隱伏亂象埋禍機

劾奏寫成，晁錯躊躇滿志，擲筆大笑道：「楚王你來得，卻是走不得了！削藩乃我平生功業，何人可以阻擋？賈誼未竟事，自有晁某做得成，留得美名於後世，豈是李斯輩可比的！」

景帝接了這奏本，暗自吃驚。稍加思忖，方知晁錯是一心尋隙，要將諸侯逐一剪除，於不露聲色中，便施行削藩。景帝初起也有此意，不妨就此扣押楚王，交廷尉問罪。然提筆再三，仍是下不得手，末了只削去東海郡（今山東省臨沂市南）、薛郡（今山東省滕州市）兩處，奪其大半封土，令楚王歸國了事。

此次楚王雖得脫罪，但削楚到底還是成了。晁錯心中大喜，一鼓作氣，又查出趙王劉遂兩年前有過失，遂奏請削去常山郡。繼而又上奏，指膠西王劉卬貪得無厭，私下賣爵，請削去六縣。景帝接了兩個奏本，心領神會，一併照准。

三王被削部分封地，自是將晁錯恨之入骨，亦恨景帝昏聵不明，便欲謀反。然權衡再三，終因天下尚安穩，未便擅動，只得先忍下。

那晁錯連連得手，只道是諸王不堪一擊，便又接連上書，請更改法令。僅二三月間，竟更動法令三十章，處處削損諸侯，意在逼迫。天下諸侯聞此，一片譁然，都攘臂痛罵，只恨晁錯不死，當著朝使之面也不避諱。

如此惹了眾怒，晁錯卻毫不在意，見三王被削部分封地後，並無異動，只道是削藩大得人心。於是日夜籌劃，只待稍有時機，便要著手削吳。

這日暮間，晁錯忙畢公事，獨坐書房，隨手拿起陶壎來吹，聊作自娛。暮光斜照中，其聲中和，悠揚滿庭，又微微含有哀意。

正自陶醉間，忽有一老者排闥而入，進門便戟指晁錯，叱道：「豎子，你欲尋死嗎？」

晁錯大驚，抬眼看去，方知是自家老父，自潁川故里入都。晁父一身塵土未拂，便尋來書房，不知何故勃然大怒。

晁錯慌忙起身，扶老父入座，恭謹問道：「阿翁何故趕來？」

老父甩脫晁錯手臂，氣仍未平，怒問道：「今上即位，拔擢你主政用事，你卻侵削諸侯，疏離人家骨肉。天下洶洶，眾口都怨恨你，這又是為何？」

晁錯知老父發怒原是為此，便含笑道：「不錯，我並非盲聾，亦知反對者眾。然不如此，則天子不尊，宗廟不安。」

晁父便連拍膝蓋，痛心疾首道：「宗廟安否，你倒比那皇帝更急了。你可知，劉氏安則安矣，晁氏卻將危矣！」

「阿翁糊塗了——劉氏既安，晁氏又如何能危？若劉氏不安，我才有不測。其中道理，如何能與你講清？」

「混帳話！我在局外，窺得清楚。昔年呂太后時，劉氏骨肉被誅，血流遍地，他宗廟可曾危乎？天命所在，外力如何能撼？你出身學子，即便為《尚書》作注，也可留名百世；如今捲入宗室紛爭，問你有幾顆頭顱，能禁得起人家砍？」

晁錯聞言，臉色微慍，起身道：「阿翁無須再說！天子至尊，為我立身之本；為天子除弊，雖萬死而不辭。朝中有削藩令，不日即下，勢必如雷霆，幾個諸侯怎可擋得住？」

晁父聞言，頓時有老淚湧出，連連嗟嘆道：「吾兒呀，這官面上的話，拿來與我搪塞，究有何用？自古疏不間親，乃常情也，怎的你便不

削藩急策，隱伏亂象埋禍機

知？你豎子得勢，不過才幾日，莫說御史大夫，便是那丞相，也不過天子家犬馬。你素來目中無人，稍有得勢，便以為可得百年恩寵。若遭了囹圄之禍，刀斧加頸，那公卿百官中，又有何人肯替你辯白？」

「若陷不測，後世自可還我清白。」

「身後清白，當得飯食嗎？大臣蒙冤，累代不絕，你屈指算來：李斯如何，韓信如何，周勃又如何，幾人能有個圓滿了局？一日得勢，換得千年悔恨，你莫非，也想做那新垣平嗎？」

晁錯頓時色變，拂袖怒道：「世間庸碌者，何其多也。吾志已堅，阿翁請勿多言！」

晁父痛極失語，良久方顫顫起身，向晁錯一揖道：「晁公！為父適才所言，不值一錢，你不願聽也罷。今彗星出西方，民間百口喧騰，皆言禍事將近。吾年已老邁，不忍見禍及家門，還是離你遠些的好。」說罷，水也不飲一口，轉身即走。

晁錯初時未應，稍後方猛省，忙追出門去，大呼道：「夜禁將至，何不等到天明？」

哪知晁父出了門，立即登車，吩咐家僕起程。聞聽晁錯呼喊，頭也不回，只拋下了一句：「寧宿逆旅，也不沾你這大夫邸。悔不當初，未教你務農販菜！」

晁錯獨立門外，痴望老父乘車馳遠，心中頓起哀戚之意，不覺深深一躬，儼如訣別。

卻說朝中削藩令下來以後，百姓並無議論，諸侯王卻是心中震恐。各王都世襲罔替，做了兩三代，錦衣玉食，尊享一方，只道是可享百世安穩，卻不料飆風乍起，眼看就要削地失民，無異於被剜肉般，痛徹肺腑。

那吳王劉濞，最不敢大意，命長安吳邸屬官四處打探，三五日便有密信送回廣陵（今江蘇省揚州市）。月前，探得晁錯得寵，逼走竇嬰，便知大事不好。果然，旬日之內，即盛傳有三王部分封地已被削。

　　待都中屬官將民間私傳的「京師書」送來，坐實此事，劉濞當即冷笑：「晁錯狂徒，再削，必為吳矣！」便拋下政務，帶領三五親信，馳上城內獨崗。

　　時值十二月，朔風凜冽，於崗上可望見江流入海，一片煙波。劉濞勒住馬，良久不語，左右近臣亦不敢多言。

　　稍後劉濞下馬，眾人也隨即跳下馬來。劉濞望住中大夫應高，緩緩道：「國中百官，唯應公見解不凡，請隨我去石上一坐。」言畢，便帶著應高，攀上山頂一巨石，抱膝而坐。

　　望了海面良久，劉濞方道：「應公，可知這東海，已有萬年之久嗎？」

　　應高答道：「開天闢地時，即有東海，幾番滄海桑田，怕不止萬年了。」

　　「萬年前，此處曾是何地，此地曾有何人？」「這……臣實不知。」

　　劉濞便感嘆：「寡人弱冠時，即獲封王，自沛縣至此，竟四十年矣。然終究人生苦短，萬年之後，此地可還有人知我？」

　　應高斟酌片刻，方才答道：「吳國之民，富逾天下，皆念大王恩德。即是千萬年後，亦必有口碑流傳。」

　　劉濞笑笑：「人間事，怕是連百年也等不得了。應公，我願與你賭：不出旬日，定有削藩令下，奪我吳土，分我吳民。人生在世，四十年安穩都難保，何況萬年乎？」

　　「大王不必多慮，此次削藩，三王各有其咎。大王則無錯，即便欲削吳，亦不能無故加之。」

削藩急策，隱伏亂象埋禍機

「呵呵！君不聞『楚人無罪，懷璧其罪』乎？若此地為長沙，則吾土可安泰萬年。正因吳地富庶，便成了寡人之罪。」

「臣以為，那晁錯雖得勢，然削藩之事，群臣仍多有反對，故所削三王，皆為旁枝弱國。吳則為東南要地，國強民富，大王甚得民心，晁錯斷不敢逆勢而行。」

「不然！先易後難，晁錯也無非是此等路數，先削三王，實是意在削吳。今之大勢，寡人不能坐以待斃。」

「大王之意，是要⋯⋯」

「起兵自保！你為我心腹，說了也無妨。」

「大王待我恩重，臣願隨大王執戈。然區區一晁錯，值得大王犯險嗎？」

「還記得我故太子枉死之事嗎？既有當初，必有今日。主上不容我，恐不單是晁錯蠱惑之故。」

應高頓時領悟，心中一凜：「臣明白了。」劉濞便道：「寡人這裡，要託付你一事。」

應高忙俯首一拜：「大王請吩咐，臣萬死不辭。」

「諸侯恨晁錯已久，然三王被削，天下卻靜如止水，可見諸王膽量不足。如此孱弱，終將被趕盡殺絕。我看諸王中，唯膠西王劉卬一人勇武，好氣鬥狠，喜兵事，世人皆忌憚。請足下潛入膠西，約其起事，興兵以誅晁錯。吾人若不自救，則世間再無人救我了。」

「此為大計，僅膠西王一人，臣尚覺勢單。」

「應公放心。天下之勢，已如薪柴遍布，若膠西王肯起事，則其餘諸王必將影從。」

應高應聲起身，拱手道：「大王明見。臣明日便微服出城，前往高密，說動膠西王。」

劉濞便也起身，執應高之手道：「當今群僚，慕趙高者多，慕荊軻者少。公今此去，是為舉大義，吳地萬民得益，將不忘公之名。」

應高當即拔劍而誓，慷慨應道：「此處大江，以臣看來即是易水；臣此去若無功，誓不生還。」

兩人凝望江流，豪氣頓生。劉濞迎風長嘯一聲，仰首道：「既為王侯，豈能不如陳勝、吳廣乎！」

旬日之後，應高單人獨騎，馳入高密，赴膠西王宮求見。

此時的膠西國，被削去營陵、平壽等六縣，歸朝廷所有，另置北海郡。

那膠西王劉卬，為齊悼惠王劉肥之子，自文帝裂齊為六國，迄今封王已十一年。正在無憂之時，忽被削去封土大半，僅留一隅，自是鬱鬱寡歡，覺顏面盡喪。

這日，忽聞謁者通報，有吳王密使來見，劉卬心中便一動，忙命人宣進。

應高上殿禮畢，環顧四周道：「吳王遣應某來，有肺腑之言相告，請大王摒退左右。」

劉卬稍露詫異，揮袖命近侍皆退下，語帶譏嘲道：「久聞吳王老到，看足下這般做派，果然不假，請拿吳王書信來。」

應高道：「事密，吳王不便著筆墨，臣下口傳於大王。」

劉卬原本愁容滿面，此時望望應高，不禁一笑：「越發鬼祟了！那麼，足下請說。」

削藩急策，隱伏亂象埋禍機

「我王無能，恐招致旦夕之憂。偶有所思，當說與大王聽，故遣小臣前來，如實轉告。」

「哦？吳王有何見教？」

「大王請看。」應高說著，便將一物從身後拿出，置於地上，上覆有帛巾。

劉卬眉毛一動，望了那物什片刻，便起身來看。應高伸手揭去帛巾，原是一個鐵籠，內有白雉一隻。

劉卬不解道：「野雞嘛，有何稀罕？」應高抬手指道：「請大王看那爪子。」

劉卬俯身看去，只見那白雉，兩爪皆被斬去，蜷縮籠內不能站立，便不禁「啊」了一聲。

應高趁勢便道：「此禽鳥羽毛華麗，振翼可飛，然爪子被人斬，欲自立於世而不能。小臣敢問，大王可願做此禽否？」

劉卬登時瞠目，連忙拉住應高道：「本王已知你意，請隨我往密室談。」

二人來至殿後密室，分賓主坐下。劉卬便嚮應高一拜：「吳王德高，天下人無不敬，公請盡言無妨。」

應高便正襟道：「臣在吳地，久聞大王英武，然禽鳥爪子若失，又何以高飛？今主上昏庸，為奸臣所蔽，好小善，聽讒言，擅變律令，侵奪諸侯之地，真是日甚一日，大王竟無所見乎？俚語有言『舐糠及米』，大王又不曾聞乎？吳與膠西，皆為知名諸侯，若主上意在逼迫，恐不得安生矣！」

「唔……吳王年高，德聲在外，如何竟為主上所忌？」

「吳王身有內疾，不能入朝已二十餘年，常憂懼見疑，無以自白。數十年來，唯袖手謹言，仍懼天子不釋疑。」

「吳踞東南，財富傾天下，有何人能撼動，莫不是吳王多疑了？」

應高直視劉卬，雙目炯炯道：「臣聞大王因授爵事被責，削地大半。其餘兩王亦如是，罪不至此，何以被削地？此等蹊蹺事，恐不止削地便罷。」

此話說到了痛處，劉卬不由輕嘆道：「正是如此，公有何好計？」

應高便朗聲道：「臣僅有一語：『同惡相助，同好相留，同情相成，同欲相趨，同利相死。』今吳王自認與大王有同憂，願趁此時機，從天理，舉大義，捐軀為天下除害，不知大王可允否？」

劉卬聞此言，不禁大駭：「寡人怎敢如此？今上催迫雖急，唯死而已，安得做亂臣賊子？」

應高正色道：「亂臣今就在朝中！御史大夫晁錯蠱惑天子，侵奪諸侯，蔽忠塞賢，朝臣亦多怨之，諸侯皆有背叛之心。人事之危，達於極致。今有彗星出，蝗蟲數起，此乃萬世難逢之時，愁勞之眾在前，聖賢隨於後，正可相率起事。」

劉卬聽應高提及晁錯，頓生切齒之恨，神情便一振：「晁錯固當斬，然吳王有何良策？」

「吳王欲以討伐晁錯之名，隨大王車後，起兵掃平天下。義師既出，所向者必降，所指者必下，天下無人敢不服。若大王許之，則吳王必率楚王，取函谷，拒滎陽，擁敖倉之糧，以拒漢兵東來。吾人將灑掃館舍，以待大王；若大王有幸來會，天下便可易手，任由兩主分割，不亦可乎？」

削藩急策，隱伏亂象埋禍機

劉卬聽得血湧，霍然而起，以掌擊案道：「吾素習武，最喜爽直。使臣無須多言了，這便可回報吳王，寡人願起兵！」

應高大喜過望，遂俯首拜道：「大王勇武，小臣已見識了；吳王今雖老，英武仍不減當年。兩王兵鋒所指，將攻無不克。」言畢，即辭別而去，連夜歸吳覆命。

再說那吳王劉濞，在廣陵城翹首以盼，終等到應高歸來。知劉卬已被說服，不禁拊掌大笑：「膠西王入我彀，天下事定矣。應公有大功於國！」

夜來，劉濞於燈下思之，又恐劉卬反悔。於是不待天明，便扮作使臣，率郎衛一隊，北上高密，要親見劉卬。

這日劉卬在宮中，聞吳使又至，不由得失笑：「吳王心急，竟等不得二三日乎？」

因劉卬從未見過劉濞，待劉濞上殿，自然不識，只脫口道：「吳王老便老矣，如何使者亦這般老？」

劉濞微微一笑，上前幾步，攤開手掌，只見掌心寫有「我乃吳王」四個字。劉卬大驚，正要開口，劉濞連忙擺手道：「大王，請往密室去談。」

兩人進了密室，這才相視大笑。劉卬施禮道：「久聞伯父大名，今日才見雄姿，恕晚輩失禮了。」

劉濞道：「哪裡！吾聞世人皆畏賢姪，今日見之，果然英武！吾今來，欲與賢姪面商結盟事。」

兩人遂相對而坐，將諸般事宜細細說來。一連數日，言無不盡，說到高興處，竟是廢寢忘餐。

如此，劉濞在高密勾留數日，如願而歸；聯繫齊地諸王之事，便交由劉卬去做。此次劉濞來，事雖機密，然膠西王劉卬身邊，仍有人聽到風聲。

此時，劉卬生母仍健在，居高密城內，為王太后。經呂氏之亂，王太后一向謹慎怕事，風聞劉卬要反，不免又驚又怕。

劉卬身邊有一二老臣，素敬王太后，便頗感不安，向劉卬諫道：「我膠西小國，上承漢家一帝，為至樂之事。今大王卻棄安寧，涉險地，欲隨吳王起兵。若事成，則兩主又將分爭天下，兵連禍結，永無寧日。況諸侯據地狹小，雖號為天下之半，究其實，尚不足漢郡十分之二。以此羸弱之勢而為叛逆，累及王太后亦覺憂懼，臣以為絕非長策也。」

劉卬卻不聽，拂袖叱道：「腐儒之見！王太后乃隔世人也，何須理會？豈不聞《周易》之言『二人同心，其利斷金』，況乎諸侯聯袂，又豈止十家？以十攻一，掃清天下又有何難？」

老臣心有不甘，仍苦勸道：「凡事有順逆之道，不可以逆擊順。若朝廷發兵，終是堂堂正正之師；諸侯之盟，到底為烏合之眾，有多少勝算可言？」

劉卬便不耐煩：「卿等為文臣，如何知兵事？今我發兵，便是討逆。諸王皆為高帝血脈，他又如何為正，我又如何為不正？今漢軍還有何名將，可阻我興師？諸公老矣，都無須多言了。」

揮退老臣，劉卬精神抖擻，遂遣使分赴齊、菑川、膠東、濟南、濟北五國，與五王通氣，相約起事。此五王，皆為齊悼惠王劉肥之子，乃劉卬同胞兄弟，即是齊王劉將閭、菑川王劉賢、膠東王劉雄渠、濟南王劉辟光、濟北王劉志。

削藩急策，隱伏亂象埋禍機

當年文帝甚猜忌這一枝，將齊國一分為六，封與劉肥諸子，以削其勢。那五兄弟，素與劉卬同氣相求，都為兄長劉章、劉興居之死抱不平，多年亦不忘。待膠西使者說明來意，五王皆有許諾，願舉兵相從。

劉卬接諸兄弟回函，不禁大喜道：「兄弟同心，事焉有不成之理？」

再說劉濞自膠西返回，立遣使赴趙、楚兩國，遊說兩王起事。兩王為晁錯所劾，最先被削地，正怨恨滿腹，豈有不許之理，便都一口應下。

楚王劉戊身邊，有申公、白生兩人，此前不聽穆生勸諫，仍為中大夫，聞此事都大驚，急入楚王宮勸阻。

劉戊在後園與近侍蹴鞠為戲，正在興頭上。見二人倉皇而入，忍不住笑道：「二公何事，竟如奔喪一般？」

申公便揖道：「大王好興致，不知禍事將起。事若發，我輩將奔喪不及！」「哦！何事出此危言？」

「臣聞吳王遣使來，相約起事，以誅晁錯。不知大王許他否？」「此乃吾家事，二公不必與聞。」

白生便頓足道：「兩代先王崇文知禮，令名滿天下，大王應顧惜家門，豈可有不臣之心？」

劉戊當即變色，怒道：「二公是說，寡人不配為王？」

申公不為所動，昂然道：「先王待我，恩重如山。事急，臣不得不諫：無論姓劉與否，君臣之道，也萬不可顛倒。」

白生亦慨然道：「高祖定天下，五十年間，內亂無一得逞者，大王可無懼乎？先王託付，言猶在耳，臣子之義不可拋，吾不忍就此目睹國滅。」

劉戊立時被激怒，厲聲喝道：「膽大儒生！寡人賞你兩缽飯吃，便可來此指畫嗎？我之封土，得自父祖，不是憑識字而得。先王所留，有堂堂彭城、薛、東海三郡。那晁錯，只知閉門弄墨，竟削去東海與薛兩郡，令我獨守彭城，其辱可忍乎？儒生輔政，不過案頭玩偶，好看罷了。今寡人欲奪回失土，與你輩又有何干？」

言畢，便令左右甲士，將二人冠服褫去，換上刑徒赭衣，以鐵鉗加頸，押赴彭城西市，罰以舂米。

二人就刑，萬分狼狽，於天寒地凍中瑟瑟舂米。有城內閒雜人等，來圍觀取樂，皆戟指笑罵「國賊」。

申公望望白生，不禁含淚道：「我為王憂，王卻視我如寇仇；我為民憂，民卻待我不如乞兒。悔不該未信穆生言，『忠信』二字，豈可濫施於人！」

時有楚丞相張尚、太傅趙夷吾兩人，聞聽主上欲謀反，亦不能自安，上殿力諫不可。

兩人在楚地聲名顯赫，張尚統領百官，趙夷吾輔佐王政，一語可左右國事。劉戊見二人有異心，不由震怒：「你二人食君祿，卻不為君謀，是何居心？那兩個儒生倒也罷了，讀書蒙了心竅，你二人卻是罪無可逭！爾等既然不忠，便也休怪寡人不義。」竟喝令郎衛將二人拖下殿去，當場斬首。

待首級呈上殿來，劉戊冷笑道：「你二人之首，懸於國門便好，看我如何得勝，攜得晁錯首級而歸，三個綁作一處！」

言畢，即下令調兵遣將，以響應吳王。又嚴令各主官把住口風，有洩密者，必滿門抄斬。知情者經此一嚇，都不敢多言，只得任由楚王擺布。

削藩急策，隱伏亂象埋禍機

卻說趙王劉遂，此時遠在北地，也躍躍欲試。劉遂之父，即是被呂后幽禁而死的趙幽王。文帝即位，憐憫這一枝，便封了幽王之子劉遂為趙王。按說朝廷本不負劉遂，然此前晁錯勸景帝，將趙國原有邯鄲、鉅鹿、常山三郡，削去常山一郡，劉遂便懷恨在心。得了吳王消息，立時許諾，願起兵相從。

時有趙丞相建德、內史王悍，亦不欲反，再三對劉遂苦諫。直說得劉遂心頭火起，竟下令將兩人活活燒死。

此時，連吳王在內，已有九國諸侯欲起兵。各王摩拳擦掌，暗中謀劃，都覺當年誅呂之事將重演，自是興奮異常。

諸侯王也知事不可洩，只在帷幄中密議，暗地聯繫，將朝廷耳目死死瞞住。

朝廷那邊，則全不知此情，只道削地之策已奏效，各諸侯勢單力弱，只能聽命。至十二月梢，經晁錯力促，景帝又有詔下，令削去吳國會稽、豫章兩郡。

如此一削，吳富庶之地，盡為朝廷所取。吳地三郡，唯這兩郡最富，會稽可煮鹽，豫章富有銅山，吳民多年不交賦稅，國仍富庶，全賴這兩處物產。聞知朝廷將削吳，不獨廣陵郡沸騰，即是會稽、豫章兩郡百姓，知今後朝廷必徵賦稅，也都心懷憤恨。

數日間，吳地五十三城官民，無不驚惶奔走，攘臂疾呼，如天塌了一般。

吳王劉濞謀劃多時，料定晁錯有此一舉。聞聽消息傳來，一則以怒，一則以喜。怒的是，晁錯竟狂妄至此，太歲頭上也敢動土；喜的是，此次削藩令下，吳民必怨恨朝廷，則舉事恰逢良機。

正月甲子日，削吳詔令傳到廣陵，未等過夜，劉濞即號令舉事，命人在城中豎起大纛，上書斗大的「清君側」三字。並遣人傳令全國，曰：「寡人今承天意，興兵清君側，誅賊臣晁錯。寡人年六十二，自為將軍。少子年十四，亦為士卒先。吾國男丁，上至寡人年紀者，下與少子同齡者，皆發為卒，當各自奮起，爭功待賞。」

吳國各郡縣聞令，立即發動，一時間官長披甲，百姓執兵，處處旗幟耀目。三五日內，即徵發兵丁二十餘萬。

劉濞又遣使向南，至閩越、東越兩國相約起事。那閩越、東越兩王，皆係勾踐後裔，其祖騶無諸，為東南閩越族首領。兩王在高帝時即受封，名為諸侯，實則為外藩，諸事自理。待吳使至，閩越王尚存猶豫，東越王卻受了蠱惑，當下發兵萬人來會。

吳王一反，天下騷然。齊、膠西、膠東、菑川、濟南、濟北六國，為兄弟一脈，皆於同日起兵。沿海一帶，處處可見人流湧動，旌旗搖曳。

趙、楚兩王蓄積日久，聞聽吳王反了，也各自發令，起兵反漢，劍指長安。趙王劉遂自覺力單，又遣使赴匈奴，相約連兵，以作後援。

如此，時入正月才數日，崤函以東，半壁天下便已如鼎沸。

正值齊地六國整甲待發，忽有兩國出了變故。先有齊王劉將閭，臨發兵之際，忽覺此事不妥，隨即變卦，按兵不動，只通令各城自守。

後又有濟北王劉志，本許諾起兵，事到臨頭，才發覺都城博陽（今山東省泰安市）牆垣破損，尚未修好；一旦起事，恐不能自守。正猶豫間，屬下郎中令不欲謀反，率諸臣將劉志挾持，軟禁起來，故濟北國亦未發兵。

削藩急策，隱伏亂象埋禍機

膠西王劉卬得報，氣憤已極，遂與其餘三兄弟商議好，自任渠帥，統帶四國兵馬，合攻齊都臨淄（今屬山東省淄博市），以免出兵以後腹背受敵。

那兄弟幾個只顧圍臨淄，無暇西顧。吳王劉濞這一邊，卻等不及了，便揮師渡淮水北上，號稱起兵五十萬，至彭城與楚軍會合。

兩軍並作一處，聲勢更大。淮泗之間，處處可見吳楚連營，綿延足有百里。彭城這一帶，原為故楚地，遺民傳了兩代，仍有人不忘項羽，聞說起兵反漢，都欣喜若狂。富戶紛紛輸糧相助，失意者則踴躍投軍，白日聲鼓震天，夜來篝火遍地，無一處不在蠢動。

這日，劉濞、劉戊登彭城壁壘眺望，胸有豪氣，只覺勝券在握。

劉濞見士氣可用，便召集兩軍諸將，放出大言，鼓動道：「今膠西、膠東、濟南、趙、淮南、廬江等諸王，及故長沙王吳右之子，皆來書信告知：『漢有賊臣，無功於天下，卻侵奪諸侯地，一意侮辱，不以君主之禮待我劉氏骨肉。此賊當朝，棄絕先帝功臣，任用奸人，禍亂天下，危及社稷。陛下多病失智，不能察覺，我等欲舉兵誅之。』寡人接諸王來信，頗受教，不得不從大義，願隨諸王之後，西取長安，誅賊臣以正社稷。不知諸君之意，可願隨寡人討賊否？」

這一番豪言，虛實不分，諸將哪裡能辨，皆踴躍道：「漢家無道，唯有用兵。願從大王之命！」

劉濞開顏笑道：「軍心若此，我何懼哉？敝國雖狹，地仍有三千里；吾人雖少，精兵亦有五十萬。寡人與南越國交好三十年，南越王趙佗願分兵與寡人，又可得兵三十餘萬。東連齊諸王之兵，合計不下百萬之眾。以此百萬雄兵，破崤關，取長安，豈非易如反掌？」

諸將登時歡呼不止，紛紛問道：「我軍來日拔營，所向何處？」

劉濞則大言道：「我吳楚兩軍，將與南越、淮南聯兵，一路向西，直取洛陽。」忽有人又問：「何人可取長安？」

劉濞便笑：「寡人不是楚懷王，諸君當聽命。天下之勢，需諸王齊進，各定一方；漢家既瓦解，取長安則指日可待。」

諸將意猶未盡，又有人問：「昔隨高帝舉義者，非王即侯；今吾等從命，有何賞賜？」

劉濞便答：「有功者得重賞，乃人之常情。如何賞賜，稍後即發檄書，從我者，人人可得封爵。」

眾人聞之，皆歡踴不止，各個揮劍狂舞。壁壘上，只聞一片喧騰之聲。劉濞轉向劉戊，笑問道：「賢姪，你看今番起事，勝負將何如？」

劉戊拱手道：「伯父威名，聲震四方，小輩只看伯父劍鋒，願為前驅。」劉濞便道：「好，你我這便回大帳，將各路攻略，謀劃妥備。」

經一夜商議，天方明，劉濞便親筆草成一道檄書，遣使傳給各諸侯。

這一道檄書，實是取天下的攻略。書曰：「吳王劉濞敬問各王：寡人雖不肖，願從諸王清君側，誅賊臣晁錯。今冒昧恭請諸王，分路並進：南越之兵，緊鄰長沙，可發兵北上，與故長沙王之子所部，合力定長沙以北，而後西走蜀郡、漢中，抌長安之背；南越、楚及淮南三王，與寡人合兵，西向而行；齊地諸王與趙王合兵，定河間、河內，或入臨晉關（在今陝西省大荔縣），進抵長安，或與寡人會師洛陽，同攻函谷關；燕王、趙王已與匈奴王有約，燕王可北定代郡、雲中，接應胡兵入蕭關（在今寧夏固原市），席捲關中，直下長安，匡正天子，以安社稷。今諸王若能存亡繼絕，救弱伐暴，以安劉氏，則為社稷之大幸。事之成敗，在此一舉，願各王勉之。」

削藩急策，隱伏亂象埋禍機

此番謀劃，不可謂不精當，各路包抄、直取、呼應，環環相扣。各路人馬若遵此策，則天下或立陷大亂，秦末之事將重演。

然劉濞志向雖大，時局卻全不同於秦末。此番部署中，燕王、南越王以及淮南三王等，皆未許諾出兵，文中多有虛張聲勢之筆。

且所擬各路攻略之地，不獨有漢軍把守，山川之險也是殊難通過。檄文雖說得輕巧，一旦出師，情形實是難料。

那諸侯舉兵，所慮第一要事，便是錢糧。為解各王之憂，劉濞在檄書中又慨然允諾：「敝國雖貧，寡人甘心節衣縮食，積金錢，修兵革，聚穀粟，夜以繼日，已三十餘年矣。昨日累積，只為今日諸王所用。」

為廣招徒眾，提振士氣，劉濞又開出賞格以激之：「能斬捕大將者，賜五千金，封萬戶侯；斬列將，賜三千金，封五千戶；斬裨將，賜二千金，封二千戶；斬二千石，封賜千金千戶，斬千石者則半，以上皆為列侯。凡領軍獻城而降者，兵卒萬人、邑民萬戶，封賜如斬大將，以此類推。即是小吏，亦按等封賜。原已有爵邑者，此外另賞。願諸王明令昭告，吾不敢欺天下人。寡人之錢，遍於天下，諸侯日夜用之不能盡。有當受賞賜者，請告寡人，寡人必攜金親送至門下。」

將檄書發出，劉濞笑對劉戊道：「晁錯欲奪吾利，我便以此利招引天下人。待諸王回函，你我便西出梁國，破城略地，擄得梁王小兒在手。天子縱有鐵膽，亦要被驚破了，昔年他奪吾兒性命，今日便是他償債之時。」

劉戊冷笑道：「諸侯為義，愚民為利，今日綁作一處，便勢不可摧，看晁錯還敢侵奪哪個？」

吳楚軍在淮上，彎弓待發。劉濞見諸事已備，便命麾下田祿伯為大將軍，統領全軍。

那田祿伯，是個有韜略的人，當即建言道：「我軍屯聚淮上，欲西向，則無奇道可出。西去有睢陽、滎陽、洛陽、崤關，一路阻隔，難以成功。臣願分兵五萬南行，沿江淮而上，攻其不備。取淮南、長沙，入武關，與大王會合，此亦為一奇兵也。」

劉濞聽了，頗覺心動。不料吳王太子劉駒聞之，極諫不可：「父王以反為名，此兵便不可借人；借予他人，他人若以此兵反父王，又將奈何？且大將軍領兵別走，成敗利害，未可知也。萬一失利，豈不是徒然損兵折將？」

聞劉駒此言，劉濞立時警覺，想到當年高帝搶先入關事，便斷然回絕了田祿伯之議。

稍後，又有少將軍桓青，入大帳建言：「今我軍西向，所過城邑降了便罷；若不肯降，願大王切勿強攻，宜棄之而去。只管疾行向西，奪洛陽武庫，占敖倉得糧，據滎陽一帶山河之險，以令諸侯。如此，雖未入關，則天下已定矣。若大王徐行緩進，遇城便攻，則漢軍車騎東來，馳入梁楚之間，我事將敗矣。」

劉濞於此，也在猶豫間，便問計於諸老將。

老將本就不以桓青為然，此時皆嗤笑道：「此等少年，衝鋒陷陣可矣，安知大局？」

劉濞於是一笑，遂不用桓青之計，私下裡對桓青道：「我軍氣盛於當世，且得道多助，無人可敵。明日西向，逢山開路便罷，小將軍無須多慮。」

桓青大失所望，只得嘆氣退下，獨自鬱悶良久。

不料劉濞在淮上等了數日，淮南三王那裡，卻出了變數，全不能響

削藩急策，隱伏亂象埋禍機

應。所謂淮南三王，即淮南王劉安、衡山王劉勃、廬江王劉賜三人，皆為淮南厲王劉長之子，與文帝素有殺父之仇。

那淮南王劉安，前文已表過，為厲王長子，迄今尚記父仇，在淮南韜晦多年，招賓客數千，只為有朝一日圖大事。此次接了吳王檄書，覺時機已到，便要發兵，不承想，卻中了淮南國相的圈套。

聞劉安欲反，淮南國相大感震驚，遂佯作請命道：「大王之意已決，臣唯有萬死不辭，願為統軍之將，冒死出戰，以成大業。」

劉安雖是足智多謀，到底還有文人氣，不諳用兵之道，見丞相慷慨請命，便也不疑，即令丞相持節，赴軍營統兵。

淮南國相持了劉安節杖，奔入軍營，這才露出真意來，召集諸軍，自稱不受劉安節制，嚴令各部守境，抗拒吳軍。劉安得報，竟是無計可施，只在宮中頓足嘆息。因此淮南這一路，反倒成了朝廷屏障。

再有衡山王劉勃，父仇本就淡漠，聽了近臣勸告，更不欲謀反，遂將吳使拒之門外。

廬江王劉賜，父死時尚在繈褓，幾無仇怨可言。加之貪戀榮華，不願涉險，回書便語意含混，未置可否。

劉濞在大帳中接報，怒氣上湧，拍案罵道：「其父廢材，子又何能？殺父之仇竟能忘，豈非禽獸乎？」

劉戊在旁勸道：「彼輩聲色犬馬慣了，焉能有骨氣？伯父無須理會，我吳楚兩軍，氣勢正盛，不如剋期攻入梁國，先斬去昏君一條臂膀再說。」

劉濞想想，便攤開輿圖，與劉戊細數諸侯已出兵者。時天下諸侯，共有二十二國，接到傳檄，僅有膠西、膠東、菑川、濟南、楚、趙、吳

等七國發兵；外藩中，也僅有東越國相從。其餘十五王，皆裹足不前。

起事之前，劉濞原想各王必能仗義相從。如今看來，應者還是不多；齊地諸王，又只顧圍困臨淄。可發兵西向者，僅吳、楚、趙三家，終究是勢單。

想到此，劉濞以指敲案，嘆了口氣：「唉，竟是騎虎難下了⋯⋯」

劉戊卻道：「哪裡是騎虎？我吳楚兩軍，便是猛虎，有何城不可克！伯父莫要學淮南王文氣，請提兵入梁，拿下睢陽，大事即可成矣。」

劉濞沉吟有頃，忽就橫下心來，命左右去取來甲冑。

不過片刻，左右將一副玄甲[13]呈上，劉戊瞥了一眼，不禁詫異：「如何恁地敝舊？」劉濞拿起玄甲，摩挲有頃，方笑道：「此甲，乃寡人弱冠時所披。」

「四十年過去，如何還能用？」

「你有所不知，伯父已不復當年之勇，然上陣殺敵，仍需披此甲。當年有幸，曾隨高帝討賊，今日著舊甲，乃為昭告世人：大丈夫既有當年，便誓不為小兒所欺。」說罷，便將甲冑遞給左右，「將甲葉擦亮，繩索結牢。寡人雖老，明日亦將披甲上陣！」

劉戊聽得熱血僨張，挽袖問道：「伯父，你便說，我軍何日拔營？」劉濞昂然道：「通告各營，明晨即發！」

次日晨，吳楚大軍果然拔營，浩浩蕩蕩，殺入梁境。此時，叛軍裹挾甚多，堪堪已有三十餘萬眾，各懷異志，士氣正旺。那梁國本就狹小，城邑亦不堅，經多年富庶昇平，何曾見過這等陣勢。

吳楚軍入梁不久，梁地各邊邑非降即破，兵卒潰散，百姓紛紛逃

---

[13] 玄甲，即鐵製魚鱗鎧甲，因鐵甲呈黑色，故名「玄甲」，西漢時期始盛行。

削藩急策，隱伏亂象埋禍機

難，如蟲蟻般擁塞於途。

梁王劉武在睢陽得報，暗暗吃驚，勉強沉住氣，冷笑道：「烏合之眾，焉能成大事？且看寡人如何應對。」便令中大夫韓安國，偕同來降的楚將張羽，集結東境軍民，於棘壁（今河南省永城市西北）固守，務要阻住叛軍。

吳楚軍接連得手，士氣愈盛。軍至棘壁，即有東越兵萬人為先鋒，各個斷髮紋身，黑齒花面，手執短戟攀城，勇猛異常。

壁壘內梁軍見了，只疑是南海羅剎來攻，都不免驚恐。韓安國老成持重，身不披鎧甲，手不執戟戈，只徒手四處巡察，見有疏漏處，立責校尉，不容置辯。

卻說這位韓安國，乃是梁國成安（今屬河北省邯鄲市）人氏，後徙居睢陽，本是一溫雅書生。早年曾赴鄒縣（今山東省鄒城市）拜師，學了些《韓非子》及各類雜說，在睢陽略有名氣。劉武徙封梁王之後，聞其名，便召他為中大夫，聊備顧問，然並無重用之意。

不想韓安國老成持重，臨危受命，率軍民守棘壁，自此名聲大噪，竟一變而為勇悍武將。

那裨將張羽，來歷亦不凡，其父正是已故楚相張尚。楚王劉戊欲反，張尚不從，竟遭斬首。張羽聞老父遭不測，趁夜逃走，奔入梁國投效。梁王看他忠勇，又憐他喪父，便命他隨韓安國帶兵。

張羽頗敬韓安國，凡韓安國所指不妥處，無不加意督責。如此，棘壁軍民起先雖有畏怯，後卻愈戰愈勇，白日禦敵，夜來則放箭襲擾吳楚營。

吳王劉濞見棘壁數日不可下，大怒道：「吾志在天下，豈可為棘壁所

絆腳?」遂出重賞,發死士八百人,晝夜仰攻,死傷填滿溝壑,竟高與壁壘齊。

吳楚軍到底眾多,為氣勢所激,爭相攀爬。壁壘上下,血流如注,竟成一片赤土。

如此激戰兩晝夜,壁內箭矢漸少,人力亦不支。韓安國、張羽見終不能守,相對嘆息半晌,命殘卒打開東柵門,任由百姓出降。

壁壘外吳楚軍見了,歡聲雷動,都擁上前來看。冷不防間,韓安國、張羽率殘卒兩千餘人,打開西門躍馬衝出,趁吳楚軍不備,殺出一條血路,逃逸去了。

棘壁陷落,劉武這才稍感震恐,立遣中尉公孫詭等六將,急徵丁壯十餘萬,自睢陽東出迎敵。

臨行之際,劉武吩咐公孫詭道:「公孫將軍,丁壯多未經訓練,不足依恃。你肚中有多少詭計,盡都拿來討賊。」

公孫詭昂然道:「『餌而投之,必得魚焉。』梁兵雖少,將卻不弱,臣下自有鬼谷子陣法拒敵。」

梁軍出了睢陽城,疾行百餘里,至建平(今河南省夏邑縣)地面,正與吳楚軍迎頭撞上。

那建平地方為河邊平壤,可一望千里,無所遮蔽。吳楚兩軍挾得勝之威,正要去奪睢陽,遠遠望見一股孤軍,旗幟凌亂,甲冑不整,卻敢來迎戰,不禁全軍大譁。

劉戊在戎輅車上望見,也是失笑:「那梁王只知優遊,竟是這等人馬前來,莫非要送死嗎?」

劉濞強忍住笑,輕蔑道:「來將為公孫詭,聞說詭詐百出,看伯父如

何擺布他！」即命中軍布陣，又分出左右兩軍來，潛至兩邊埋伏下。

劉濞麾下中軍，為十萬精銳，多年操練不斷，雖未經大戰，亦可稱精良之卒。中軍布好戰車之後，弓弩手隱於車上，步卒執戟立於陣中。

那公孫詭雖蒙榮寵，做了中尉，卻是從未上過戰陣，望見對面煙塵滾滾，不知吳楚軍來了多少，心中便覺忐忑。待吳楚軍布好陣，見攏共也不過十萬人馬，心中稍安。於是揮動令旗，布下鬼谷子兵法之「天覆陣」，將馬、步、弓弩兵前後排開。

待兩陣對圓，劉濞使個眼色，劉戊便上前叫陣道：「對面聽著，統軍為何人？出來說話。」

那公孫詭全身披掛，驅車往陣前，戟指對面道：「某為梁中尉公孫詭也，在此等候多時。單要問，是何人敢犯我境？」

劉戊仰頭笑道：「我當是何等人物，原是無名鼠輩。今吳楚聯兵討賊，借道梁國，知趣者從速讓路，阿爺必不責怪你！」

「大膽反賊，敢稱討逆！你等不守封國，擅發兵馬，真有包天之膽。吾等銜天子之命，前來平亂，依鬼谷子之謀，布下天覆陣；你輩若不想受死，便束手就擒。否則，定教你吳楚二王死無葬所。」

劉濞聽到此，按捺不住，驅車上前叱道：「呸！漢家無人了嗎？竟用了你這等詭詐小人。你那天子，真是個昏天子；你那梁王，更是酒囊飯袋。倒是你這公孫將軍，我吳地閭巷無賴，也都知你名號。多說也無益，我便教你知道：二王豈是那般好擒的？」當下吩咐劉戊道，「無須囉唕，擂鼓！」

劉戊稍有遲疑，提醒道：「伯父，鬼谷謀略小覷不得，須小心他那天覆陣。」

劉濞登時橫眉叱道：「什麼天覆陣，豬狗之眾！無能小人，焉知鬼谷子？他這等布陣本領，連農夫也不如。弓弩手便無須放箭了，不論馬軍步軍，只管掩殺過去。」

　　劉戊一凜，連忙擂動鼓桴。吳楚軍初聞鼓聲，先是一怔，繼而全軍大呼，不分陣列，只顧漫山遍野地殺了過去。

　　那邊梁軍，雖也陣法整齊，卻從未經歷戰陣，到底是膽虛。見對面有無數花臉越兵，狀似天魔，口出怪聲，不要命地殺來，前陣便起了動搖。

　　眨眼之間，越兵便殺近，隊中猛地搖起數百面朱雀旗，望之倍覺詭異。梁軍中有老卒見多識廣，都驚呼道：「不好，『飛頭蠻』來了！」

　　公孫詭也看得呆了，正要擂鼓發令，聽聞對面鼓聲又起，遠遠草木叢中，驀地躍出無數吳楚伏兵，漫山遍野，從左右兩面喊殺而來。

　　旁側便有副將急問道：「中尉，如何不擂鼓？」

　　公孫詭喃喃道：「吳楚軍勢大，我軍如何擋得住？我意……先回軍為上。」那副將惶急道：「我軍執大義，如何能退？」

　　公孫詭主意已定，反倒有了膽氣，怒叱了一聲：「大義能當得刀劍嗎？回軍！梁王面前，我自有交代。」

　　眾梁軍知惡戰不可免，正欲拚上一死，卻不料聞聽鳴金退兵。又見中軍大纛搖搖晃晃退卻，知主帥已然回撤，驚慌之下，前軍譁然，立時陣腳大亂。

　　劉濞在對面見了，不由哈哈大笑：「如此鬼谷子徒兒，當得何用？」便命劉戊擂鼓催軍，尾隨追殺。

　　梁前軍為避來敵，爭相踐踏，不成佇列。吳楚軍轉眼便殺入陣中，手起刀落，如砍瓜切菜一般。梁卒有奔逃不及的，非死即傷，一時慘呼

削藩急策，隱伏亂象埋禍機

震天，血流遍地。

梁軍諸將都心膽俱裂，死命護住公孫詭。有那上過戰陣的，不禁疾呼道：「公孫將軍，不可急退，若全軍潰散，你我皆無可逃！」

公孫詭這才回過神來，抄起鼓桴急播，督眾軍死命抵住。梁軍聞聽鼓聲，這才收住腳步，反身挺戟，在平野上與敵廝殺成一團。

無奈吳楚叛軍人多勢眾，一隊隊如潮而來，矛戈狂舞，殺聲震天。梁軍陣中六將，知生死懸於一線，各個督軍死戰，身上中箭如蝟，血染袍服。

吳楚眾軍為爭功，大呼搶上，將六將團團圍住。不多時，即有兩將戰歿，一被斬首，一被肢解。

公孫詭在戎輅車上望見，面色漸白，躊躇片時，終哀嘆一聲：「大勢去矣！」便急命御者回車，狂奔而去。

眾梁軍見主帥奔逃，哪個還敢戀戰，發一聲喊，也掉頭便跑，全軍立成潰散之勢。

其餘四將見阻敵無望，也只得拚死殺出，護在公孫詭車後，一路狂逃，奔回了睢陽。

這一戰，吳楚軍大勝，斬殺梁軍三萬餘人。其餘梁軍僥倖逃脫，旗鼓、盔甲散落一地。田疇上，但見屍橫遍野，猶如穀堆處處。

劉濞、劉戊驅車疾進，登上高丘。時正值日落，夕陽殘照，如血浸平野，千里皆是赤色。

劉戊遠眺煙塵，回首問劉濞道：「如何，這便去圍睢陽？」

劉濞志得意滿，搖頭笑道：「殺了半日，我軍也是疲累，且安營歇息，來日再戰。那梁王小兒，已無處可逃！」便下令鳴金收兵。

七國叛軍，鼙鼓震天兵戈起

　　長安未央宮中，自正月初起，數日間，便有羽書雪片般飛來，稱吳王劉濞倡亂，七國齊反，叛兵已逼近睢陽。劉濞所寫檄書，隨即也由斥候送到。

　　景帝聞報，大出意料，心中不免慌亂，立召群臣會議，商議對策。

　　待眾臣集齊，景帝蹙眉問道：「如何七王俱反，事前竟無察覺？高后臨朝以來，似今日情勢，絕無僅有，這又該如何是好？」

　　眾臣一時亦無良策，都在心裡斟酌。景帝便心急，望住晁錯道：「晁公，今日之勢，你可曾料到嗎？削藩固是好計，然四面皆反，竟是為何？」

　　晁錯於昨夜已聞七國舉兵，亦是暗自吃驚，一夜未睡，早已想好對策。此時便道：「吳王倡亂，乃遲早之事，陛下不必擔憂。臣之意，七王聯兵謀反，來勢洶洶，天下百姓必翹首觀望之，故朝廷不可示弱。陛下當親征，以示天威。」

　　景帝便一怔：「親征？朕出長安，關中由何人來守？」

　　晁錯跨前一步道：「臣可留守京都，徵兵調糧，以免後顧之憂。陛下只需率軍東出，扼住滎陽（今河南省鄭州市古滎鎮），天下便不至動搖。淮泗一帶，盡可棄之，令叛軍志驕意得。陛下則在滎陽穩坐，待其師疲。吳楚叛兵至，則可於城下決戰，一鼓而破之。」

　　景帝便沉吟不語，未置可否。

　　晁錯又道：「吳楚軍雖眾，不過是些烏合之眾，為利所誘，不知大

七國叛軍，鼙鼓震天兵戈起

義。陛下親率精兵良將，以正討逆，恰如以鷹搏雀，能有何閃失？」

景帝便略顯急躁道：「晁大夫，你往日論兵，切中肯綮；然今日卻是用兵，萬不可輕心。朕若親征至滎陽，只不過與吳楚兩軍相拒。諸叛王中，尚有趙王在北，齊諸王在東。若滎陽一戰未破敵，便有翻作楚漢相爭之勢，難有寧日。待齊、趙兩軍左右來援，滎陽豈不成了朕之垓下？故而親征之議，實為不妥。」

晁錯還想再爭，看看景帝臉色不好，便只得忍住。

景帝環視諸臣，又問道：「賊勢猖獗，不容遲緩，諸君可還有好計？」

丞相陶青及九卿等人，皆暗恨晁錯惹禍，又不敢當面指斥，便都不語。

景帝越發焦急，忽一眼望見條侯周亞夫在列，心中一亮，想起父皇所囑，便喚周亞夫到御座前來。

周亞夫此時已為車騎將軍，聞景帝招呼，便跨前一步，拱手道：「臣聽令。」

景帝溫言道：「先帝在時，稱你『真將軍也』，囑我可託大事於你。今七國作亂，正是用人之際。朕之意，擬命你督軍討逆，不知條侯意下如何？」

周亞夫凜然道：「朝廷有難，大臣豈敢退縮？臣願為前驅，領兵討逆。」「此去，可有幾成勝算？」

「將軍出征，不計利害，唯一死而報君王。」

景帝便拊掌道：「好！將軍有此志，我心甚慰。今日便加你為太尉，統領天下兵馬，剋期出兵，敉平賊亂。」

正議到此，忽有謁者慌忙奔入，遞上梁王劉武告急文書，稱吳楚兩軍傾巢而來，已將睢陽團團圍住。城內勁卒無多，恐危城難支，懇求朝廷發兵往援。

景帝看罷，額頭便有汗出，嘆道：「賊軍已圍住睢陽了！」

周亞夫連忙勸道：「陛下勿慮。睢陽城堅，箭矢亦多，賊軍一時不可下。待臣下領兵去救，可保無事。」

景帝便頷首道：「唯願如此。朝中尚有猛將三十餘員，皆可重用。諸將此去，必不負朕意，且去議好應對之策，明日再呈上。」

殿上諸將領命，齊聲應諾，先退下自去商議了。

景帝留下陶青、晁錯等文臣，又議了一番徵調糧草事，方才罷朝。

夕食畢，景帝獨坐燈下，翻看各處急報，忽又有齊王急報呈上，稱毗鄰四國聯兵，攻臨淄甚急，請朝廷從速救援。

景帝看了，愈發不安。又見眾涓人也愁眉不展，便知叛亂消息已傳開，人心動搖，不由就深深失悔：當初削藩，未免太過操切。

將前後事細思一遍，猛地就想起竇嬰來，覺竇嬰在集議時所言，句句中肯。當日若聽了他勸諫，何至有此難堪？再想到竇嬰所言，「天下事，非道理可以盡言」，便更覺錐心，不由連聲嘆道：「書讀痴了，到底是迂腐。」

此時案上膏油燈，有燈花劈啪爆響，火苗漸暗。身邊宦者忙拔出頭簪來，剔亮了燈芯。

燈火一亮，景帝心頭便也豁然一亮，忽就拍案道：「便是如此了！」即喚涓人，傳召郎中令周文仁火速前來。

不過片時，周文仁神色不安，疾步搶入，景帝便問：「朕欲召竇嬰問

七國叛軍，鼙鼓震天兵戈起

話，時已入夜，可否尋覓得到？」

周文仁面露詫異，當即回道：「竇嬰去職，未曾聞已離長安，臣今夜定能訪到。」景帝便吩咐道：「去備一乘安車，迎他入宮來。」

周文仁會意，料定竇嬰或可復職，心下就一喜，正要轉身退下，景帝忽又叮囑道：「若訪到，無論何時，立召他來見我。」

周文仁走後，景帝呆坐一會兒，又覺煩躁。看了一眼刻漏，覺時辰尚不晚，便起身喚涓人，要往長樂宮去。白日裡商議出兵，未及向母后請安，此刻前去，也可順便討教。

稍後，景帝從複道至長樂宮，入長信殿中，拜過竇太后與長公主劉嫖，便坐下來閒聊。

竇太后早聞說諸王倡亂，甚為梁王擔心，一夜未眠。此時覺景帝神色如常，不由納罕，便急問道：「七國齊反，武兒那邊勢已急，啟兒與大臣有何商量？」

景帝也知母后必有此問，便答道：「削藩稍急，牽動了四方，然諸王遲早也是要反。」

「可憐武兒，今日竟困於孤城。當日廷議，就未曾有人料到嗎？」
「有。竇嬰曾力諫，削藩之舉不可過急。」

竇太后便嘆息一聲：「竇嬰自家人也，終究還靠得住些。」

景帝便趁勢道：「今已加周亞夫為太尉，領軍討賊，母后不必掛慮。父皇所選將才，治軍有方，那吳王不是他對手。兒臣只覺統軍之才，還是不足用。」

竇太后默思片刻，忽問道：「晁大夫有何好計？」景帝擺擺手，不肯答話。

劉嫖忽插言道：「連涓人都在議論，說晁大夫惹了大禍。」

景帝便斂容道：「也不是此話。削藩到底還是要削，不然，終不得安寧。」劉嫖忽就一笑，戲言道：「削藩既是晁錯之計，何不教他去帶兵？」

景帝苦笑了一下，扭頭不應。

竇太后便拍了劉嫖一掌，嗔道：「你又說怪話，他哪裡行？」

正說到此，忽有謁者來報：周文仁引竇嬰前來，求見天子。景帝神情便是一振，急命宣進。

竇太后甚覺詫異，景帝連忙道：「兒臣召竇嬰來，擬委以重任，教他領兵去討賊。」

劉嫖掩口笑道：「晁錯不行，怎麼竇嬰又可以？」

景帝便正色道：「阿姊莫笑！竇嬰善謀，早料到諸侯必反；用他領兵，自會有謀斷。」

竇太后瞥一眼景帝，面露愧悔之色，輕嘆道：「為母早前是心急了些，不該削他籍。」

景帝笑道：「那有何打緊？明日上朝，復他宗室籍便是。」

正說話間，謁者將周文仁、竇嬰引進。景帝滿面含笑，對周文仁道：「郎中令辛苦了，可暫回西宮待命。」隨即喚竇嬰坐下。

待周文仁退下，竇嬰向景帝施禮畢，卻遲遲不欲入座。

景帝便招呼道：「來來，坐下說話，都是自家人。朕與太后，也不過隨意閒話。」

竇嬰這才坐於下首，向竇太后、劉嫖恭敬一拜。

竇太后擺擺手道：「你們儘管說話，哀家也是無事。」

七國叛軍，鼙鼓震天兵戈起

竇嬰原本估計，召見恐是為起復之事，不料景帝劈頭便道：「今急召你來，是為討逆事。朕之意，擬命你領軍一支，東出討賊。」

竇嬰便大驚：「陛下，這如何使得？臣素不習兵，如何領得了軍？」

「將軍之事，不在舞刀弄劍，而在謀略。如下六博[14]棋，每出一招，須猜得對手籌碼如何。此前公卿集議，你在廷上所言，以今日之勢看，無不說中，這即是胸有用兵之謀，便不要推辭了。」

「臣近來多病，實不堪大任，還請陛下另擇賢才。」

景帝知竇嬰負氣，對削籍之事仍耿耿於懷，便笑道：「王孫兄豈是無才，日前實不該掛冠而去；今諸王叛亂，更不該負氣不出。諸侯事，危及漢家根本，你位列國戚，豈能袖手不問？」

竇嬰不語，只瞥了竇太后一眼。景帝心中便暗笑，伸手拉了拉竇太后衣襟。

竇太后一怔，忽然醒悟，忙對竇嬰道：「皇帝之言，並非玩笑，你便從了吧。山東之事已成亂局，宗室不出頭，還有哪個肯賣命？」

竇嬰聞言，知竇太后已棄了前嫌，這才釋顏，向太后一拜，應諾道：「姪兒遵命。權且隨軍，做個護軍[15]便好。」

「豈止是護軍？朕之意，拜你為將軍，獨當一面。」

「陛下使不得！臣寸功未立，無由為將軍。老將酈寄、欒布兩人，皆可獨當一面。」

「好，既是王孫兄舉薦，二人都可拜將，同歸王孫兄節制。」

竇嬰便又一驚，連忙揖讓道：「臣下有何德何能，可節制老將？」景

---

[14] 六博，又作陸博，古代之兵種棋戲，據推論象棋或即由六博演變而來。
[15] 護軍，高級武官名，掌武官選拔事，並監督諸將。

帝按住竇嬰手臂，斂容道：「天下危，王孫兄不可退縮。」

劉嫖在旁看不過，催促道：「表兄，怎的有恁多扭捏？謝恩便好了，莫不成要推讓到半夜？」

竇嬰猶疑片刻，只得叩首道：「臣願從命，將奮力平亂。」

景帝大喜，忙將竇嬰扶起：「這便是了！事急，也顧不得登壇拜將了，明日即宣詔。周亞夫今已加太尉，統領天下兵馬，率精銳往援梁王。其餘諸路，皆由你節制，分路進剿齊趙。諸將當如何分派，明日再議。」

竇太后、劉嫖都面露喜色，只望住竇嬰。劉嫖脫口道：「塌天的禍，都是晁錯惹的，卻要咱家人來收拾。」

景帝忙擺手制止道：「休得玩笑，晁錯之意便是朕意。諸侯具反心已久，所謂『清君側』，巧言而已。不然，有十個晁錯出來，也依舊太平。」

劉嫖瞥見竇太后面露倦意，便起身道：「好，阿姊不多嘴了。時辰已晚，男人之事也留待朝堂去說。」

景帝、竇嬰相視一笑，便也起身，向竇太后揖過，告辭出來。

過未央宮時，景帝不乘步輦，與竇嬰信步走過複道，隨口問道：「王孫兄，依你之見，平七國之亂，妙計何在？」

竇嬰嘆了一聲：「賊勢浩大，能有何妙計？無非太尉擊破吳楚軍，七國便俱散。」

景帝頷首道：「正是，幸虧先帝識人，朕便將北軍精銳盡付與他。偏師兩路往齊、趙，則由你全力督責。」

此時冬夜浩茫，周天寒徹。未央宮廣廈萬間，盡沒入夜霧中，僅可

109

七國叛軍，鼙鼓震天兵戈起

見燈火稀疏。兩人遠眺夜景，都覺心事重重。

景帝自責道：「旬日間，賊眾便成席捲之勢。朝廷孱弱至此，也是朕太無能！」

竇嬰卻不以為然：「諸侯之罪，在於以下犯上，而不在倚強凌弱。此次禍起，緣於禮制不周。削藩固然好，然也須循周禮，不與諸王鬥智，也就不至於生事。」景帝便怔住：「循周禮？申屠嘉在時，也有此意。」

竇嬰頓了片刻，慨嘆道：「故丞相老成謀國，只是可惜了！」

景帝便不語。竇嬰又道：「申屠嘉生前所推重，僅袁盎一人可堪大用。」

「哦？」景帝不由駐足，微微頷首道，「此人確乎多才，朕倒是冷落他了，留待日後重用吧。」

次日上朝，景帝便當廷宣詔：復竇嬰宗室籍，拜為大將軍，並賜千金；拜酈寄、欒布為將軍，分別赴齊、趙。

眾臣方才見竇嬰入朝，本就驚奇；此刻又聞詔令，更覺大奇，頓時滿堂譁然。晁錯也頗感意外，只道是主上急昏了，便暗自好笑，只佯作欣喜，也隨眾人向竇嬰稱賀。

眾臣賀罷，當廷又商討半日，遂議定：由周亞夫率三十六將，領大軍迎擊吳楚；酈寄領別軍一支擊趙；欒布領別軍一支救齊；竇嬰領軍一支殿後，駐屯滎陽，為酈、欒兩軍後援。

景帝自是照准，遂高聲對眾臣道：「高帝手創基業，橫絕夷夏，不可失之於我。今發兵討逆，有賴諸君，萬事不可輕慢。所幸賊勢雖熾，卻未成一體，正合分頭擊破。諸王多不知兵法，唯吳王老練、楚王彪悍，故大計在於滅吳楚。分道諸將，要好生與太尉呼應。」

闔朝文武聽聞此言，知景帝於大勢已了然於心，便都感振奮。當下由陶青、周亞夫、晁錯分率諸臣，籌措兵馬、徵丁、籌糧草，各自忙碌去了。

　　周亞夫領命調兵，在太尉府召集眾將，頒下軍令：太尉周亞夫統領全域性，自率北軍一部及近畿兵東進；酈寄率河東、上黨郡兵北上；欒布率潁川、河南、南陽郡兵，借道濟北援齊；竇嬰自設大將軍行轅，率漢中、北地、隴西郡兵，為齊、趙兩路後援。各路只待募齊兵馬，即擇日出兵。

　　如此分派畢，周亞夫拱手對諸將道：「孔子曾言：『臨事而懼，好謀而成。』在下蒙先帝遺愛，受命統軍，實則寢食難安。眼下諸王作亂，已越旬日，軍情刻不容緩。分道兩軍，雖屬偏師，亦當晝夜籌措，片刻也延捱不得。我漢家兵民，數十載未經鏖戰，驕惰日甚，糧草械甲皆不齊，請務必多加用心。」

　　竇嬰應聲道：「下臣素無才，貿然受命討逆，心中有愧。然未敢忘聖人之訓：『力不足者，中道而廢。』太尉所言，臣當竭力為之。」

　　「好！」周亞夫便振衣而起，對諸人道，「在下早年曾在雲臺山，從師研習兵法。吾師擅弄秦箏，其聲激越，如雲臺千尺之瀑。我也稍有習得，今奉上一曲，為諸公壯行。」

　　言畢，便命左右抬上一架秦箏，斂息坐下，揮手彈奏，果然聲如飛瀑直下，激浪琤。

　　眾將為之鼓舞，皆血脈僨張。竇嬰更是拔劍而起，舞之蹈之，口中叱吒有聲。滿座人皆擊節喊好，頓起一派豪壯之氣。

　　次日，北軍大營內，便堅起赤紅大纛一面，上書「漢大將軍」四字。

七國叛軍，鼙鼓震天兵戈起

竇嬰端坐於行轅大帳內，調兵遣將，分委軍務。特將天子所賜千金，陳列於帳外，各軍吏所需費用，皆令自取。上至將軍都尉，下至軍侯屯長，見此情景無不動容。

數日後，帳前千金散盡，無一文落入私囊。軍伍上下，眾口宣揚，皆為竇嬰大義所激，甘願效死。

半月內，長安城內，各路兵馬雜遝而來，輜重不絕於道。閭巷百姓聞風盡出，夾道觀望，各自都心懷驚疑。

王師一時不能發，睢陽那一邊，卻是日日望眼欲穿。當日公孫詭敗回，奔入城內見梁王，頭不敢抬，渾身戰慄道：「稟大王，賊勢甚眾，數倍於我，遍野無可計數，部眾死戰而不能支，屬下六將，有二人戰歿。臣戴罪而歸，甘願受斧鉞之刑。」

劉武見公孫詭戰袍撕裂，面有箭傷，也不忍嚴責，嘆了口氣道：「罷了，已聞斥候報稱，賊眾有三十餘萬，你孤軍如何能支？吳楚倡亂以來，所向披靡，你好歹也是擋了一陣。」

公孫詭又道：「吳王自幼習兵，詭詐過人。兼有東越兵相助，其狀如魔，我人馬受驚，不能成陣，而非我軍不能戰。」

劉武也看穿公孫詭本領，忍不住譏嘲道：「國人皆仰公孫將軍，只道是孫武、白起再世，卻不意竟有今日！那鬼谷子之術，也不靈了嗎？」

公孫詭臉色一白，連連叩首道：「臣無能。臣實是只懂術數，不諳戰法。」

劉武便哂笑：「早年，吳王曾追殺英布，你腹中那幾冊鬼谷子，豈是他對手？明日他揮兵至，睢陽便是孤城，你速為我占一卦，此城可保否？」

事涉本行，公孫詭便精神大振，取出龜甲燒之，細看紋路，得一卦。卦辭云：

來兌之凶，位不當也。[16]

劉武不禁納罕：「此是何意？」

公孫詭道：「回大王，此卦意謂：有喜悅事自上而來，卻是凶象，只緣方位不當之故。」

劉武側首想想，不得其解，只得吩咐道：「公孫將軍，出戰既不能勝，城總要給我守住。吳楚軍不日即至城下，鬼谷子若再不靈，我輩死矣。請力督城內兵民，環城築壁壘，死守待援。」

公孫詭領教了鋒鏑之險，膽早已嚇破，慌忙推辭道：「臣實不堪領兵之任，大王請另委羊勝、鄒陽為好。」

劉武便揮袖叱責道：「那兩人，尚不如你詭詐，又焉能迎敵？著你兩日之內，築成壁壘，若不成，則與戰敗一併問罪！」

公孫詭諾諾而退，連忙召集校尉、嗇夫等，將築壘之事分派好。眾官見他疾言厲色，都不敢怠慢，連夜發動兵民，築疆起土。數萬人忙碌兩晝夜，未等完備，就見吳楚軍浩浩蕩蕩，已鋪天蓋地般殺來。

劉武接京師傳信，知天子已下詔調兵討賊。故而聞吳楚軍來，亦不驚惶，拋去平日的驕奢氣，也全身披掛，登上壁壘去看。

但見吳楚軍旗甲鮮明，首尾相連，望之不知有幾多。劉武這才心生畏懼，知公孫詭如何一戰即潰了，忙召集各屬官，訓誡道：「叛眾挾得勝之威而來，凶頑必甚於昨日，我輩已無退路。吾言無論文武，均不得退縮，要與兵民同守。天子今已下詔，太尉率援軍，不日即至。今若壁壘

---

[16]　見《易經・下》六十三，兌卦。

七國叛軍，鼙鼓震天兵戈起

破，則睢陽難保，睢陽不保，則長安即是當年之咸陽。社稷生死，就在這幾日，吾輩不能坐等殘滅。」

時韓安國、張羽已從東境撤回，這日也在列。韓安國便進諫道：「外圍壁壘，倉促而成，疏漏之處甚多，不可過於依恃。」

張羽也附和道：「壁壘望之儼然，實則無大用，稍作抵擋，便可棄之，免得卒伍折損過多。」

劉武便心頭火起，怒斥道：「你二人不必多言！」

韓安國仍爭道：「此前我據棘壁，溝深壘高，將士拚死仍不能守，況乎此等草草之壘。生死已臨頭，無益之事，大王緣何為之？」

劉武大怒，戟指韓安國道：「此前敗退，不究你便罷了。若再多說一句，投你到獄中去。臨戰之際，動搖人心者，必斬！」

韓安國悲憤幾欲淚下，只得悻悻住口。

果不出韓安國所料，此次吳楚軍來攻，早已有備，於陣前推出衝車數十輛，有弓弩手登車，箭矢齊發。壁上梁軍哪裡能抵擋，皆藏於盾後，無人敢抬頭。待一陣箭雨落下，又有無數雲梯豎起，搭在壁上。素擅攀爬之東越兵，如蟻而上，毫無畏怯之色。

守壘梁軍，原就知壁壘難守，見吳楚軍來勢凶猛，更無心死守。勉強戰了半日，便有三五處被攻破。圍城吳楚大軍見了，歡聲雷動，紛紛躍上壁壘砍殺。

城上門吏知大事不好，連忙拉起吊橋。壁壘內守卒，欲反身奔入城中，卻為城壕所阻，無處可逃，只得拚死格鬥，一時血肉橫飛，哀聲動地。城頭梁軍欲放箭，又恐傷了自家人。可憐壁壘中這千餘守卒，寡不敵眾，無多時即死傷殆盡。

主帥公孫詭在城頭望見，冷汗淋漓，兩腿站立不住。身邊親兵見了，連忙從左右扶住。

　　梁王劉武此時在南門樓觀戰，也是膽寒，連忙命人撤去傘蓋、黃鉞，又在箭垛後窺看良久，心內愧悔難當。

　　回首一望，恰見韓安國、張羽正在城上巡查，便也顧不得許多了，搶步至二人面前，咚一聲跪地，淒聲哀懇道：「睢陽或將不守，二公請恕我！寡人有誤，自有天譴，事急矣，已無暇多說。今拜二公為大將軍，統領城防。漢家命祚，今日懸於一線，望二公受命，萬不可推辭！」

　　韓安國、張羽一時怔住，不禁面面相覷。

　　劉武見二人不應，心頭更急，頓時涕泗橫流。正要再叩首，韓安國連忙也跪下，扶住劉武道：「國難當頭，為臣豈能不救？韓某久居睢陽，腳下皆是我故土，誓不容賊軍再進一步。」

　　張羽聞言，連忙也跪地拜道：「臣豈能忘殺父之仇，寧願死於戰陣，亦不敢偷生。」

　　領命之後，兩人在各處看過，覺睢陽城不甚高，且有殘缺處，便督責民夫，晝夜搶修。又遍告城內三老、嗇夫，將年滿十六至六十歲男丁，盡數徵發上城。

　　梁國武庫本就充足，韓安國命人將弓弩箭矢、滾木礌石等，盡數搬至城頭，所存鎧甲也分與丁壯。待諸事妥備，便與張羽巡行四門，曉以大義，並懸出重賞。兵民聞之無不感奮，皆流淚願以死報國。如此，城上梁軍情勢，轉眼便由弱變強。

　　劉武見韓安國處事有方，心中歡喜，知是用對了人，便登城詢問道：「韓公，以此之備，可守得半月嗎？」

七國叛軍，鼙鼓震天兵戈起

　　韓安國心中有數，慨然答道：「賊軍來圍，人馬數倍於我，志在奪城。若我兵民只想守十天半月，又當得了何事？臣領兵之道，不獨以義喻之，且以利驅之，若不守半年以上，大王只管問罪。」

　　劉武大喜道：「大將軍意氣，著實了得！待敵退，寡人當上奏請封。昨日已有細作數人，潛出城去，赴京師催問援軍，請韓公放心。」

　　韓安國便道：「我若僅守三日，而大軍三日之後至，則城已破，又將奈何？故我屹立半年，便無慮援軍來得遲早。」

　　「不知韓公將何以持久？」

　　「無他，如韓非子所言，『信賞必罰，其足以戰』。若濫賞不罰，將士又怎肯用命？」

　　劉武聞之，臉紅了一紅，忙向韓安國揖道：「聞公之言，所悟甚多。公孫詭兵敗，雖不至問罪，然亦不足以統軍，這便免去他中尉職，由張羽接任。」

　　再說那城下，吳楚軍已將城垣四面圍住，舉目只見畫角連營，旌旗遍野。自入梁以來，吳楚兵卒所戰無不克，便格外氣壯，遙望城頭，皆指點笑罵，大有滅此朝食氣概。

　　劉濞偕同劉戊，乘車緩緩繞城一周，將城頭看了個清楚。劉濞拈鬚笑道：「如此牆垣，可阻我雄兵乎？梁王小兒，只待授首就好！」便傳令全軍，明日天亮即朝食，食畢攻城，務求一鼓而下。

　　次日破曉，城上守軍尚在瞌睡，忽聞城下鼓角大作，驚起一片晨鴉聒噪。正惶惑間，只見城下殘壘中，冒出無數吳楚兵卒，搭起雲梯，蜂擁攀爬。

　　又見吳楚大營柵門打開，數十輛衝車魚貫而出，車上有弓弩手居高

臨下，放箭如雨。

韓安國守在東門樓，一夜未眠，正倚在箭堞後瞌睡，聞鼓聲驟響，心知是吳楚軍來攻，立時躍起，命城門吏擊鼓報警。另外三門軍吏，聽聞東門鼓響，也一齊擂起鼓來。

霎時城樓上人聲鼎沸，腳步雜遝，守城兵丁各就其位。城上擊鼓，連擊三百三十三槌，聲聲催人血湧。

那吳楚兵眾亦不畏懼，爭相登城。正攀到半截，忽聞一聲呼哨，城上便有滾木礌石砸來；繼之是滾油沸水，兜頭澆下。

雲梯上兵卒站立不住，慘呼跌下，後隊立即擁上，屢仆屢起。守軍只顧推倒雲梯，殺退先登敵兵，卻躲不及箭矢，連連被射翻。饒是如此，後隊也是立即補上。

城上城下，兩邊所見廝殺之慘，都是生平所未遇。震天喊殺聲中，士卒墜落如瓦，血浸城頭。如是一輪剛過，又是一輪，喪命於城下者不知凡幾。

韓安國佇立城樓前，巋然不動。親兵上前要執盾護住，韓安國喝斥道：「大將軍當死於戰，焉用擋箭！」後見叛兵放箭漸少，便下令弓弩手就位，萬箭齊發。

那邊吳楚軍有劉濞督戰，各個捨命，城上放箭雖急，卻也無人退縮。盾牌不足用，眾軍便頂了砧板、鍋蓋冒矢登攀。

有幾處雲梯，先登者身手矯捷，躍上城頭，砍殺如狂，幾乎要得手。張羽見不是事，急忙提劍奔至，厲聲喝令守兵抵住。

韓安國正在注視，忽有親兵喊道：「大將軍，當心拋石。」

只見吳楚營門又開，推出數輛拋石炮車，一字排開。須臾間，便有

七國叛軍，鼙鼓震天兵戈起

巨石朝城上接二連三飛來。

親兵眼快，猛推了韓安國一把，一顆飛石便呼嘯掠過，轟然一聲，將身後窗櫺砸個粉碎。左右親兵見此，都咋舌道：「好險！」

韓安國撣去身上灰塵，輕蔑一笑：「吳王，韓某雖無名，敢與你大戰三十日。」

如是激戰整日，吳楚軍終不能得手。城頭所插梁軍旗幟，盡為箭矢洞穿，卻無一倒伏。

吳王劉濞在城下，看得焦急，然也無計可施。至天色將暮，只得下令鳴金收兵。

待各自偃旗息鼓，劉濞便帶了劉戊，驅車前出，朝城上大呼道：「城上莫要放箭！守城之將為誰？請出來說話。」

韓安國便探出身來，高聲應道：「末將便是，來者何人？」

劉濞一拱手道：「我即是吳王，請問足下大名？」

「原來是吳王駕到，在下韓安國，梁大將軍是也。」

「唔，將軍好身手，寡人佩服得很。今諸侯舉大義，清君側，以百萬之眾西來。將軍雖忠勇，然大勢已去，何不聽寡人一言，及早識時務，獻城立功？」

韓安國仰頭大笑：「烏合之眾，犯上作亂，何以百萬之眾嚇我？莫說君側，即是這小小的睢陽，吳王也難越半步。」

劉濞臉色一暗，頓了頓，仍執意勸道：「將軍苦戰，眾兒郎命懸一線，所抵死護衛者，不過一酒囊飯袋。梁王當年靡費兆，造起梁園，何曾想過你輩辛苦？我敬將軍至誠，然為人亦不可愚忠。今若能獻城，梁王宮內如山財寶，可歸將軍一半，何如？」

韓安國冷笑一聲，指城下壕溝問道：「吳王可見這死傷者嗎，哪個不是百姓兒郎？你在豫章鑄錢，流布天下，所獲何止兆；既享盡奢華，又何忍見農家子枉死溝壑？你之心腸，究是何物所鑄？你生於今世，究有何德服人？酒池肉林，尚不知足，還要奪人之地、索人之命；自古大盜害民，可有過於此的嗎？」

　　劉濞登時暴怒：「豎子，你當我是桀紂？」

　　韓安國便也怒回道：「褫去衣冠，你不正是桀紂！」

　　劉濞氣得險些仰倒，戟指城上罵道：「豺狗！我吳地本來清平，萬民富庶，那晁錯看得眼紅，卻要來奪地掠財，可知人間還有一個『恥』字嗎？賊臣當道，方有你這喪心之徒，只知護主，不知大義。城破之日，我必將你千刀萬剮！」

　　韓安國大笑道：「大丈夫死有何惜？不似你吳王，死亦難捨不義之財。能見你屯兵於城下，束手就縛，以成我大名，便是韓某平生所願。」

　　劉戊執盾在側，見不能勸降，忙攔住劉濞道：「伯父，愚氓無識，多說何益？待明日拿下，將他祭旗便是！」言畢，便命御者掉頭返回，馳入大營去了。

　　城上兵卒，聽了這番舌戰，都大呼痛快，七嘴八舌也朝城下亂罵。

　　韓安國回首喝止道：「你等皆住口！如此惡戰，還不知要熬多少時日，各去休整，鬆懈不得。睢陽被圍，乃是天選我輩，或死義，或偷生，都將名傳於萬世，須得好生思量！」

　　城上眾人聽了，頓時一片啞默。日暮寒風中，唯見殘旗飛揚，颯颯作響。

七國叛軍，鼙鼓震天兵戈起

睢陽被困，急報連連；京城裡討逆諸將，心頭都倍感惶急。竇嬰所部卒伍，需遠自隴西等處調來，途中費時，就更覺焦灼不寧。

好容易檢點齊備，正待擇日上路。這日薄暮時，天降細雪，忽有守卒報稱：前吳相袁盎自城中來，在轅門外求見。

竇嬰與袁盎有舊交，故日前曾向景帝舉薦，此時聞袁盎至，自是歡喜，忙將袁盎延入大帳，對坐而談。

袁盎揮去身上雪屑，一面湊近炭盆烤手，一面故作玩笑道：「呵呵！雪夜造訪將軍，或不至貽誤軍機。」

竇嬰也笑道：「什麼將軍，故人何須在意？弟命途不順，至不惑之年，仍為人牽馬引車。倒是晁大夫削藩，不意間，令我得了些轉機。」

袁盎便斂起笑容，沉吟道：「我也知兄有大志，非為蓬間雀。然討逆一事，終究是難說。」

竇嬰略顯驚異，脫口道：「兄曾為吳相，莫非知吳王可成大事？」

「吳王為人，在下看到他骨頭裡。他弱冠為將，智勇名震天下，如何少年時不反，中年亦不反，將近耄耋之年，卻要來謀反？」

「哦？袁兄是說……」

「此正為晁錯所激！弟在吳國為相，曾以禮制之道勸吳王，吳王無不納。如何晁錯方理朝政，吳地立時洶洶？那吳王雖愛斂財，卻也能輕徭薄賦，與民休息，並非殘苛之輩，如何便成了晁錯眼中釘？」

「袁兄說得好！弟在朝上，也曾與晁錯激辯，以為削藩不如禮教。藩王坐大，非止一日，此事須從容處置。晁錯不聽，果然激起四方皆反。」

「削藩倒也罷了，若殺一儆百即止，或可無事。唯晁錯太過不智，恃

力逞強，自認是商鞅再世，一削再削，便削到吳王頭上。樹有皮，人亦有儀，你教吳王如何能忍得下？」

竇嬰撥弄炭火良久，方撫膝嘆道：「世事崩壞若此，自呂太后以來所未有。今日討逆，兵分三路，還不知後事將如何。」

袁盎亦憂心道：「自夏侯嬰數年前薨歿，當日入關老將，凋零盡淨。今周亞夫雖擅治軍，也僅是將門之子，從未臨戰。須知那吳王好武，少年時便是英布對手，韜略不可小覷。近日方起兵，轉眼便席捲淮泗。此次討逆，勝負便是神仙也難料呢！」

竇嬰臉色微變，急忙問道：「兄可有好計？」

袁盎便伏地一拜，正色道：「弟不才，然於此事已有奇計。若聖上肯聽，平亂只在彈指之間。」

竇嬰一喜，忙將袁盎扶起：「如此甚好。時已宵禁，兄便歇宿在行轅，不必回去，明日容弟代為入奏。」

兩人談得入港，又於燈下閒話多時，方才各自睡下。

次日竇嬰入朝，果然代袁盎奏報。景帝聞聽袁盎有好計，自是高興，焉有不見之理，當下就宣召入見。

袁盎緩步登上殿，心內百感交集。景帝登位之後，此為袁盎初次入朝，暌別多年，舊景雖可辨，人事已全不是當年了。

那景帝也識得袁盎，當年為太子時，袁盎曾任中郎將，常在御前，甚是得寵。只不過因敢言，方遭人讒訐，竟由外放而免官。今日見之，覺袁盎神形如昨，鋒芒仍未減，不覺便笑：「袁中郎，久未見你，卻是越發放逸了。」

袁盎連忙稽首道：「舊臣袁盎，在此見過陛下。往日諸事，臣也時常

七國叛軍，鼕鼓震天兵戈起

念之，今見陛下，只覺是在夢中。」

待施禮畢，袁盎抬頭，方見晁錯亦在御座之側，不由便僵住。

景帝見袁盎神情有異，微微一笑：「袁公但坐無妨。今討逆在即，適才正與晁公商議調兵之事。召你來，亦是為此。」

袁盎目光略一閃，才徐徐坐下。

景帝便傾身問道：「袁公曾為吳相，可知吳軍此來，那統軍之將田祿伯，為人如何？今吳楚倡亂，以公之見，何以當之？」

袁盎道：「陛下請寬懷，東南之亂，無足憂也；其敗亡之日，當不遠。」

景帝略微一笑，而後斂容道：「袁公豪氣依舊，然吳王就山鑄錢，煮海為鹽，盡獲東南之利，誘天下豪傑入彀，其勢已成。且以白髮之年舉事，必有深謀；若無萬全之計，又怎敢發難？公何以言他不能成事？」

「陛下，吳有鹽銅之利，固然不錯，然天下豪傑，豈能為利所誘？若真能得豪傑之士，必輔吳王成大義，絕無反心。而今吳王所誘者，皆無賴子弟、亡命之徒、鑄錢奸商者流，此等渣滓，怎知義為何物？故而吳王一呼，便相率造反，實是不足為奇。」

袁盎侃侃而談，縱論大勢，景帝直聽得入神。晁錯也頷首道：「袁盎所言，誠如是。」

景帝心中稍覺釋然，便又問道：「吳楚既不足慮，欲滅之，計將安出？」袁盎忽就坐直，抬頭四望道：「陛下，臣有祕計，請摒退左右。」

景帝揮一揮手，身後所立謁者、涓人等，隨即退下，獨晁錯仍留在座前。

袁盎此來，乃是有所圖，若晁錯在場，則事不可為。見晁錯不起

身，不由就暗自發急，頓了頓，將心一橫，雙目炯炯道：「臣所言，唯陛下可知，臣子不得與聞。」

景帝眉頭略一動，回首對晁錯道：「晁公，臨大事者當慎之。既如此，請公也暫退吧。」

晁錯這才察覺有異，知袁盎未忘前嫌，不免就滿心憤恨。正欲抗言，見景帝神色儼然，便知不宜再爭，只得怏怏退下，趨步往東廂迴避。

景帝見晁錯走遠，方對袁盎道：「你儘管說來。」

袁盎遂神色凜然道：「臣聞吳楚謀逆，互有書信曰：『高帝子弟諸王，各有封地，乃天經地義。自賊臣晁錯出，擅罪諸侯，削奪吾地。』故而諸侯反，實是西來謀誅晁錯，復其故地罷了。此數王，也是高帝血脈，而非外姓；漢家既在，彼輩榮華也就在，又何須冒死來奪大位？故而致天下亂者，臣以為絕非吳王。各地諸王，數十年來無事，雖偶有犯禁，卻並無反跡；如何晁錯得勢，便致海內沸騰，聚徒百萬，大有破關而來之勢？先皇文帝仁厚，主上亦恩慈，絕無秦帝之暴虐。今之臣民，無論尊卑，本應感恩不盡，何以僅數年間，便有魚爛河潰之局？誰為禍首，何為肇始？臣懇請陛下三思。」

景帝便悚然一驚：「袁公，你是指晁錯為禍首？」

「然也。再無第二人！臣今有一計，是為險計。然當此時，非行險而不能求安。」

「且講！」

「陛下可獨斬晁錯，遣使赴四方，赦吳楚等七國之罪，復其被削故地。則兵不血刃，可令七國罷兵，天下重歸太平矣！」

七國叛軍，鼙鼓震天兵戈起

景帝聞言大驚，霍然起身，負手呆望屋頂梁棟，默然良久。

此前晁錯力主削藩，卻未有良策在先，以防諸侯作亂，景帝於此，已心生怒意；後晁錯又力主親征，更令景帝疑慮叢生。袁盎這一番陳詞，恰說到了景帝痛處——只因聽信一面之詞，貿然削藩，竟致太平之世，無端起了遍地干戈，不獨於當朝有失顏面，也著實難向天下後世交代。

想到此，景帝心內，不禁就遷怒於晁錯。躊躇片刻，忽狠了狠心，長嘆一聲道：「只看此計如何了。吾不能獨愛一人，情願改過以謝天下！」

袁盎見勢，連忙叩首道：「臣愚鈍，所能獻良計，無出於此，望陛下熟慮。」

景帝似聽非聽，只擺手道：「你平身，且靜候片刻。」便喚人去召丞相陶青入見。

稍後，陶青匆匆應召上殿，景帝便囑道：「丞相，聽朕詔令：今拜袁盎為太常，另拜吳王之姪劉通為宗正。兩人為朝廷特使，擬往吳王處商洽。新職應授璽綬[17]、交接等事宜，稍後再辦，不得洩漏消息。」

卻說這奉常一職，乃九卿之首。袁盎方才上殿之時，尚是一介閒人，不過才半個時辰，便位登九卿。聞聽景帝這番口授詔令，袁盎恍惚失神，幾疑是在夢中，忙伏地謝恩。

景帝便又囑咐袁盎道：「你且回邸，整理行裝，所有出使所需符節、車駕、兵衛等，皆由丞相操持。你與劉通二人，只在家中待命。」

袁盎謝過，起身欲隨陶青退下，景帝又喚住二人道：「事關大局，僅你我君臣四人知，天神鬼怪也需瞞住！」

---

[17] 璽綬，印璽上的彩色織物，亦泛指印璽。

陶青、袁盎頓覺凜然，連聲稱諾而退。

待二人走後，景帝復召晁錯上殿，接著商議軍務。晁錯偷瞄了一眼，見景帝神色如常，才略略放心，料想袁盎尚不至藉機進讒。議罷軍務，晁錯本想打探袁盎所言，終覺不便，只得悵然而退。

此後旬日，朝中並不見袁盎出入，也不聞有袁盎起復的風聲。晁錯思忖再三，估計是袁盎所奏，並未被主上採納，於是將此事擱下，不再留意了。

至正月中，周亞夫大軍集結畢，計有北軍及近畿兵二十餘萬眾，糧草亦齊備，終可成行。

臨行前，亞夫入朝，向景帝奏道：「朝廷諸路軍，僅有北軍可堪一戰。今楚軍彪悍，進退輕捷，臣下實不敢小視。與其輕率對陣，還不如任由他攻梁，我避其鋒芒，尋機斷其糧道，乃可置彼於絕地。」

景帝見周亞夫如此說，也知用兵不能逞意氣，便允准道：「太尉知兵，料你已有滅敵之策。如此也好，可保萬無一失。只是睢陽已成孤城，日久，或將有失。」

「陛下勿慮。睢陽城堅，且有韓安國掌兵，恰如韓信背水之陣，人人求生，敵雖強而不可破。如此，一座睢陽城，便當得雄兵五十萬，拖住吳楚叛眾。臣下則率大軍，疾行東西，擊其軟腹，一戰可扼其喉。」

景帝聞言，大喜道：「有太尉在，漢家便無人可撼。愛卿此去，盡可便宜行事。」

次日晨，全軍拔營而起。周亞夫全身披掛，威風凜凜，立於戎輅車上，率大軍浩浩蕩蕩出城。長安百姓聞之，歡呼雀躍，傾城而出相送。

方出霸城門不遠，忽見前面有一人，擋道攔車。周亞夫心中大奇，

七國叛軍，鼙鼓震天兵戈起

命御者停車查看。只見那人上前，施禮道：「將軍往滎陽討賊，事成，則宗廟社稷得安；事若不成，則天下立危。僕有一言，不知將軍願聞否？」

周亞夫見那人面白長髯，器宇軒昂，知是民間高人，連忙下車，拱手道：「願聞其詳。」

那人便道：「吳王鑄錢暴富，畜養死士無數。今聞將軍出征，他必遣死士來，謀刺將軍。」

周亞夫一驚，忙問道：「先生何以知？」

那長髯公便一笑：「以將軍之智，不問亦可知。將軍此行出崤關，何地最險？」「莫過於澠池。」

「這便是了。吳王欲與將軍對陣，若無三十萬兵馬，不能分輸贏；而在澠池設伏，只需數十甲士，便可伺機置將軍於死地，他又何樂而不為？」

周亞夫恍然大悟：「哦？此一節，本帥倒是未曾料到。」

那長髯公正色道：「將軍一身，社稷安危所繫，豈可有未料到之事？若軍情緊急，將軍可乘驛車，繞道南下藍田，出武關，先抵洛陽，再轉赴滎陽。那作亂諸侯，勢必不能料到，將軍竟於數日之內，即現身洛陽，如從天降。我軍民聞知，士氣必大振；亂賊聞知，將為之膽懾。兵法曰『不戰而屈人之兵』，即是此謂也。」

周亞夫滿心折服，連忙揖禮道：「此計甚好，本帥即從先生之言。敢問先生大名，在何處高就？」

「不敢。在下老朽，不過長安一布衣也，名趙涉。」

「今社稷有危，賊勢猖獗，公卿匹夫皆不能坐視。趙公乃非常之士，當不至袖手。可否屈尊，隨本帥出征，也好隨時求教？」

那趙涉未料有此一請，一時竟怔住：「老朽豈能參知軍事。」

周亞夫哈哈大笑，拉住趙涉衣袖道：「古來即有姜太公、百里奚事，長者參軍，便不足為奇。」言畢，便命人扶趙涉上車，載之同行。

當日，周亞夫即按趙涉之計，令諸將率大軍走崤關，自己僅率數人，乘六駿驛車出武關。日夜兼程，取道洛陽，先期馳抵滎陽。

車入滎陽這日，百姓風聞，傾城來迎。見太尉戎輅車上，大纛飛揚，明如火焰，上書斗大的一個「周」字，滿城立時沸騰。

半月以來，近畿百姓久盼官軍不至，原本皆感焦灼。每日西望崤函，只見古道寂寂，並無半個兵卒。卻不料，忽一日見太尉駕到，焉能不奔踴歡呼。「三河」（河東、河內、河南三郡）地方，一日內城鄉皆知，人心遂大定。

倒回去前兩日，周亞夫車過洛陽，城內有俠士劇孟，曾率徒眾千餘人夾道相迎。

那日，周亞夫下車，問明來人是劇孟，不禁大喜過望：「足下大名，遍聞三河，今日終可得見！我今來此，一不承想：七國來勢洶洶，洛陽城竟安如泰山；二不承想：你劇孟居然未動。原以為，諸侯作亂，兵臨睢陽城下，必是已收納足下，為其奔走。那吳楚二王，志在舉大事，卻不求劇孟，我知其無能為矣！」言畢，即執劇孟之手，連連搖動，仰天大笑。

原來，這劇孟乃洛陽一帶巨俠，性豪俠，不愛財，樂於扶貧濟弱。平日襄助四方豪士，不求分文報酬。閒來無事，最喜博棋遊戲，真情頗類少年。那洛陽，本為商賈雲集之地，民皆好趨利。劇孟為人，直與俗世大相逕庭，然眾人皆禮敬劇孟。劇孟之母死，自遠方來送喪之客，車駕絡繹，竟有千乘之多。

七國叛軍，鼙鼓震天兵戈起

劇孟聽得周亞夫如此盛讚，也連聲大笑：「河南之民盼太尉來，如大旱之望雲霓。某雖匹夫，亦知大義，豈能附敵以求榮？今吾邑兵民，同仇敵愾，市井中即是莽夫無賴，亦願為太尉前驅。某之徒眾，各鄉邑不計其數，皆唯我馬首是瞻。大軍既至，便如歸鄉一般，打尖食宿，必無難處，請太尉放心。」

周亞夫別過劇孟，登車回望，見不過片刻工夫，車後竟聚起萬人相送，不禁又大笑：「吾得一劇孟，如得一國。今我前往滎陽，領三軍拒敵，滎陽以東，可無憂矣！三月之內，賊眾定能平之。」

原來這滎陽，乃天下地勢之中，左有敖倉，積粟為天下之半；右有洛陽武庫，軍械亦為天下之半。無論何人，據滎陽，便是執了天下之鑰。昔日劉項相爭，兩家都欲奪滎陽，便是緣此。今周亞夫進駐滎陽，搶了先機，心知未戰而握勝券，自是開懷大笑。

入滎陽後，亞夫立遣軍士往崤函、澠池一帶，於隘谷中仔細搜索。果然搜得吳楚奸細數十人，擒住一半，逐散一半。由此，亞夫更是敬佩趙涉，遂向景帝奏請，舉趙涉為護軍。

其後數日間，諸將率大軍從崤關出，陸續開到。又過了數日，竇嬰所率殿後之軍亦至。兩路人馬，會兵滎陽，城外一時旗甲耀目，車馬轔轔，漢家聲勢為之大振。

饒是如此，周亞夫仍不欲與叛軍對陣。他知麾下這二十萬眾，為漢家鎮國之寶，若貿然與吳楚軍決戰，一旦有失，則朝廷再無精兵可用，崤關以東，賊勢將無可攔阻。長安危殆，天下傾覆，都是眼前事。

既作如是想，周亞夫便也不急，任憑睢陽求救信雪片般飛來，只當作不見。

大軍駐紮在滎陽之際，周亞夫好整以暇，帶了一隊輕騎，飛馳至淮陽國，往睢陽之南去尋叛軍破綻。

　　此時的淮陽王，名喚劉餘，係景帝後宮程姬之子，為人素不喜文，只喜造宮室苑囿，飼養犬馬。

　　周亞夫拜過劉餘，便問及軍事。那劉餘說不出所以然，寒暄數語，便想草草作罷。堂上諸文武中，恰好有一都尉[18]，名喚鄧子訓，原是周勃門客，此時頻以眼色示意周亞夫。

　　周亞夫會意，便向堂上眾臣一揖，問道：「在下此來，跋涉逾千里。至滎陽，方知三河一帶，多智勇雙全之士。敢問淮陽諸公，誰可教我退敵之計？」

　　眾文武為劉餘屬下，風氣所及，也都文恬武嬉，哪裡有甚主意。沉默片刻，周亞夫忽指鄧子訓道：「君既是武職，當有見地。」

　　鄧子訓便順水推舟道：「下官身為都尉，曾親往柘縣（今河南省柘城縣），近窺睢陽，探得吳楚軍虛實。欲破之，不難有良策。」

　　「哦？」周亞夫面露喜色，連忙揖禮道，「策將安出？請講。」

　　「下官在梁地所見，吳兵甚銳，漢兵難與爭鋒。楚兵則輕躁，似不能持久。今我為將軍計，莫如且不理會睢陽，大軍急趨東北，拊吳楚軍之背，於昌邑（今山東省鉅野縣西南）築壘堅守。」

　　「昌邑？如此布局，又是何意呢？」

　　「吳王見將軍避走，任梁軍獨當西進兵鋒，必以精銳猛攻睢陽，以期早取滎陽。將軍佯作援齊，實則在昌邑屯駐，深溝高壘，養兵操練，只派出輕兵一支，斷吳之糧道。如此只需月餘，梁、吳兩軍皆疲，而吳軍

---

[18] 都尉，即郡尉，秦及漢初武官名，掌一郡兵事，景帝時改稱都尉。

七國叛軍，鼙鼓震天兵戈起

糧草已盡。屆時將軍之兵，當為天下第一。以此強盛之兵，攻他飢疲之兵，破吳又有何難？」

周亞夫聽懂了奧妙，不由拍掌讚道：「善哉！漢家臣子，連都尉也有張良之謀。」

謝過鄧子訓，周亞夫便辭別淮陽王，率了隨從，馬不停蹄，奔回了滎陽大營。

三日後，周亞夫所部二十萬軍，於一夜間拔營，偃旗息鼓，間道疾行，避開了吳楚軍，繞過睢陽之北。眾軍只道是前去救齊，不料才過睢陽不遠，便在昌邑之南止步。

周亞夫如此迂迴，圍睢陽的吳楚兩軍，倒是慌了，連連派出斥候來探。

卻見周亞夫大軍駐下，一連數日，未有動靜。只在當地築起壁壘，堅守不出，不知其為何意。

吳楚二王攤開輿圖，與身邊諸臣商議了半日，也議不出頭緒。二人只覺當前之勢甚是棘手。若撤圍睢陽，掉頭去攻周亞夫，則取滎陽之事，便要延擱。滎陽若不儘早奪下，取天下便是一句空話。且轉攻周亞夫，又無十足取勝把握，倒是定有一場惡仗。

議來議去，都以為莫如繼續攻睢陽。周亞夫不動，則吳楚軍也無須慌張。漢軍既然避戰，留待拿下睢陽後，再回頭收拾也不遲。

如此，周亞夫壁壘雖在睢陽不遠處，卻與吳楚軍相安無事。吳楚二王正在慶幸之際，未料漢軍壁壘中，有輕騎一支，趁夜打開了柵門，人人執旗，銜枚疾進。長驅七百里，繞過彭城，直撲淮泗口（今江蘇省淮安市淮陰區）。

淮泗這個渡口，恰在彭城與廣陵之間，每日來自吳地的運糧舟車，就從此經過。

　　一夜之間，當地百姓醒來，都目瞪口呆：只見遍地插滿赤旗，竟換了天日。漢軍騎兵往來奔走，殺散渡口守卒，竟將吳楚軍的糧道活活截斷了！

　　這一支從天而降的漢軍輕騎，領軍的騎將，乃是弓高侯韓頹當。

　　這位韓頹當，大有來歷，其父便是漢初有名的諸侯韓王信。高帝時，韓王信率部守邊城馬邑，為匈奴軍所困，幾經猶疑，降了匈奴，後被漢將柴武領兵擊殺。韓王信當年投匈奴不久，新添了一幼子，便是韓頹當。

　　至文帝時，韓王信之妻仍在匈奴，因思鄉心切，趁匈奴不備，攜了幼子韓頹當、長孫韓嬰，潛逃歸漢。文帝念及韓王信舊功，既往不咎，封了韓頹當、韓嬰為侯。

　　韓氏這一門，此後在漢家躋身顯貴，世系相傳。唐朝鼎鼎大名的文豪韓愈，便是韓頹當的後代。

　　劉濞聞韓頹當率部斷了自家糧道，不由大驚，急喚劉戊來大帳商議。

　　劉戊趕來，聞訊頓足道：「周亞夫不與我戰，原是存了這個心思！」稍後略加思忖，便獻上一計，「今我軍糧道已斷，三十萬人張口待食，撐不過半月。不如撤圍，去攻周亞夫壁壘，待攻下壁壘，生擒周亞夫，漢軍便再無一將可戰。此後取天下，便是舉手之勞了。」

　　劉濞一笑：「姪兒想得容易了。今若撤圍，我軍西來便是無功，白白長了他人志氣。若連睢陽都攻不下，又怎指望攻下周亞夫壁壘？我軍若轉向昌邑，與周亞夫久戰，梁軍必襲擾在後，陷我於腹背受敵。」

劉戊便撓頭皮道：「此前，倒是小覷周亞夫了。未料一夜間，我軍便進退兩難！」

「賢姪莫急。邀你來，是與你商議：我軍糧秣，若是足用半月，則可急攻睢陽。待睢陽破，還愁城內無糧嗎？」

「若攻破睢陽又如何，反身與周亞夫再戰？」

「非也。周亞夫繞道昌邑，便是不敢攖我兵鋒。我也不去睬他，以破睢陽之威，再下滎陽，據敖倉之利，還怕穀粟不足嗎？到時兵精糧足，直驅關中，便可重演高帝入咸陽事。」

劉戊喜極，拍案而起道：「伯父到底是老將，韜略過人！如此，漢家所謂周亞夫精兵，便成了無用擺設。我趁周亞夫膽怯，撇他在昌邑不理，教那昏君哭喪去吧。」

兩人商議畢，便向各營傳下號令：懸重賞，募死士攻城，旬日內務必拿下睢陽。

自此日起，睢陽城外，鼓角便一刻也未停息。吳楚兵卒爭先恐後，於四面攀爬，各個欲搶登城之功。

城上城下，一時箭矢如蝗，煙火四起，喊殺聲如驚濤震耳，至半夜亦不消歇。

萬騎出征，敵軍潰散魂魄飛

卻說晁錯在長安城內，見周亞夫大軍既發，心內便稍感放鬆，料定有周亞夫在，叛軍必不能過滎陽。這日，晁錯正在御史府中，召集諸曹商議公事，忽聞門外有中尉陳嘉，奉了詔令前來。

陳嘉原本是個書生，多年任文官，如今卻做了京師禁軍首領。晁錯為內史時，與他分掌京師兵民兩事，曾多有交往；然陳嘉親赴府衙來見，卻是前所未有。晁錯不由心生詫異，連忙整衣迎出。

但見府衙門外，陳嘉正恭立等候，儒雅之風依舊。見面致禮畢，陳嘉將手上符節一舉，只急催晁錯道：「奉主上親授詔，召晁大夫立即入朝。」

晁錯更是驚異，忙問道：「中尉，可知主上有何事相召？」

「臣不知。只令下官親來府中，以車載晁大夫入宮。」

「莫不是睢陽有變？」晁錯便覺心神不定，請陳嘉稍候，自去換了朝服冠帶，方出來與陳嘉一同登車。

臨登車，晁錯才看見，陳嘉所乘，並非宣召專用的軺（ㄧㄠˊ）車，而是徵召鄉賢所用的安車，外有帷幕遮擋，心裡便疑惑，但也未及多想。

二人方坐定，御者便一揮長鞭。那轅馬極是健壯，吃了一記鞭子，猛然就快跑起來。

陳嘉在車中，只顧與晁錯閒聊，說了些往日逸事，頗為悠閒。晁錯有心無心應著，嘆口氣道：「自吳楚倡亂，我已多日未曾閒暇。」

萬騎出征，敵軍潰散魂魄飛

陳嘉便笑道：「世上事，終歸是忙碌不完。晁大夫身上所負，乃海內安危，就更是煩勞。」

「近幾日調兵，中尉亦甚辛苦。或再有半年，方可將吳楚之亂平息。」

「也罷！這半年，下官便無好覺可睡了⋯⋯」

如此走了許久，尚未駛至北闕，晁錯頗覺疑惑，便掀起窗簾朝外看。不看則罷，一看之下，不禁大驚：「中尉，這是到了何處，怎像是鬧市之中？」

陳嘉也探頭看了看，卻冷下臉來道：「晁大夫，下官奉詔前來，諒也不至走錯路。」

晁錯望住陳嘉，不由起了怒意：「中尉，如此官腔，本官也不欲聽。你究竟是何意？且停車再說！」

陳嘉便一拱手道：「晁大夫息怒。奉詔載閣下所赴的，正是此處！」說罷，便喝令御者停車，搶先一步跳下了車。

晁錯跟著也下了車，舉目一看，竟大驚失色：「如何將我載來東市！」

陳嘉也不言語，只打了一聲呼哨，四周便跳出幾名甲士，一擁而上，將晁錯死死擒住。

晁錯掙脫不得，大怒道：「陳嘉，你也反了不成？」

陳嘉拱手道：「晁大夫，恕下官王命在身。」便回首喝令眾甲士道，「褫去晁大夫冠帶，押到前頭去！」

眾甲士摘去晁錯頭上「進賢冠」[19]，拿出繩索來，三下兩下，便將晁錯五花大綁。

---

[19] 進賢冠，漢代文官所戴紗帽，前簷高7寸，後簷高3寸；帽梁長8寸，與前後帽簷相連。後沿用至唐宋。

134

晁錯怒罵不止，踢蹬跳躍，掙扎不已。眾甲士使出蠻力，才將他頭按下，直押至東市十字街口。

此處早有甲士一隊，各個紅幅巾纏頭，手持環首刀，阻住過往百姓，圈出了一片法場來。

晁錯這才明白，不由厲聲呼道：「中尉欲殺我乎！」

陳嘉從懷中摸出一幅黃絹，高聲喚道：「晁錯聽旨！」

眾甲士便將晁錯按住跪倒。晁錯怒不可遏，抬頭望住陳嘉，恨恨道：「你先喚丞相來此！」

陳嘉冷笑道：「晁公請少安毋躁，丞相他怎會來此？」便將詔旨展開，高聲誦道，「今有丞相陶青、中尉陳嘉、廷尉張歐劾奏晁錯，稱：吳王反逆無道，欲危宗廟，天下當共誅。今御史大夫晁錯建言：『兵卒數百萬，交予群臣統帶，不可信；不如主上自領兵，令臣留守。淮泗一帶，吳軍所未占者，可以予吳。』此言有違陛下厚德，致群臣疏離，又欲以城邑予吳，無臣子禮，大逆不道，當處腰斬。晁氏父母妻子及兄弟，無論少長，皆應棄市。臣等請按法論罪，詔曰可。欽此！」

「啊！」晁錯驚呼一聲，頭一歪，竟閉過氣去。

陳嘉揮手示意，便有兩名赤膊劊子手，頭纏紅巾，抬了鬼頭鍘上來。陳嘉又吩咐道：「請晁公飲下壯行酒。」

話音方落，便另有一名劊子手，端了一碗烈酒上來，要給晁錯灌下。

晁錯猛地驚醒，扭頭不飲，只仰天呼道：「朝服被斬，自古以來所未聞，商鞅、李斯尚不致如此。漢家之亡，必將亡於強藩也，晁某死不瞑目！」

陳嘉便上前拱手道：「晁公，諸事都顧不及了，可有話留下？」晁錯

轉頭怒視陳嘉道：「有，只一個字⋯⋯」

「請講。」

「悲──」

晁錯淒厲之聲，撕肝裂膽，直上青空，竟久久迴旋不散。法場之外百姓，聞之無不膽寒，都不忍直視。場內一排紅巾甲士，也難掩臉色微變。

陳嘉此時神色木然，閉目片刻，猛地喝了一聲：「開鍘！」

說時遲那時快，三名劊子手騰跳如兔，一把便將晁錯按倒，拖至鍘刀下。刀落處，飆風驟起！漢家一代名臣晁錯，就此不明不白地命喪黃泉。

行刑後，劊子手俯身去看，那雙眼，果然未閉合。隨後，便有甲士抬了一口薄棺上來，草草將屍身裝殮，裝上牛車，運往城外去了。

陳嘉目送牛車駛遠，面色無悲無喜，木然良久，才登上車，返回宮中覆命。

此時景帝正與陶青、張歐兩人，於殿上靜候，見陳嘉來報斬訖，便都大大鬆了口氣。

景帝遂向陶青道：「速將晁錯之罪，昭告中外。天下官民，久已不耐煩此人。」隨後又囑張歐道，「差人至晁邸及故里，捕晁氏親眷，一體坐罪。」

次日，晁錯被誅的消息傳開，卻未如景帝所料，並不見閭巷有人奔踴相慶。

京師大小各官，聞晁錯是朝服腰斬，都駭然失色。想那秦開一統以來，當朝三公被腰斬，也僅有李斯一人。料想後世再過千年，亦斷無此

等事。眾臣思及此，都不禁中夜驚悸，久不能成眠。

　　市井百姓聞此劇變，亦覺世事莫測，而全無喜慶之心。僅有城邑商賈之輩，暗中飲酒同賀，附耳言笑。只緣文帝朝時，晁錯曾上疏，力主重農抑商；文帝便降了田租，卻未對商賈降稅。故此，商人就不免暗恨晁錯。

　　三日後，廷尉府公差飛騎至潁川，擬捕拿晁父。卻不料，晁父因畏懼晁錯惹禍及門，早已於半月前，在家中服毒自盡。

　　張毆得報，遂將晁錯母、妻、子女等親眷，悉數拿獲，收入詔獄。

　　景帝腰斬了晁錯，尚不解恨，全不顧往日情面，又有詔令：除已死者不問之外，晁氏一族眷屬，皆斬首棄市。

　　可憐晁氏一門老小，雙手被縛，身插斬標，於一路號啼中，跟蹌來至東市。至午時三刻，一齊喪命於刀下，棄屍街頭，百姓觀之無不唏噓。

　　肇禍者既除，景帝稍覺鬆了口氣，然環顧海內，卻又萬難安坐。崤關外情勢，已十分迫人，若再遲疑，另有諸侯響應，則賊勢便萬難遏制。於是有詔下，命袁盎奉朝廷之意、劉通奉宗室之意，前往梁地與吳王議和。

　　卻說袁盎初聞晁錯死，心中尚竊喜，以為終得報了一箭之仇。然接了出使詔令，再細想此行，不啻是深入虎穴，便覺心慌。原想為景帝獻計，誅了晁錯，須有周亞夫領兵擊之，方能迫得吳王退兵。豈料景帝只顧省事，欲效酈食其說齊，遣一使者便可了結，豈不荒唐！

　　數年前，袁盎曾為吳相，深知吳王脾性，若他處下風，議和便非難事。如今此人有六王追隨，挾眾數十萬人，能否為口舌所動，實未可

> 萬騎出征，敵軍潰散魂魄飛

知。若一語不合，觸怒吳王，豈不要做了那酈食其第二？

想到此，袁盎心懷忐忑，卻也無路可退，只得硬起頭皮與劉通上路。

來至睢陽城下，見吳楚軍聲勢浩大，漫山遍野，袁盎更是冷汗直冒，只覺此次使命，實是以身飼虎。

待通報過後，袁盎持節入大帳，見過吳王劉濞。劉濞倒還頗重舊誼，打趣道：「袁相公，數年不見，如何弄成了閒居？持節來此，又是何意，莫非要降我？」

袁盎恭謹施禮道：「下臣袁盎，多年不忘吳王護佑之恩，自離吳地，無日不念之。此來，是為身負上命，與吳王通好，兩家罷兵。今晁錯已伏誅，肇禍之首既亡，諸王冤抑便得平，若再用兵，便是兩家之大不幸了。」說罷，便將景帝手書詔令呈上。

劉濞看過詔令，輕輕放下，抬頭道：「居然你也成了九卿，那晁錯果真已死？」

袁盎急道：「朝服腰斬，千真萬確，滿長安皆為之驚，足見聖上誠意。晁錯既死，清君側便已奏效，大王可趁勢收兵，必獲天下人盛讚。」

「袁公，你這儒門之徒，倒是精通算籌之術。寡人也來為你算筆帳，我發檄書之時，朝廷何不斬晁錯？我即將奪下睢陽，兵臨滎陽，這籌碼，便不是晁錯一命可抵的了。昔年你在吳，曾教我禮法之道，說荀子曾有一言：『多事而寡功，不可以為治綱紀。』寡人魯鈍，只記得這一句。我看你那聖上，便是個多事之君。諸王歷來守法，不過略多些財賦，聖上便要多事，削藩，削藩，終削出了大事來！至今日，只斬掉一個大臣，便欲平諸侯不服之心，那是萬難！」

「回大王，袁盎在此，也斗膽與大王一爭。削藩之策，乃晁錯一人力

主，朝中諸臣多有異議。晁錯妖言惑主，釀成大禍，主上悔之不及，這才有晁錯朝服被斬之變。今朝廷已不惜顏面，大王便不肯稍作退讓嗎？兩家議和，還四海以安寧，還劉氏以親睦，豈非皆大歡喜？」

「劉氏親睦？你那聖上，與何人能親睦！寡人高帝時封王，又經惠帝、呂后、文帝，前後四朝，均安然無事。獨獨今上一登位，便容不得骨肉，激出這四海沸騰來，真真是個『寡功之君』。可惜文帝大好基業，便要敗在這豎子手中。你袁盎，在這昏君手底下任事，可心服乎？可無憂乎？可保不蹈晁錯前轍乎？寡人深為你憂，你倒為寡人擔憂起來，真個是荒唐亦甚！」

袁盎知吳王意在奪取天下，萬難說服，只得強打起精神，慨然道：「食君之祿，忠君之事，臣昔在吳亦是如此。今上削藩，固是操之過急，然禮教尊卑，自是不可無。臣今日來，奉宗廟社稷之尊，勸大王回歸其位，以保漢家久長；諸王福廕，亦可隨之萬世不竭。臣之赤心，望大王明鑑。」

劉濞聞此言，忽就勃然大怒：「昏話！劉氏家運，焉用你來多嘴？高帝封我疆土，豈是小兒輩想奪便可奪的！你既說尊卑，寡人就來與你論尊卑。你可知：本王隨高帝舉義，那時天下英傑，共尊的是何人？乃是張楚陳勝王。陳勝王曾有豪言：『壯士不死則已，死即舉大名耳，王侯將相寧有種乎！』高帝披甲而戰，方為天子；寡人提劍相隨，方為諸侯。這即是尊，這即是有種，這即是舉大名！不似你等文臣，巧言令色，諂諛傾陷，邀寵而得高位。袁公，袁奉常！莫以為你學了些皮毛，便來教訓寡人。寡人鎧甲上的箭洞，也比你那心竅多。今寡人占地，已有半壁天下；人眾隨我，恐有百萬不止。儼然已成『東帝』，還須再跪拜何人嗎？」

萬騎出征，敵軍潰散魂魄飛

　　袁盎見劉濞發怒，知事不可為，只得嘆息道：「臣下奉詔而來，並無冒犯之意，大王可不必計較。今晁錯死，萬事皆消。臣來議和，確是為大王計，絕無半分惡意。」

　　劉濞拍案而起，厲聲道：「你今來此，便是冒犯！什麼奉常，什麼九卿？若不是寡人連戰皆捷，你袁盎，還不知在何處草野中。朝中多少大事，便是你這等文臣敗壞，今日一謀，明日一計，倒要將那主子弄成昏君了。你既有膽來此，便休想輕易走掉。來人！將此孽臣押下，嚴加看管，待攻入長安之日，再與那昏君一齊發落！」

　　旁側即有郎衛疾奔上來，挾住了袁盎。

　　袁盎掙扎道：「我為來使，既敢來，便無懼生死。臣尊儒，到底不能忘『仁義』二字，昔年與吳王交，感念吳王照拂；今來議和，便是不忍見玉石俱焚。天下英豪，累世不知出了多少，成敗只在一念間。袁某之進退存滅，無足輕重；今日事不能諧，我只為大王惜！」

　　劉濞聽也不聽，只一揮手，便令人將袁盎推出大帳，押往後營去了。

　　待袁盎被押下，劉濞見姪兒劉通臉色慘白，不由一笑：「你怕的甚？便留我軍中，為我效力。寡人到底是你伯父，必不虧待你，豈不遠勝於伺候那昏君？」

　　劉通無奈，只得俯首應諾，任由劉濞擺布。

　　次日，劉濞神思稍定，忽想起袁盎，覺得倒還是個人才，便遣了少將軍桓青，前去勸降。

　　時袁盎正在帳中呆坐，聞聽有人進來，便瞥了一眼，見是一少年將佐，全身披掛，甚是英武。

　　桓青進帳施禮畢，自報家門，說明了吳王勸降之意。

聽罷桓青來意，袁盎動也未動，只憐惜道：「看桓將軍年紀，尚未弱冠，何以竟身陷泥淖？小小年紀，有勇力，可為朝廷效力。名可以上青史，後代可得福蔭，又何必捨身犯險？」

桓青少年氣盛，聞此言血湧上頂，撩開帳門，指向外間道：「袁公請看，我吳楚連營，百里有餘，可望得到盡頭嗎？攻睢陽之聲，在此處也可耳聞。漢家天下，已天傾東南，不日即可見地陷西北。獨木危樓，還撐得了幾日？何人身處險境，何人又足陷泥潭，袁公，你難道就不自知嗎？」

袁盎抬眼望了望，遂解下腰間璽綬，兩手捧起，昂然問道：「小將軍，你可知這是何物？」

桓青輕蔑道：「公是讀書人，一顆印璽，便可換得你良心嗎？」

「非也，這豈止是尋常璽綬！人生在世，立身須有正名，所行應趨大道。山林草野，終是失意者淵藪；燕雀之輩，唯知在低處戀棧。出將入相，擔天下興亡，方為大丈夫堂堂正正之途。為人臣者，所謀為天下，所思為萬世，終不似你家主人所言，但憑諂媚而上位。故而這璽綬，即是正名，即是大道。大丈夫死即死耳，欲令我毀而棄之，離而叛之，賣主以求榮，那是斷乎不能！」

見袁盎正氣凜然，桓青一時驚異，不由得退了兩步，稍定神方道：「袁公迂腐過甚！昔之高帝舉義，沛縣舊部，哪個不是起自草野？天無道，民必反之。芒碭山上，一呼百應，可謂民無道乎？莫忘了，漢家代秦而立，終成正途，方有你君臣榮華。既享了榮華，便不能失公道；今日吳王起東南，便是要討還公道。」

袁盎冷笑一聲：「孺子所見，到底是淺。妄攀高帝，豈非白日說夜

萬騎出征，敵軍潰散魂魄飛

話？今之世道，早已變了！清平之時亂起，百姓所思，豈是有心隨你謀亂？彼輩所願，只是欲保鄉邑，不為亂兵所害。你可知，今吳王裹挾三十萬眾，卻為何屯兵於此，進退不得？這便是世易時移。你個少年，莫要尚在夢中！」

桓青低頭想想，知袁盎意已決，僅憑口舌之利來勸降，全無用處，只得拱手道：「久聞袁公大名，今日方知，此絕非虛名。你我各為其主，望公珍重。我也是甚為袁公惜，不忍見玉石俱焚！」言畢，便頭也不回，退出了帳去。

桓青返回大帳覆命，劉濞聞聽袁盎死不肯降，罵了一句：「犬羊輩，豈可救乎？我這便成全他！」於是，命桓青帶五百兵卒，將後營袁盎居處圍住，勿使脫逃。明晨即押來陣前，斬首祭旗。

那桓青聞命，臉色便一白，不得已領了命，即去點了五百兵卒，將袁盎所在軍帳團團圍住。

時已入春二月，夜來春雨連綿，寒氣入骨。那五百兵卒在雨中看守，無不埋怨，只得各自尋了些穀草、樹枝，搭起窩棚過夜。

袁盎到帳外小解，見四周坐滿帶甲兵卒，不禁大吃一驚，知事情不妙。再看帳外有光亮處，桓青正按劍肅立，任由雨淋，顯是此處帶兵之將。

袁盎心中一動，便招呼道：「桓將軍，冷雨不饒人，可來帳中歇息。雖王命在身，冷暖還需自知。」

那桓青回首望望，只一抬手，指指天，卻並不答話。

袁盎便一驚，忙退回帳中坐下，抱膝沉思。桓青到底是少年，城府不深，看那神情，大限之期或就在明晨。那吳王性易怒，反覆無常。方

才拒降惹惱了他,明日開刀問斬,要拿自己這漢使祭旗,也未可知。

袁盎再看帳中物什,並無趁手之物,當不得兵器。就算手中有兵器,帳外有五百軍卒圍困,即是項羽再生,也勢難衝殺出去。莫不成,自家性命將交付於此?想自己半生蹭蹬,方任九卿,便要命赴黃泉,真乃奇哉冤也。

如此呆坐至深夜,仍無睡意,心中只想道:悔不該日前獻計,斬了晁錯,連累自家也要送命,這又何苦!

胡思亂想間,袁盎忍不住伏案打盹。恍惚中,忽見晁錯渾身血汙,橫眉立目,伸手前來索命……

袁盎渾身一激,驚醒過來,方知是個噩夢。正懊悔間,忽聞帳後窸窣有聲,回首看去,見有一黑衣軍吏,正自帳底下鑽入。

袁盎正要喝問,只聽那人低聲道:「袁公收聲,下官來救你!」

來人身手敏捷,鑽入帳內,納頭便拜:「今袁公不肯降,惹吳王發怒,議定於明日問斬。公若此時不走,命將不保矣!」

袁盎借燭光看去,來人似曾相識,卻想不起是何人,於是便問:「你是何人,緣何要救我?」

「下官名喚欒巴。袁公昔在吳為相,我為從史,一時情迷,與公之侍妾李氏有染。公察之,非但未治罪,反倒為我隱惡,待我如初。下官未及報恩,袁公便罷相而去,焉能不抱憾!今聞袁公受困,特來救之。」

袁盎這才想起此人,忙將欒巴扶起,苦笑道:「不期在此遇故人!往事恩怨,不提也罷。今袁某被厄,甲士圍困數重,便是插翅也難逃,欒君如何能救我?」

那欒巴容色凜然道:「我非俠士,然卻知尚義,袁公請勿疑我。我今

萬騎出征，敵軍潰散魂魄飛

為軍司馬[20]，為吳將田祿伯帳下屬官。白日受差遣，前來圍守袁公，我便使了心思，典盡家中值錢衣物，換得錢五貫，沽了好酒百壇，分與眾軍。兵卒酣飲罷，今已各個醉倒，不省人事，連那少將軍也爛醉如泥。天予良機，袁公請速隨我走。」

袁盎一喜，卻立時又轉憂：「不妥！我知你上有尊親，後又娶了李氏。萬一事洩，這一門家小，如何受得起牽連？」

「公請放心。小臣既有此心，於諸事也早已料到，當有處置。即便事洩，我自會脫逃，這叛官不做也罷。」

袁盎感激於衷，猛然跪下一拜：「欒君救命之恩，此生誓不忘。」

欒巴忙將袁盎拽起：「此是何時？容不得袁公斯文了！」便指一指帳後道，「帳前有守卒，恐易驚動，請公自帳後出。」

袁盎便猶豫：「自這泥水中爬出嗎？」

欒巴也不答話，掣出短刀來，將帳幕割開一條縫，閃身便鑽出，招呼道：「袁公快走！」

袁盎回望一眼，急摘下杖頭的節氂[21]，揣入懷中，這才躡足鑽出軍帳，見兵卒果然都在棚中酣睡。

往時袁盎在隴西，曾受命治軍，頗知兵事，此刻見吳楚大營治軍謹嚴，尤以吳營為甚，心中就嘆：「吳楚軍中，到底是臥虎藏龍，無怪出兵方半月餘，就攪翻了半個天下！」

營中燈火，此時多被澆滅，暗夜裡望去，軍帳竟似一座座墳丘。營地內泥濘，溼滑難行，袁盎跌倒又爬起，暗自苦笑道：「不料此生，竟做了回盜墓賊！」

---

[20] 軍司馬，漢代軍官名，大將軍麾下屬官。大將軍營分五部，每部設一校尉、一軍司馬。
[21] 節氂，節杖上所綴的氂牛尾飾物。

那欒巴卻是熟悉道路，雖無燈籠，也能揀得暢通處走。兩人三拐兩拐，避開他人眼目，竟潛出了五百人的重圍，來至軍營邊緣處。

其時雨勢愈急，欒巴將袁盎帶至一路口，悄聲問道：「袁公可辨出腳下這路嗎？」袁盎低頭看看，答道：「可辨。」

欒巴便一指前方：「那即是北，直行數十里，可至睢陽城下。今夜雨大，吳楚營並無巡哨，公請速行。」

袁盎正要拜別，欒巴又伸手去懷中摸出一雙木屐來：「路滑難行，公之鞋履怕早已甩丟，將這個穿上便好。」

袁盎再三謝過，方穿上木屐，冒雨踉蹌前行。又不知走了多少時辰，終捱到睢陽南門下。待過了城壕，渾身泥汙，已渾不似人形，只顧急呼開門。

喊了一會兒，城上有人發問道：「來者何人？」

袁盎答：「漢九卿奉常袁盎，奉詔出使，快放我進去！」

城上遂挑起一串更燈，猶豫多時，才回道：「如何知你是朝使？」

「我有天子所賜節氂、璽綬。」

過了片刻，城上放下一個筐籃來。袁盎會意，拿出節氂、璽綬來，放在筐內。城上兵卒便將筐籃拽起。

又候了一時，只聞城上有人呼道：「吾乃梁大將軍韓安國，袁公辛苦！然城門不便大開，請公乘筐籃上來。」

說著，方才的筐籃又拋了下來。袁盎遲疑道：「繩索可牢乎？」韓安國便笑道．「我軍細作，夜夜乘此筐籃上下，公可勿疑。」袁盎這才邁入筐籃中，任由城上軍卒緩緩拽起。

上得城頭，軍卒將袁盎扶出。韓安國搶前一步，執袁盎之手，不禁

萬騎出征，敵軍潰散魂魄飛

熱淚奪眶：「終可見朝中漢官了！」

袁盎看城頭眾將士，如逢親人，也難抑雙淚直流：「袁某此行，遭遇九死，今終得一生。」

韓安國便道：「下官已通報梁王。請袁公下城，沐浴更衣，這便去見梁王。」袁盎唏噓不已，連連謝過，隨韓安國下了城樓不提。

此番使命未遂，反倒受了驚嚇，袁盎甚覺沮喪。又在睢陽盤桓多日，才隨細作潛出城去，回朝銷差。

當此關外紛亂之際，景帝在未央宮內，卻似坐觀棋局，每日久坐輿圖之前，動也不動。

日前他遣了袁盎入梁，與吳楚求和，只想那七國所恨者，無非一個晁錯，料定吳王劉濞能應允息兵。如今晁錯已斬，又折節遣使求和，吳王的面子已然給足，若不息兵，他又所圖何為？

於是，前面袁盎一走，景帝便立遣朝使，急赴周亞夫軍前，傳令緩進，靜候袁盎消息。

那周亞夫雖早已離京，卻是常有斥候往來長安，朝中變故，亦略知大概。聞聽晁錯被斬，心中就大不以為然：「聖上行事，如何便是一個急！」

見了朝中使者，知主上傳詔緩進，倒也正合心意。於是在洛陽逡巡數日，又轉進至昌邑，紮營不動了。一面便遣使返長安，上稟軍情。

長安這邊廂，景帝翹首候了多日，未聞袁盎有消息來，只等到了周亞夫所遣使者鄧公。

這位鄧公，是個文武兼備之才，原在宮內任謁者僕射，掌管諸謁者事，為內朝官中的顯要之職。

日前聞討賊詔下，鄧公不由心癢，便自請赴軍前立功，得了景帝允准，便去了周亞夫帳下為校尉，親率勁旅一部。

　　在洛陽大營，鄧公聞聽晁錯被斬，也是脫口驚道：「大軍方行，如何先折自家威風？」遂與周亞夫議起此事，嘆息了良久。

　　這日景帝聞鄧公返歸，急忙宣進，劈面就笑道：「往日見你，只是個夫子，不信你還習兵事。今日見你披甲，才知埋沒你了多年。」

　　鄧公連忙稱謝，將周亞夫在昌邑築壘事，詳述一遍。

　　景帝不明築壘的奧妙何在，並未留意，只知周亞夫未動，便放下心來，又問道：「鄧公自軍前來，可知吳王動靜？今晁錯已死，吳楚可有退兵之意？」

　　鄧公坦然答道：「吳王存謀反之心，已有數十載。借削地而起，以誅晁錯為名，其意不在晁錯也。今晁錯竟然被誅，臣只恐天下之士，從此將緘口不敢言了。」

　　「為何呢？」

　　「晁錯言削藩，實是唯恐諸侯尾大不掉，故請削之，以尊朝廷，此為萬世之利也。今計劃始行，未等見效，獻計者反受大戮，令親痛仇快。竟是何人出此策？陛下又為何聽之？此舉，實是內絕忠臣之口，外為諸侯報仇，微臣萬萬不能苟同。」

　　幾日來，景帝久候袁盎消息不至，已料想吳王退兵恐為不易，此刻聞鄧公之言，不禁喟然嘆道：「公說得對，我亦甚悔之。」

　　鄧公便伏地，久久不怕起頭。

　　景帝忙問道：「公還有何事？」

　　只見鄧公抬起頭來，已是淚流如雨，哀戚道：「只可惜了晁錯！」

> 萬騎出征，敵軍潰散魂魄飛

景帝也覺難過，忙扶起鄧公，面色黯然道：「朕已知錯，……晁錯諸姪輩中，有未獲刑者，我將善待之。朕已知鄧公見識，非比尋常，請速返軍前，告知太尉：吳王狡詐，不可望其罷兵；即可伺機進兵，毋庸遲疑。日前城陽（今屬山東省青島市）中尉領兵不力，為吳軍所破。鄧公既願掌兵，便委你為城陽中尉，事平後，赴琅琊郡便是。」

聞景帝如此說，鄧公方才謝恩退下。

說到這位鄧公，乃是成固縣（今屬陝西省）人，秉性穩健，多奇計。赴城陽十數年後免官，歸家閒居，後武帝時招賢良，滿朝公卿皆推此人，竟自家中一躍而成九卿。

送走鄧公，景帝不免鬱悶，覺文士若辯才太過，亦不可信。正巧此時，袁盎自梁地奔回，告以吳王不肯罷兵。又將吳王逼降始末，細述了一遍。

景帝頹然倚於几案，擺擺手道：「公曾言之鑿鑿，但誅晁錯，一切便可煙消，今日又何如？」

袁盎無以辯白，只得連連叩首道：「臣魯鈍。臣之識見，止此而已。」

景帝正要發作，忽想起袁盎當日，確乎說過此計須「熟慮」；且誅晁錯事，終是自己決斷，怨不得他人。又念及袁盎抵死不降，究屬忠勇，便不忍加罪，只淡淡道：「袁公此去，怕是受了些驚嚇。且去歇幾日，便往奉常府就任吧。」

袁盎此人，素不好學，然為人慷慨，又知見機行事。前朝時，適逢文帝初立，亟須人才，故而頗得志。至景帝即位，時勢已易，袁盎仍欲以辯才求上進，便不逢時了，終究是曇花一現。

當此際，周亞夫駐在昌邑壁壘，觀望不進。吳楚軍見良機難得，便

圍攻睢陽甚急。未央宮中，梁王告急文書竟是無一日不至，言辭懇切，又痛詆周亞夫見死不救。

景帝看得頭皮發緊，唯恐睢陽有失，當即傳詔軍前，令周亞夫立發大軍救梁王。

如是，昌邑壁壘中，隔日便有詔令至。周亞夫覽畢，也略感不安，便問計於趙涉。

趙涉道：「將軍若擊吳楚，則吳楚軍尚有餘糧，可堪一戰，勝負便難料。待捱過旬日，吳楚軍糧不足，其飢疲之師，便不足為將軍之敵，又何必急在這幾日？」

「詔旨迭至催發，為將在外，終究於心不安。奈何？」

「將軍勿疑。《孫子兵法》有言，『不知軍之不可以進，而謂之進』，乃是君主之誤，不必理會就是。」

周亞夫聞此言，正合心意，便將詔令置於一旁，拒絕奉詔。每日只顧巡視，堅壁不出。

這便苦了睢陽守軍，連日激戰，城頭死傷枕藉。慘烈之狀，為人間所罕見。

梁王劉武如坐火爐，親擬求告信，遣人赴滎陽大營。而後，便日日盼援軍早來。聞聽周亞夫軍竟繞城而去，駐在昌邑不動，不禁大怒，立召韓安國來問：「韓公，不知那周亞夫究是何意，如何能見死不救？」

韓安國沉吟片刻，方道：「以臣下猜測，太尉不欲與吳楚決戰，乃是勝負難料。」劉武便怒道：「他手握重兵，尚不敢戰；我這裡老弱殘卒，如何就能守？」

「太尉豈能不欲救我？睢陽深陷重圍，太尉在昌邑，我兵民尚有倚

賴。若太尉一戰而不能勝，則人心離散，城亦必破⋯⋯」

「焉有此理！他不來救，我這裡倒要先破了。以我孱弱之師，與吳楚強軍激戰，待兩軍皆疲，他再來收拾，這買賣倒是做得巧。」

韓安國連忙勸道：「大王息怒。而今睢陽之勢，危在旦夕，不如遣細作出城，直赴太后處告急。」

劉武嘆息一聲：「也只能如此了。想那公孫詭前日占卜，言有喜事來，卻是凶信，只緣位置不當。今日看來，這天下之大，唯有睢陽一城，獨當賊勢，確乎是霉運。」

這日，景帝正高坐前殿，與陶青、張歐、周文仁議事，忽聞謁者來報：「太后駕到——」

抬頭看去，只見竇太后已乘軟輦，來至階下。景帝慌忙離座，趨至殿口，邊扶竇太后下輦，邊問道：「太后行走不便，如何要來此？有事可喚兒臣過去。」

竇太后並不答話，緩緩行至龍床邊，摸一摸，便咚一聲坐下。抬眼望望，問道：「這三四人，是些何人？」

陶青等人連忙報上姓名。

竇太后便冷笑：「原來皆是國之重臣！爾等好清閒，端坐殿中，便可退敵嗎？」又轉頭望住周文仁道，「你個少年郎，管好宮禁兵衛便好。整日賴在這裡，可有退敵良策嗎？」

聞太后言語不善，景帝連忙朝三人使眼色。陶青等三人會意，便都起身告退。

竇太后這才緩緩道：「啟兒，你坐下。我這老嫗，老得有些昏了，有一筆帳目算不清楚，你與我算一算。」

景帝硬著頭皮答道：「兒臣聽著。」

「那太尉周亞夫、大將軍竇嬰，帶了四路人馬出去，攏共有多少人？」

「計有四十萬兵馬。」

「你給我算，那睢陽有民戶多少？」「不足十萬人口。」

「著呀！四十萬堂堂之兵，如何救不了十萬百姓？四個挾一個，拖也拖了出來。那周亞夫，如何卻遁去了昌邑，可是你下的諭令？」

「太尉在外，兒臣允他便宜行事。」

竇太后怔了一怔，忽就大哭起來：「你這等君臣，如何還能救睢陽！什麼便宜行事，莫不是……你樂見睢陽城破，教那吳王捉了武兒去砍頭？」

景帝臉一白，連忙伏地叩頭道：「兒臣怎敢？」

竇太后便拭淚道：「既如此，這便換帥！你教陶青親赴昌邑，召周亞夫回朝，令竇嬰接任太尉，立救睢陽。」

景帝聞言大急，挺直身道：「嚴督周亞夫，可矣；臨陣換帥，則萬萬不能！父皇臨終有囑：即有緩急，周亞夫可將兵。今吳楚猖獗，軍中事輕率不得。兒臣這便擬嚴旨一道，令周亞夫立解睢陽之圍。」

竇太后便又哭道：「啟兒用人，真是沒長眼睛！看你這一文一武，是如何閉目選的？先有晁錯，逼反了諸侯；後又有周亞夫，坐視不救梁王。此二人位極人臣，究竟還要做何想？為母今日來，便不欲再走。哀家要在此看你，何時也斬了那周亞夫！」

景帝無奈，只得溫言相勸多時，才將竇太后哄得回了長樂宮。當下，又親擬詔令一道，令周亞夫不得避戰，提兵立救睢陽。

此令，遣使以六百里流星快馬，飛遞昌邑。那朝使奉詔，風塵僕僕

萬騎出征，敵軍潰散魂魄飛

進了壁壘，宣讀罷，即交與周亞夫道：「天子有令，太尉接旨後，須有回話。」

周亞夫接過，置於案頭，便注目使者良久，忽就緩緩答道：「將在外，君命有所不受。」

朝使不由目瞪口呆：「下臣可如此覆命嗎？」

周亞夫只微微一笑：「可矣。」

朝使便似僵住，呆了呆，方回過神來，匆匆別過，回朝覆命去了。

那邊睢陽城內，兵民日夜望王師至，卻是杳無音訊。梁王劉武便恨恨道：「周亞夫居然敢抗命，天子、太后全不在他眼中！今不來救，便是要我死！」

韓安國連忙勸道：「大王，事已至此，怨也無用。今兵民士氣正旺，吳楚糧道又絕，事或有轉機。」

張羽也道：「城上兵民雖疲，敵愾同仇卻如故。今臣已遍告三老，發婦孺上城助守。民不畏死，天神亦不能奈何。況乎吳王勢已盡，吾不信太尉仍擁兵不發。」

劉武瞥了張羽一眼，仍恨道：「發或不發，我與此豎，此後將不共戴天！」韓安國、張羽隨即上城，四處激勵，遍告兵民：吳王糧道已絕，退兵在即。

闔城兵民聞之，士氣倍增，遂將家中石磨、水缸搬上城頭，充作滾木礌石。吳楚軍屢登城頭，屢被殺退，直殺得血流成河，屍積如山。

如此，吳楚軍攻了兩日，已漸漸乏糧。兼之兵卒見死傷甚多，士氣亦漸消，多露畏戰之色。

劉濞見此，不禁頹然，在帳中與劉戊商議，嘆息道：「如今糧絕，又

屯兵於睢陽城下，竟成了涸轍之鮒。悔不當初，未納田祿伯、桓青之計輕兵疾進，否則，今日恐早已入武關了。」

劉戊道：「伯父莫憂。周亞夫到底未敢接戰，足見漢軍孱弱。今糧道斷絕，禍根在昌邑壁壘。我軍不如轉進昌邑，襲破壁壘，則漢軍精銳全失，我糧道亦可打通。」

「原料想，睢陽三日可下，卻不知自何處，冒出個韓安國來，實乃大不幸。」

「伯父，河水不可倒流，今日陣前，亦絕非感傷之地。且下令便是，棄睢陽，往昌邑去攻周亞夫。」

劉濞想想，也無他法，只得橫下心來：「也罷，便教那周亞夫，也嘗嘗寡人手段！寡人這就率吳軍往昌邑，你且留下，困住睢陽，勿使梁王脫逃。」

次日，楚軍八萬人留在城下，只在營中擂鼓，虛張聲勢。吳軍則拔營而起，急奔東北，一晝夜間，便進至下邑（今安徽省碭山縣）安營。

吳軍二十餘萬，飢腸轆轆，連半日也等不得了，輪番前往漢軍壁壘下，叫罵搦戰。但見那壁壘上旗幟嚴整，卻是人影全無。

劉濞見漢軍堅守不出，知周亞夫有心延挨，專等吳楚軍糧盡，心頭便恨極。於是乘戎車馳出陣前，向壁壘上大呼道：「漢太尉周亞夫，莫非要遁地而逃？大丈夫領兵，自應陣前見高低，卻為何閉門不出？既是王師，膽量又何在？當年討英布，寡人曾與令尊同行。卻未料，你這將門之子，實是辱沒了祖宗。」

叫罵半晌，壁上卻似無人一般，少將軍桓青便驅車上來，向劉濞道：「大王，他只是不出，叫罵有何用？不如攻之。」

萬騎出征，敵軍潰散魂魄飛

劉濞便搖頭道：「不可。此壁乃是精心築成，守軍又為近畿精銳，非睢陽之兵可比。我軍飢疲多日，如何能強攻得下？」

正在此時，忽聞壁上有鑼聲響起，一兵卒立起身來，揮臂高呼道：「吳王聽著，可識得此二字否？」

劉濞、桓青忙循聲看去，只見壁上冒出兩隊兵卒來，各執長戟，分左右緩緩行走，一字排開。待兵卒立定，中間便豎起一木牌，上書斗大的兩個字——「免戰」。

劉濞一見，氣得七竅生煙，手指壁上道：「周亞夫小兒，你老父為圖私利，扶旁枝為帝，可曾有好結局？你今日又為昏君賣命，若落得個全屍，也算是上天眷顧。三日之內，寡人必破此壁。」

如此又叫罵了兩日，壁壘只是巋然不動。逢到朝夕兩餐，漢軍又故意在壁上開飯，陣陣香氣，直誘得吳軍垂涎三尺。

當夜，漢軍為防叛軍來襲，都枕戈待旦。不想，半夜裡有人夢囈，大呼「吳軍來了」，竟引發了炸營。

夜間無燈，各營疑是來敵，自相格鬥，兵戈聲四處可聞，有互攻者竟奔至周亞夫帳下。周亞夫驚醒，急問左右衛卒何事，衛卒答道：「疑是賊軍已攻入。」

周亞夫側耳聽聽，笑道：「斷無此事！營嘯而已。且傳令，勿自相驚擾，違者立斬。」終是臥床未起。

少頃，便有衛卒來報：「各營已安，果然就是營嘯。」

周亞夫笑笑，擺手道：「小兒輩，何曾見過世面？」遂翻身臥好，接著又睡。眾軍見周亞夫安如泰山，都暗自咂舌，軍心隨之大定。

數日後，又是夜深時，忽有壁上巡哨來報：吳軍大股人馬，奔來壁

壘東南角下，似有異動。

周亞夫連忙披甲，喚了護軍趙涉，提了燈籠，一同登上壁壘。果然聽見下面人馬雜遝，左右馳突。周亞夫又凝神聽了片刻，忽而就一笑：「欲攻東南壁乎，何以如此聲張？」

趙涉會意，也一笑，伸手指了指西北。

周亞夫頷首道：「料定他是如此！」便傳下令去，令壁壘西北角嚴加防守，張弓以待。

果不其然，無多時，便有大股吳軍精銳，殺奔壁壘西北角，搭起雲梯，攀登如蟻。

西北角壁上，守壘漢軍早有防備。見吳軍蜂擁攀上，一陣鼓響，便有無數燈盞，驟然點亮，隨後即萬箭齊發。那近畿兵的弓弩手，所用皆是強弓勁弩，弓弦響處，箭無虛發。

吳軍登梯到半途，恰被燈盞照亮，只白白做了漢軍的箭靶，轉眼便失足墜落，一片慘呼聲。

直廝殺到半夜，吳軍仍寸步難進，死傷徒填溝壑。看看破壁無望，只得收兵，退回了下邑營寨。

周亞夫在壁上看得清楚，立召來三十六將，向南一指道：「賊軍已退，明日可再來否？」

諸將七嘴八舌，所見不一，皆不能斷定。

周亞夫斷然道：「自今夜起，神鬼也不敢來攻！方才聞賊軍夜襲，殺聲不振，顯是疲憊已甚，其絕糧之日，當不久矣。他三十萬兵無糧無草，進退失據，再有一月餘，勢必引軍而還。」

諸將中便有人問：「莫非我軍一箭不放，便罷戰了？」

155

萬騎出征，敵軍潰散魂魄飛

「豈有這等便宜事？兵法所謂『擊其惰歸』，何謂惰歸？尚不是此時。我軍蓄銳半月，所望者何？亦不是此時。各營且去歇息，不得擅動。欲擒吳王，諸君急不得！」

諸將固守多日，實不耐煩，只疑心周亞夫無謀，皆盼能早日殺出去。聞周亞夫出此言，都半信半疑。

周亞夫見諸將疑惑，忍不住笑道：「諸君疑什麼？以今夜之事看，我與吳王，即可見出高下！」

＊　＊　＊

冬末淮泗間，寒風掃過，遍野一片荒蕪。除殘枝敗葉而外，難見一片綠意。吳軍偷襲漢營不成，敗歸下邑，蜷縮兩日，全軍飢餓難耐。值此季節，欲食野菜充飢而不能，只得徒喚奈何。

這夜，吳軍大營正沉寂間，忽喧聲大起。滿營兵卒衣袍未披，狼狽奔走，皆呼道：「有漢軍劫營！」

吳王劉濞被驚起，不由怒道：「三十萬軍在此，周亞夫敢來乎？」便嚴令各營不得慌張，全力將漢軍逐出。

眾軍驚魂甫定，紛紛拿起矛戟，向黑影奔竄處圍攏。卻見那劫營漢軍甚少，僅十餘騎往來奔突。眾卒這才定下心來，蜂擁上前，拚死砍殺一陣，將小股漢軍殺散。

這一彪騎兵，敢違周亞夫禁令，卻是來自何方？原來，其為首者，名喚灌夫，亦為漢初一奇人。

灌夫乃潁陰人氏，與名將灌嬰為同鄉。其父原名張孟，早年為灌嬰舍人，得灌嬰寵信，官至二千石。張孟念灌嬰之恩，便改姓灌，從此名曰灌孟。吳楚亂起，灌孟為周亞夫軍前校尉，率其子灌夫及家奴、部曲

千人,隨軍出戰。

時灌孟已年邁,卻勇猛過人,凡有吳軍來攻處,無不奮身而上,似是唯求一死。未過幾日,果然戰歿於壁壘上。

按漢法,父子俱在軍中,若死一人,另一人便可歸喪。然灌夫見父死,卻不肯歸喪,憤然道:「願取吳王或將軍頭,以報父仇!」

當夜,便披甲執戟,率了家奴,又募部曲壯士數十人,擬夜襲吳營。不料才出壁壘門,眾壯士便膽怯,不敢前行,僅有兩人與家奴十餘人願相從。

灌夫回首看看,蔑然叱道:「匹夫臨戰,豈可效螻蟻惜命?」便率所餘十數人,趁夜馳驅,突入吳營中。

暗夜中一番廝殺,吳軍猝不及防,死傷數十人。後灌夫見吳軍驚起,越聚越多,勢不能進,只得大喝一聲:「猛士灌夫,明夜將再來!」方才奮力殺出,退回壁壘。

再看身邊隨從,僅餘一壯士歸來,其餘皆戰死。此戰,灌夫身上被創十餘處,幸得隨身帶有萬金良藥,塗抹傷處,方得不死。

諸將見灌夫勇猛,無不讚之,譽其為天下猛士,唯恐他有閃失,連忙稟報了周亞夫。周亞夫聞知,亦甚惜之,當即召見灌夫,不准他再去偷營。

經此一戰,灌夫勇悍之名,立時傳遍天下。

吳營那一邊,遭灌夫十餘人偷襲,便險些潰散。劉濞事後聞報,不由沮喪,心中人起懼意。

又隔了兩日,田祿伯、桓青兩將,接連奔入劉濞大帳告急,稱軍中幾近糧絕,若再捱上數日,士卒難免要譁變。

萬騎出征，敵軍潰散魂魄飛

　　劉濞正獨坐帳中，埋頭飲酒，見兩將來，便苦笑道：「二公請坐，且與我同飲。」田祿伯、桓青憂心忡忡，哪有心思飲酒，都直直望住劉濞。

　　劉濞面色黯然，嘆息道：「寡人聰明一世，悔不當初，未納二公高明之計，以輕兵西進為上。此次舉兵，先不能拔睢陽，後又未料糧道被斷，致使師出而無功。如今局面，趙王只屯兵不進；齊諸王那裡，為韓頹當軍所隔，音信全無。我若捨睢陽而西進，則周亞夫必將斷我後路。不想天下之大，竟是進退不得了！」

　　田祿伯道：「大王，我軍興兵，天下震動，漢軍迄今畏戰不出，不可謂無功。」

　　桓青也附和道：「大將軍所言不謬。那晁錯，終究是死於『清君側』，大仇已得報。」

　　劉濞卻仍是沮喪：「日前，若允了袁盎和議，諸侯可保半壁河山。今日草草收兵，則後事未可料也。」

　　田祿伯連忙勸道：「不然。吳楚兩國，分毫未損，趙與諸齊，也正與漢軍僵持。我若退兵，與諸侯聯兵自保，漢軍也未必敢犯境。」

　　劉濞望望二人，幾欲淚下：「若此，寡人一世英名，將為天下笑了。」

　　桓青耐不住，霍地起身，神色悽然道：「大王，我軍已餓極，士卒無力持戟。若再不退兵，三十萬吳下子弟，必將死無葬所！」

　　劉濞手持酒杯，待了片刻，仰頭一飲而盡，方才道：「少將軍說得好。退兵，今日便退兵！南渡睢水，直奔我廣陵。田將軍，你去發令吧，全軍即刻拔營，趁夜南奔。」

　　田祿伯一怔：「楚王那邊，又何如？」

「顧不得他了！遣人飛報楚王，他當自知退兵。回了封國，身家性命都可保。」

兩將領命，便退出大帳去傳令，不消片刻工夫，消息傳遍。士卒們聞聲而起，拔旗收帳，頓時亂作一團。

至入夜時分，一陣鼓響，營門立時四開，數十萬吳軍捲旗曳戟，草草成伍，一派狼狽向南奔去。路上士卒餓極，見有田舍人家，不由分說，便將糧穀、禽畜搶掠一空，好歹飽餐一回。

如此奔行兩日，渡過睢水，大隊來至四川郡（今安徽省宿州市）地面。此地雖是漢家郡縣，卻離吳地已不遠，前面渡過淮水，便是吳國東海郡。

劉濞立於戎車上，回頭望望，見大隊兵卒面有飢色、盔甲不整，心中倍覺蒼涼。看看日已偏西，便欲覓地安營，想早些歇息，明日也好打起精神來渡淮水。

正朝四面張望時，忽見後軍起了騷動，遠處塵頭大起，一片喧聲。劉濞一驚：「莫非漢郡兵截擊？」

田祿伯便道：「有桓青殿軍於後，諒無大事。臣這便去查看，大王請先行，稍後再安營不遲。」說罷便驅車掉頭，往後軍馳去。

戎車逆人群而行數里，田祿伯方察覺不對，但見遠處煙塵中，有一彪紅旗紅衣馬軍，正呼嘯奔馳而來。

後軍士卒登時大亂，紛紛驚呼：「漢軍來了！」

原是周亞大聞吳軍遁走，立遣驍騎都尉李廣等五將，率車騎五萬餘人，躡蹤追擊。五將率眾追了兩日，終在淮水之北，望見前面有吳軍，便下令追殺。

萬騎出征，敵軍潰散魂魄飛

若在平常，吳軍尚屬訓練有素，以盾牌護身、長戟向外，全不懼馬軍輪番衝陣，然此刻卻是惰歸之時，人馬皆疲累不堪，冷不防有漢馬軍殺來，哪裡還有鬥志。

田祿伯手搭涼棚遠望，斜陽下，但見漢軍為首五騎將，策馬衝在前頭，如船首破浪。為首一員騎將，虎背熊腰，虯髯滿腮，手中紅旗獵獵作響，如同天神飛降。

眾漢軍各個玄甲紅衣，馬蹄翻飛，好似鐵流自洪爐中湧出。漢軍此時，已盛行安全帽上簪纓。遠望之，千萬簇紅纓隨風飄拂，如烈焰騰起，漫山遍野，一派熾烈。

吳軍後隊猝不及防，發一聲喊，立時四散崩解，將那旗甲棄了一地。眨眼間，亂軍便將田祿伯裹挾而去。

唯有少將軍桓青，此時立於戎車上，揮戟喝止；然人喊馬嘶，哪裡還能禁制得住。回望身邊，尚有千餘甲士未逃，便命眾卒圍攏，挺戟朝外，要與漢馬軍殊死一戰。

那李廣一騎當先，飛馳而至，拋下旗幟，掣出一張強弓來，彎弓搭箭，向桓青喝道：「少年得志，奈何投賊乎？若降了，便饒你性命。」

桓青橫戟挺立，不為所動，昂然答道：「我堂堂吳將，不知世上還有個降字！」

李廣張弓欲射，然心中畢竟不忍，於是又勸：「少年死國可矣，奈何要殉那逆賊？」

桓青戟指李廣道：「忠君之事，我自是不悔；不似你漢家君臣，做事鬼祟。前日搦戰，你主人畏戰不出，此刻卻來擊我惰歸。如此鬼祟，還與我談什麼家國？自高后以來，你家君臣，何曾做過一件磊落事？」

李廣便仰頭大笑：「你主公於密室謀叛，糾合徒眾，攻我之不備，又是哪家的磊落？太尉堂堂正正領兵討伐，欲擒吳王，等的便是此時！你等狂徒，行不義，謀不精，還怪得了誰人嗎？」

　　正說話間，後面漢軍騎士蜂擁而來，如赤潮漫野，將桓青人馬團團圍住，各個拉滿弓弦。

　　桓青見不可逃，朝天揖了一揖，挺戟昂然道：「漢家賊臣，今日你我之間，便做個了結吧！」

　　李廣見桓青不降，怒喝一聲：「豎子！清平之世，只你等冥頑之徒，嗜好殺戮。你既欲了結，我便遂了你心願。」說著弓弦一響，一支羽箭呼嘯飛出，直穿透桓青前心後背！

　　那桓青中箭，卻兀自挺立不倒，橫戟怒視李廣。周圍吳兵見此，都不禁大放悲聲，挺戟向四面衝出。眾漢軍當即一陣齊射，吳兵便紛紛翻倒。桓青身上，轉眼間中箭如蝟，終於一頭栽倒。

　　李廣看也不去看，只攘臂呼道：「兒郎們，天色將暮，勿使吳軍逃脫。」

　　漢軍大隊車騎，此時源源不絕奔至。聞令即分出左右兩隊來，三路並進，馳騁追擊。暮色中，凡見徒步奔跑者，便是一番刀矛齊下，趕羊般追殺了十數里，直殺得哀聲動地、血沃阡陌。

　　淮上平野，正值暮氣蕭瑟，四處可見潰軍狼奔，人馬踐踏，死傷不可計數。可憐那大將軍田祿伯，為潰軍所裹挾，忽就身中流矢，一個趔趄跌下車夫，竟為亂兵活活踩死。

　　劉濞此時前行已遠，見勢頭不好，倉皇點起身邊三千壯士，亂鞭催馬，棄軍而逃。

161

萬騎出征，敵軍潰散魂魄飛

　　主帥既逃，眾吳軍更無主張，頓時哭聲盈野。李廣親率一隊騎士，突入吳潰軍之中，見「清君側」大纛尚在飄搖，便上前殺散殘卒，砍倒旗桿，向四面大呼：「吳王已逃，降者免死！」

　　待到漫天星斗時，吳軍盡已伏地求降。僅有數千殘卒，趁夜四散，各求生路去了。

　　李廣率部左右馳驅，唯不見吳王蹤跡，於是勒馬南望，冷笑道：「今日且清點降兵，明日再追。吳王他逃得了下邑，卻逃不脫廣陵。」

　　當夜，淮上一帶寒意入骨，田野間篝火點點。李廣與諸將圍坐烤火，毫無睡意。李廣抬頭望望，見夜空寥廓，便笑對諸將道：「從軍以來，痛快無如今夜。」

　　諸將中有人問道：「李廣兄膽量了得！匹馬當先，便不怕陷於敵陣嗎？」李廣吩咐左右，遞上酒囊來，笑道：「有酒，便有我命在，何懼敵多？」

　　此時又有人問道：「李廣兄今日功高，不知聖上能有何賞？」

　　李廣自負一笑：「大丈夫生不逢時，縱有一身武藝，也全無用。來日，或當有幸痛擊匈奴！」

　　此時殘月已出，遍野殘旗斷戟，如枯木支離。李廣捧起酒囊，為諸將逐個斟酒，慨然激勵道：「一朝從軍，生死便交與天；今日尚未死，諸君便只管豪飲。」

　　諸將當即紛紛舉杯，一陣喧騰，繼而歌之舞之，歡喜異常。其時，遠近隱隱哀哭之聲，已全然淹沒不聞。

　　當夜，漢馬軍忙碌一整夜，至天明，清點出斬吳軍之首十萬餘、俘獲不下十五萬。吳王當初帶出的人馬，除死傷逃散者，盡都降了。驍將

李廣，由此一戰而成名。

這位李廣，乃是隴西成紀（今甘肅省秦安縣）人氏。其先祖李信，戰國末為秦將，曾率秦軍攻燕國，追殺燕太子丹於遼東。

李廣家族，世代善騎射。文帝十四年時，匈奴大舉入蕭關，李廣以良家子身分從軍，因善射，殺敵甚多。後為文帝侍從，任散騎常侍，幾次隨文帝射獵，力壯能格殺猛獸。文帝見了，讚賞有加，曾慨嘆道：「惜乎李廣，生不逢時，若在高帝時，封萬戶侯有何難哉！」

待到次日晨，李廣又率精銳一部，循蹤窮追。連渡江淮天塹，兵鋒凌厲，直接殺進了吳國地面，如入無人之境。

聞聽吳王率殘部奔入丹徒（今屬江蘇省鎮江市），守城自保，李廣便領兵沿江東下，志在奪城。

豈料吳王殘部已全無鬥志，聞李廣兵至，立即開城奔逃。李廣驅兵大進，盡虜其殘部，唯不見吳王及身邊親隨，只得先回軍覆命。

周亞夫聞報大喜，立懸賞千金，求購吳王人頭。

景帝在長安聞報，知大局已定，數月來的憂心，為之一掃。當即發出詔書一道，飛傳給周亞夫，令其處置叛王，辭意甚嚴。

此詔起首，歷數了文帝於諸侯之恩，曰：「世有為善者，天報之以福。為惡者，天報之以殃。高皇帝為表彰有功，分建諸侯。其後，趙幽王、齊悼惠王嫡嗣無後，孝文皇帝心存哀憫，特予恩惠，封幽王庶子劉遂、悼惠王庶子劉卬，令其奉先王宗廟，為漢藩國。此德可配天地，明如日月。」

繼之，即斥責作亂諸侯，皆屬忘恩負義之輩：「吳王劉濞背德反義，誘天下亡命罪人，亂天下幣制，稱病不朝二十餘年。有司請治劉濞罪，

萬騎出征，敵軍潰散魂魄飛

孝文皇帝寬恕之，欲促其改行為善。今劉濞不知悔，乃與楚王劉戊、趙王劉遂、膠西王劉卬、濟南王劉辟光、菑川王劉賢、膠東王劉雄渠相約謀反，大逆不道，起兵以危宗廟，戕殺大臣及漢使者，脅迫萬民，殺戮無辜，燒殘民家，掘其丘塚，甚為暴虐。今劉卬等人無道更甚，燒宗廟，毀御物，幾近禽獸，朕甚痛之！」

詔書之末，明令周亞夫，凡附逆官員皆不赦：「將軍當勸勉將士討逆，以窮追多殺為功。捕獲秩比（俸祿）在三百石以上者，皆殺之，無有所留。敢有不奉命者，皆腰斬。」

周亞夫接詔令，心中一凜，知今上對叛王恨極，此次定要斬盡殺絕，於是發令東南，大搜劉濞。然遍搜吳地千里，卻是不見蹤跡。

原來，劉濞在丹徒勢窮，匆忙攜了劉華、劉駒兩子，沿海南竄，奔入了東越國。

早前劉濞起兵時，東越王曾發萬人相助；今見劉濞勢窮來投，自是慷慨接納。此時東越境內，尚有兵萬餘。東越王又遣人往北，收拾殘部，得殘卒數千，士氣復振，便欲與漢家相抗。

豈料時過月餘，見諸侯之亂漸平，周亞夫又遣密使來，許以厚利，東越王權衡利害，不由就起了悔意。

這日，東越王設宴勞軍，邀劉濞赴軍營同飲。劉濞本有意借兵復起，便欣然赴宴。席間，東越王畢恭畢敬，先為劉濞斟滿一杯，祝酒道：「大王蒞臨，敝處無好酒為敬，且以淡酒，聊表⋯⋯」

剛說到此，東越王手一顫，不留神將酒杯打翻在地。只聽帷幕後一聲叱吒，有十數名甲士，持刀衝出，竟將劉濞死死擒住。

劉濞大驚，一面掙扎不止，一面怒視東越王道：「蠻邦之主，可有信義乎？」

東越王命人再斟滿杯，笑向劉濞遞上：「大王休得怪我。我東越子弟萬人，隨大王北征，可有幾人歸來？本藩已有信義在先，無奈大王兵敗，三十萬人作鳥獸散。欲賴我東越再起，豈非大夢乎？今日朝廷重金購大王，吾雖不貪金，然亦惜自家頭顱，只得委屈大王了。」

　　劉濞氣急，欲以頭撞東越王：「野人無信，寡人死亦不甘！」

　　東越王當即變色道：「大王既不飲酒，本藩也就無話，這便請大王上路。」說罷一使眼色，諸甲士便將劉濞按倒，一刀斬下了首級。其餘親隨數名，也盡被殺。

　　唯吳王兩子劉華、劉駒，當日未曾赴宴，聞變大驚，倉皇逃出，奔至閩越國，好歹保住了命。

　　可憐劉濞豪雄一世，富甲四海，為晁錯所逼，兵起東南，無人敢攖其鋒，險些致漢家傾覆；卻不敵周亞夫智謀，一敗塗地，逃至邊荒而終致斃命。

　　數日後，東越使者攜劉濞首級，快馬馳驅，送入昌邑壁壘中。至此，離劉濞廣陵起兵，僅僅才三月。

　　漢軍諸將聞訊，都趕來周亞夫大帳觀看。此前，眾人只怨周亞夫膽怯，輾轉千里，竟無一戰，私下裡煩言甚多。今日見吳王首級傳至，方知周亞夫用兵如神，紛紛大讚道：「太尉攻吳王之計，我輩實不能也！」

萬騎出征，敵軍潰散魂魄飛

梟雄覆滅，烽火遍地成焦土

　　吳楚分兵之後半月餘，楚王劉戊，尚在睢陽城下苦等。忽一日，有吳王使節奔入，急報吳王已回軍。此時警醒，再看淮泗一帶，四面皆是漢軍，返國已屬無望了。

　　劉戊正頓足大罵吳王無信，忽又有斥候來報：周亞夫軍一部，已從昌邑殺來，勢不可當。睢陽城內梁軍見救兵至，亦開門策應。

　　劉戊一時呆了，衝出帳外去看，只見四面塵頭大起。營壘外，已清晰可聞殺聲四起。

　　楚兵至此已枵腹多日，手不能執戟，見遍野漢軍擁來，哪裡還能戰，不消片時，即一鬨而散。

　　劉戊慌忙上馬，左衝右突，卻見漢軍聲勢浩漫、矛戟如林，處處唯見楚兵死傷枕藉。見脫身無望，只得下馬，仰天哀嘆一聲：「吾命何以如此！」便拔劍在手，往頸上狠狠一推，當場氣絕身亡。

　　漢兵見此，都高聲喧呼，挺戟四出，搜捕楚營殘兵。數萬楚兵，無一人能逃逸。

　　楚王既死，千里江淮上，吳楚殘部即潰散盡淨。唯在齊地城陽，尚餘吳王奇兵一支，堪稱詭異。

　　此一支浩蕩兵馬，孤軍北上，直震動齊魯，其渠帥名喚周丘。

　　原來，吳王起事之初，尚未渡淮，便起用自家賓客，皆用為將軍、校尉、軍候、司馬等。唯周丘一人，未授軍職。

梟雄覆滅，烽火遍地成焦土

　　周丘原是下邳（今江蘇省綏寧縣一帶）人，因犯法，亡命至吳。此人平素酗酒無度，劉濞甚鄙薄之，不肯與他官職。周丘投劉濞已久，哪裡肯忍，於是上書劉濞道：「臣無能，不得入軍旅，然臣心不服。雖不敢請帶兵，卻願得大王授一漢家符節，我必有所為，以報大王。」

　　劉濞想想，任他匹馬單槍去謀事，倒也不妨，便將一柄奪來的漢節，交與周丘。

　　周丘得此漢節，有如天助，當夜即帶了隨從，馳返故里下邳。當時下邳縣雖屬楚國，然縣令聞吳王謀反，不明所以，故而未響應，只發了兵卒上城，閉門自守。

　　周丘持節至下邳，入館驛住下，立遣人召來縣令。縣令聞有漢使至，忙赴館驛來拜見。甫一入門，周丘隨口捏了個罪名，便喝令隨從，將縣令推出斬首。

　　隨後，又召來一干縣吏，告之曰：「吳兵已反，不日將至下邳。若至，屠城不過一餐飯的辰光。爾等若先降了，可保家室無虞；能者或得封侯，亦不為奢望。」

　　諸縣吏聽了，又驚又喜，出門便奔相走告。未至半夜，下邳全城吏民乃降。周丘於一夜間，便收得徒眾三萬人，不禁大喜過望，立遣人返報吳王。

　　那周丘，端的是一條猛漢，未等劉濞答覆，即率兵北上，一路攻城掠地。進至城陽時，已擁兵十萬，聲勢浩大。那城陽本屬漢地，有中尉領兵守城。然攻守兩方眾寡懸殊，不過數日，周丘軍即大敗城陽中尉，破城而入。

　　當此志得意滿時，周丘忽聞吳王在下邑敗走，不知所終，頓覺大失所望。自忖與吳王不可共成大事，便率兵返下邳，以謀他路。不承想行

至半途，脊背上疽瘡發作，竟一夕而亡。這一路兵馬，便就此潰散。

吳楚既平，其餘叛王更不足慮。周亞夫便又遣弓高侯韓頹當，率軍一部赴齊，助欒布軍攻膠西王劉卬。

那劉卬自恃勇武，為齊地諸叛王之首。與濟南、膠東、菑川三王合兵，圍攻齊都臨淄。其中濟南王劉辟光所部，西向排開，擋住欒布軍，守護糧道。然未曾料，臨淄乃是七百年大城，城堅無比，叛軍晝夜仰攻，死傷枕藉，卻是三月而不能下。

齊王劉將閭親上城頭，率兵民頑抗。其間見勢危急，便遣中大夫路卬，微服潛出城去，入都告急。

路卬千里顛簸，滿面黃塵，倉皇入見景帝。景帝見了，也不免動容，當即面諭之：「援齊軍由欒布為將軍，已晝夜奔齊；大將軍竇嬰則在滎陽，為其後援。今聞路公之言，臨淄危殆，朕即遣曹參曾孫、平陽侯曹襄，往助欒布。公請速返臨淄，報予齊王。」

路卬涕泣謝恩，一夜也未留，便打馬返回。半途，又得知周亞夫已大破吳楚，心中遂大安，於是晝夜兼程，奔回臨淄城下。

自路卬入都之後，臨淄勢愈危急。劉卬等圍城四王，因西邊為韓頹當軍阻隔，尚不知吳楚軍已敗，故而攻城甚急。齊王劉將閭支撐不住，左思右想，便欲求和，暗地派了密使出城，往返來去，一時尚未議成。

此時，路卬見那四國叛軍圍困愈急，早已環城築壘，飛鳥亦難踰越，便於黑夜潛入。豈料行至壁壘中，卻被發覺，為兵卒所擒獲，解至四叛王大帳中。

四王升帳來看，見是齊國路中大夫，便有意勸降。劉卬道：「你主公於日前，已遣使來乞降，不日即將有成議。你為齊使，枉自奔波一回，又有何益？今日解你赴城下，只需告知齊王，吳楚已大破周亞夫，漢軍

梟雄覆滅，烽火遍地成焦土

自顧無暇，又焉能救齊？還是勸你主公，早降了便罷。」

路卬憤然道：「吳楚早已為周亞夫所破，諸大王竟不知乎？」四王皆不信，只顧相視大笑。

劉卬斂住笑，拉下臉道：「吳楚若已破，為何漢軍尚無一兵一卒來？勝負雖未定，你便如此說就好，寡人必有厚賞；若不如此說，便教你當場飲刀成恨。」

路卬怔住，良久不發一言。

劉卬便嗤笑道：「生死歧路，路中大夫為何遲疑耶？」路卬嘆口氣，似已絕望，勉強應允下來。

劉卬大喜，便教左右捉一隻雞來，對路卬道：「你與我四王，在此歃血為誓。只需你哄得齊王開城，便可裂土封侯。」

路卬與四王歃血盟誓罷，由膠西軍卒簇擁，來至臨淄城下，見城牆如故，城樓卻被炮石毀去大半，當即就心傷，不由落下了兩行淚來。

押解校尉催促道：「路中大夫，此時不是傷心時，還請速喊話。」

路卬便以袖拭乾淚，仰頭呼道：「臣路卬，出使京都返回，求見吾王！」

未過片刻，齊王劉將閭登城來看，吃了一驚：「愛卿，如何竟陷於敵手？」

路卬整整衣冠，從容向城頭揖道：「臣路卬，千里求援，未辱使命，今向大王覆命。朝廷發大軍百萬，以周亞夫為帥，已大破吳楚。今又有欒布、曹襄率軍援齊，請大王堅守數日，自可得救，萬勿與敵通……」

言未畢，身邊校尉怒極，一躍而起，手起刀落，竟砍下了路卬的頭顱來！

劉將閭目睹此情，不由大慟，揮淚朝城下拜了一拜，即發令道：「路中大夫為國而死，我兵民豈能棄守，宜各盡力，以待援軍至！」

　　那劉卬等四叛王，聞說路印詐降，已向城內通了消息，不禁又急又怒，遂下令加緊攻城。怎奈城內兵民知援軍將至，都奮力死守，城堅更不可破。

　　四王正在焦灼時，忽有欒布軍擊潰濟南軍，突至臨淄外圍。時不久，曹襄也率援軍至，兩路會合，反將四國叛軍圍在了核心。

　　臨淄城下，兩軍一時犬牙交錯，旗幟亂舞，車騎往來如穿梭。

　　劉將閭在城頭望見，知解圍在即，便似有神魔附身，勇氣大增。當即下令開城，催動兵卒，傾城而出，與援軍裡應外合。

　　漢軍見城門開，知是守軍殺出，便不待將令，也騰躍進擊。兩面痛擊之下，叛軍難以支撐，抵擋了一陣，終是節節敗退。

　　那援軍主帥欒布，為高帝時老將，率大軍左右馳突。膠西、膠東、濟南、菑川四王見漢軍勢大，皆無鬥志，慌忙各自引兵歸國，一走了之。齊都臨淄，苦撐了數月，終得一朝解圍。

　　膠西王劉卬奔回高密，自知大罪難逃，即袒背跣足，去向王太后謝罪。王太后年事已高，早前知劉卬倡亂，本就憂心，此時見他狼狽敗歸，更是憂憤交并，轉頭不發一語。劉卬慚愧退下，呆坐於草蓆上，三餐不進，只飲冷水。

　　膠西王太子劉德[22]，見父王頹喪至此，心中猶不服，對劉卬道：「漢兵遠來，以兒臣觀之，士氣已疲，可襲之。兒願收父王殘兵擊之，若擊之不勝，再逃至海上亦不遲。」

---

[22]　膠西王太子劉德，與景帝次子、河間王劉德同名。

梟雄覆滅，烽火遍地成焦土

劉卬瞟一眼王太子，苦笑一下：「唯少年敢大言耳！我軍心已壞，上下皆畏敵，豈可再用？」

王太子還欲再請，劉卬忽就發怒道：「天下之勇，無過於寡人。豎子生於深宮，反倒勝於乃翁乎？」

正爭辯間，忽有謁者奔入，呈上密信一封。劉卬忙拆開來看，原是漢將韓頹當率軍來攻，已至城外十里處，遣人送來書信。書曰：「漢弓高侯韓頹當，奉詔誅不義。降者，赦其罪，復爵如故；不降者，滅之。大王何去何從，當有決斷。」

此時劉卬已知吳楚兵敗，楚王自刎，吳王南逃不知所終。想自家諸兄弟，兵力尚不如吳楚，如何能再撐？徘徊兩日，終是無計可施，想到只有降了，或還有一條生路。遂拿定主意，帶了隨從，急赴城外韓頹當營壘處，意欲請罪。

到得營門，劉卬跳下馬來，望望營中漢家旗幟，呆了半晌，即脫去衣袍，袒露肩背，咚一聲跪下，連連叩首求見：「臣劉卬奉法不謹，驚駭百姓，有勞將軍遠道跋涉，來此窮國。請將軍亂刀齊下，處臣以菹醢[23]之刑。」

營門校尉見此，忙奔入大帳通報。少頃，只見營門大開，一隊漢兵執金鼓而出，分列兩邊。韓頹當披掛齊整，闊步而出，俯視劉卬道：「大王操兵事，苦鞍馬，三月有餘。今日我倒是願聞：大王發兵，究竟意在何為？」

劉卬一心求活命，顏面全不顧了，膝行向前，叩首道：「前者有晁錯，挾天子用事，變更高皇帝法令，侵奪諸侯地。我等以為不義，恐其敗亂天下，故而七國發兵，只為誅晁錯。今聞晁錯已誅，我等當罷兵而歸。」

---

[23] 菹（ㄐㄩ）醢（ㄏㄞˇ），古之酷刑，將人剁成肉醬。

韓頹當輕蔑笑道：「膠西王，只知你素來勇猛，居然也如此善辯。若晁錯作惡，何不上奏以達天聽？你等身無詔命，手無虎符，便敢擅自發兵，擊奉法守義之國。以此觀之，你意恐不在誅晁錯！」不待劉卬應答，即拿出景帝致周亞夫詔令，宣讀一遍。

讀罷詔令，韓頹當面色冷然道：「大王，還請自便。」隨即，向身後兵卒一揚手。兩列兵卒見此，立即擊鼓，聲聲催迫，刻不容緩。

劉卬心知死罪難逃，躊躇片時，終俯首垂淚道：「我等死有餘辜……」言畢，顫顫向王宮拜了三拜，終是拔劍自盡了。

當日，膠西王太后與王太子，在高密城內聞劉卬死訊，也都投繯自盡。

其餘謀亂三王，聞劉卬死，知天子盛怒之下，斷無生路，各自痛哭了一回，或飲藥，或投繯，也都赴了黃泉路。

此時援齊主帥欒布，駐在膠西國境內，正要班師回朝，忽有齊國一小吏前來變告，稱齊王劉將閭，也曾與膠西諸國同謀，按法不應免罪。

欒布大驚，遣細作入臨淄城去探問，果然有此事。於是，遣人飛馬上表，請景帝允准，移兵討伐齊王。

齊王劉將閭聞風，覺無以辯白，心生懼意，徘徊了兩日，竟也飲鴆自盡了。欒布得知，這才作罷，將齊王死訊飛報入都。

景帝聞報大喜，對近臣周文仁道：「自高帝時起，諸王便暗懷不服，先帝亦是無可奈何。年前亂起，朕雖是折了晁錯一人，卻換來天下歸一，了卻賈誼大夫生前心事。」

周文仁道：「晁錯用事，操之過急，致天下人多不知陛下胸襟。今叛亂既平，臣之意，不妨饒過脅從者，也好收拾民心。」

梟雄覆滅，烽火遍地成焦土

「唔……叛眾險些覆我河山，為大局計，卻要饒過？」

「竊以為，饒恕脅從吏民等，非為縱惡，乃是斷惡之根。若今日從重懲辦，其子孫必懷恨在心，數代不絕，反成了後世隱患。其子孫來日及壯，或將群起翻案，再興風波，鬧到正邪難辨。若今日赦之，其徒眾必知感恩，從此釋怨，永不為害。」

景帝瞥一眼周文仁，笑道：「人皆言你年少懦弱，不敢直諫。豈不知，中庸之道方為正道。朝中雖濟濟多才，也是少你不得的。」

於是不久，便有詔頒下，曰：「近山東諸地，亂兵洶洶，乃因吳王劉濞等為逆，起兵相脅，貽誤吏民，吏民不得已為亂。今劉濞等已滅，吏民當坐謀亂罪者，皆赦之。楚元王子劉蓺（一ˋ）等，參與謀逆，朕不忍加之於法，僅除其宗室籍。」

此詔下，諸國從亂吏民，知朝廷開恩，不咎既往，都口誦聖明，紛紛返歸原籍，重拾舊業。山東諸國惶惶亂象，一夜之間便告平復。

至此，作亂七國中，有六國已平。唯餘趙王劉遂，聞吳楚兵已敗，知大事不妙，即率兵退回邯鄲，關門自守。時不久，漢將酈寄便率軍五萬，殺入了趙境，將邯鄲城團團圍住。

那劉遂，即是已故趙幽王劉友之子。當年劉友為呂后下令幽禁，停供飲食，竟活活被餓斃。天下人多憐之，尤以趙人為甚。文帝即位後，不忍心這一脈除國，便封了劉遂為趙王。

劉遂脾性酷似乃父，外柔而內剛。退守邯鄲後，無論酈寄如何勸說，只是不降。城內兵民因感念趙幽王，皆與劉遂一心，登城拒敵，全無懼意。

那漢軍主將酈寄，雖為將門之子，卻是個紈袴公子，本領不甚高強，率大軍圍住邯鄲，百計而不能下。守城兵民倚仗糧足，與漢軍僵

持，竟有八月而城未破。酈寄見自家兵卒日損，箭矢日減，也只能徒喚奈何。

這日忽而想道：欒布援齊大軍近在咫尺，如今齊亂已平，何不請他提兵來應援。於是，提筆擬就求援信一封，遣人送至膠西。

欒布接酈寄之信，怒意頓生，誓要親滅趙王，遂提兵赴邯鄲，與酈寄所部會合。

此時漢軍在邯鄲城下，已聚起十萬之眾。有連營十數里，處處旌旗翻飛，鼓角不絕。

趙王劉遂在城頭望見，心下一沉，知欒布此來，志在必得。目下城中兵疲矢少，正是苦撐時，圍城漢軍之數，卻猛然倍增，這又怎生得了！

如此躊躇一夜，便也顧不得許多了，立即遣人微服出城，攜了密信，往匈奴王庭去求救。

不料，密使往返漠南，費時近一月，返歸時卻是兩手空空。原來，那軍臣單于早已探得，吳楚軍敗於周亞夫，諸侯已勢盡，哪還有便宜可討，便不肯發兵來救。

趙遂無奈，只得親披甲冑，赴四門激勵將士，又發動城內丁壯、健婦，皆上城助守。

邯鄲城內兵民，崇仰當年趙幽王，又念劉遂寬厚仁慈，各個願效死命，與漢軍廝殺數月，早殺紅了眼，只在城上搖旗吶喊，抵死也不肯降。

欒布騎馬繞城數匝，見那邯鄲城巍然高矗，城堅不可摧，心中便暗自叫苦。原來，這邯鄲上古乃殷商畿輔之地，築城已有千年。戰國時，又為八代趙王之都。其間，經趙武靈王勵精圖治，城牆不知翻修了幾

枭雄覆滅，烽火遍地成焦土

回，堅固乃舉世無匹。

漢軍雖有衝車、石炮，怎奈牆高溝深，不得施展。如此，欒布、酈寄率軍在城下，又耗了半月，仍是一無所得。

這日，欒布心中鬱悶，邀了酈寄，騎馬去往鄉間，欲覓一地，置酒散心。待兩人登上滏水之堤，見天高地闊，田中穀粟一片金黃，心胸頓然豁亮許多，便下了馬，喚隨從鋪席擺酒。

欒布與酈寄對坐，望了望秋空，不由慨嘆道：「在下投高帝甚遲，於漢家未有尺寸之功，常以為憾。今奉詔東來，欲建大功以光門楣，卻為這邯鄲城所阻。」

酈寄連忙勸慰道：「兄之高義，天下皆知，昔年也曾身歷百戰。我為後起之輩，一向敬服之。今日邯鄲城堅，便是韓信再世，亦不可唾手而得，欒兄可寬懷，困到他矢盡糧絕，自是不攻而破。」

欒布搖頭道：「酈兄不必慰我。邯鄲富冠海內，兵精糧足，困是困不死的。我若無計攻城，必為天下所笑。」

酈寄忙自嘲道：「哪裡，恐天下人更要笑我。」

正說話間，欒布忽望見遠處堤上，有無數農夫正在築堤，心中便一動，喚了聲：「酈兄，不忙飲酒，且與我同去看看。」

兩人便策馬至人群近前，下馬來觀看。但見兩面土堤上，聚了鄰近村寨數百男女，正肩挑背扛，築高堤壩。

欒布心生疑惑，瞄見人叢中有一父老，便上前一揖，恭謹問道：「請問老丈，何事需築這土堤？」

那老者白髮銀鬚，體仍壯健，放下擔子回道：「承將軍下問，此地為滏水回彎處，年年秋汛，皆有洪水浩蕩而下，水漫十里，毀壞農舍無

數。小民力不能勝天，只得將這土堤築高，也好略少些災殃。」

欒布心中便一亮：「秋汛當是何時？」

老者答道：「便是旬日之內吧。將軍不見，今日兩邊村落，連婦孺也來築堤了。」欒布連忙謝道：「農事辛苦，有擾老丈了。」

那老者笑笑：「哪裡，將軍才是辛苦。天災雖為害，終是一時；將軍帶了這許多兵來，不分晝夜攻城，還不知何日是休呢！」

欒布聽出老者語帶譏諷，臉上一紅，忙拉了酈寄，向老者拜別。返回置酒處，欒布已是酒興全無，吩咐左右收拾好，即刻回營。酈寄忙勸道：「今日天高氣爽，既已偷閒，何不逍遙片時？」

欒布便道：「日前，我看趙國輿圖，知這滏水自邯山出，浩蕩向北，繞邯鄲城而過，匯入大澤。今逢秋汛，我可發士卒，破邯鄲城下堤壩，以水淹城。任是他城厚丈餘，也難擋洪水灌入。」

酈寄大喜道：「如此好計，怎的我便未想到？」

未及數日，秋汛果然至。連綿秋雨中，滔滔滏水奔湧而來，直至邯鄲城下。那河堤早被漢兵挖開，浩漫洪水，湧入城中。城中兵民大驚，只得紛紛登屋躲避。雨大不能舉火，人皆寒食，苦不堪言。

城下漢兵，卻並不攻城，只在水中乘舟巡遊。一面擂起金鼓，聲聲吶喊。城中人聽了，更是心慌，都覺命將不久了。

那趙王劉遂，所居王宮亦被淹，只得與宗室、僚屬一道，遷至南門城樓上。眼望滿城洪水，百姓攀爬於屋頂，不覺就潸然淚下：「天獨不憐我乎……」

左右有宦者，悄悄附耳低語道：「大王何不出降？」

劉遂黯然嘆道：「既反之，又何以降？寡人不能為後世所笑。」

梟雄覆滅，烽火遍地成焦土

如此兩日過去，東南角城牆終被浸壞，轟然一聲塌陷。

城下欒布至此時，不眠亦有兩日，聞軍卒來報，大喜道：「逆賊，可違天乎？」遂下令攻城。

眾漢軍屯兵於城下，迄今已有九月餘，得此令，都大為吐氣，爭相奔蹕，自城牆陷處蜂擁而入。若在平時，城內兵民尚可一搏；如今被水淹了兩日，食宿皆不濟，哪裡還能抗爭。漢軍此次早已有備，徵了些木船，又紮了些木排，滿城裡巡遊，搜殺守軍，一時闔城大亂。

欒布率大隊入城，望見南門上有黃蓋，知是趙王所在，發一聲喊，便領兵從走馬道殺上來。趙王衛士紛紛奔出，拚死抵擋，奈何寡不敵眾，漸漸不支。

城樓上，劉遂聞殺聲已近，身邊甲士所餘寥寥，只得嘆了一聲：「我父子兩代，命皆不該為王！」即命身邊親眷，各去了斷。自己整好衣冠，遙向宗廟拜了三拜，便也拔劍自盡了。

欒布遠遠望見，喝止眾卒，不得唐突，便率親衛搶先登樓，注目劉遂屍體良久，取下那手中劍，搖頭嘆道：「既為王侯，人心又何苦不足？」遂命人尋來薄棺一口，將劉遂入殮，抬去城外葬了。

七國之亂，自東南起事，洶洶半個天下，至此時，方告全盤平息。

卻說那諸齊兄弟中，還有一個濟北王劉志，此前也曾與膠西王相約起事。多虧近臣郎中令苦勸，方才作罷。

此時聞諸齊五王皆死，劉志便不能安坐，知此罪勢必難逃。於是喚來妻與子，對泣作別道：「諸兄皆死，我何以獨生？唯有自裁，或可保全爾等性命。」

家眷一時都被嚇住，圍在劉志腳邊，牽衣大哭，苦苦相勸。劉志只

是不聽，喝斥道：「全家死，何如一人死？」當下命謁者取來鴆酒，便要飲下。

　　此等生離死別之狀，連殿前甲士見了，也都落淚。時殿上有僚屬公孫獲（ㄐㄩㄝˊ），正侍立在旁，心有不忍，連忙趨前道：「大王，生死之事，切忌匆忙。臣願為大王往梁國，求梁王代為辯白。梁王素為天子所倚，手眼通天，或可得他相助，有所轉圜。」

　　劉志只是搖頭：「我與梁王，素無厚誼，他如何就肯相助？」

　　公孫獲急得頓足道：「大王何急矣？事若不成，赴死亦為不遲！」

　　劉志嘆了口氣，這才放下求死之念，遣公孫獲攜了些珍玩寶物，立赴睢陽。

　　公孫獲領命，當日即出發，一路奔行。在路上見到，梁地處處殘破，哀鴻遍野，百姓臉上尚帶驚恐，不由就連聲嘆息。

　　甫一入梁王宮，公孫獲納頭便拜，朗聲稱頌道：「濟北臣民，聞梁王大名，如聞神仙之名。皆知梁王守睢陽，致吳楚兩軍進退失據，終至覆亡，無不視梁王為恩人。」

　　梁王劉武端坐殿上，也知公孫獲來意，便笑了笑：「不想濟北臣僚中，竟也有你這般利口巧舌的，也算難得！」

　　公孫獲忙答道：「臣在濟北，蕞爾小臣矣；才識過我者，可謂車載斗量。小臣此來，不為爭口舌，只為講道理。」

　　「哦，既然如此！那麼君請放言。」

　　「我等君臣在濟北，雖無力剿逆，然皆知梁王一人獨當吳楚。天下至大，拱衛亦多，何以吳王洶洶而來，獨屯兵於睢陽城下……」

　　「且慢，公孫君！寡人只願聽道理，高帽子休要再戴。」

梟雄覆滅，烽火遍地成焦土

「小臣不過據實講來。吳楚猖獗時，周亞夫屯兵昌邑，委棄睢陽而不顧，不知何意。濟北君臣皆以為，睢陽城破，只在數日間。不意睢陽萬戶，皆從大王，城堅不可破，周亞夫又斷吳楚糧道。待李廣騎兵一出，賊眾飢疲，頃刻瓦解，吾王方知大王有砥柱之功。」

這一番話，雖是逢迎，梁王聽了，卻也高興，不由頷首道：「濟北王倒也有些見識，睢陽若不守，那周亞夫軍又有何用？」

「我濟北臣民，議起此事，都讚大王知恩義。」

「不錯。那李廣勇冠三軍，解我危難，寡人自是不能忘，日前已賜他將軍印一枚。公孫君，你千里出使，怕不是為當面奉承而來，且說正題吧。」

公孫矍這才正襟斂容，深深一揖道：「我濟北國地狹人稀，東臨諸齊，南接吳越，北迫於燕趙，勢難自守。此前吳與膠西兩王，交相逼迫，同約謀反，吾王身不由己，只得虛言應下，實非本心。」

梁王便冷冷道：「我梁地也並非萬里之廣。反與不反，皆在本心，如何就無膽量拒之？」

「不然。小臣以為，當初吾王若拒吳王，則吳王必先奪濟北，後下齊地，與燕趙相連，賊勢便成。如此，傾山東諸國之力，聚雄兵百萬，西向叩關，睢陽可能當乎？周亞夫可敢攖其鋒乎？」

「唔……倒也有理。」

「吳王原以為，我濟北國必定歸順，便與楚王貿然西進。豈料，齊王反悔，吾王則抗節不從，致吳楚孤軍深入，後援難繼，終是兵敗身亡。大王試想，若吾王不施緩兵之計，以吳楚之勢，三日便可吞我全境，又焉能暗助大王，成就平亂之功？」

這番話，果然說得梁王心動，不由展顏一笑：「如此說來，濟北王倒也有功。」

　　「吾王高義，惜不為外人所知。臣聞朝廷頗疑吾王，非但未有嘉勉，倒似有問罪之意。忠而見疑，為藩臣之大不幸。臣恐如此，諸藩王皆感寒心，豈利於社稷焉？」

　　「嗯……公孫君之意，寡人已聽明白。此番你來，莫非求告於寡人？」

　　「正是。小臣日前入梁，見遍地殘破，尚未平復，心中就大不忍。若非梁王獨撐危局，不知各國要受多少災殃！平七國之亂，大王功高如日月，天下皆仰之。以當今之勢，唯大王可為我君臣一辯。若能向天子進言，代為辯白，則我危國可全、窮民可安。大王之恩，濟北君臣將受之無盡。小臣公孫獲，微末之人也，然願為濟北王請命，望大王開恩！」說罷，公孫獲涕泗交流，伏地不起，只待梁王發話。

　　這一番話，情理並茂，那梁王聽得順耳，焉能不被說動。於是連聲道：「平身，平身，公孫君不必如此。難得你深明大義，忠於王事，所言實獲我心。且暫留睢陽幾日，寡人這便上表，為濟北王辯白。」

　　果然不出半月，景帝便有復詔，赦濟北王之罪，徙為菑川王了事。如此，齊諸王一門兄弟，僅劉志一人保全了性命。

　　公孫獲聞訊，喜極而泣，入宮去拜謝了梁王，返國覆命不提。

　　平亂大功告成，各路人馬陸續還都。最先入都門的，是駐滎陽的大將軍竇嬰。

　　景帝見了竇嬰，滿面含笑，誇讚道：「王孫兄初試鋒芒，任大將軍，可謂名副其實。」竇嬰謝道：「哪裡，微臣為殿後，討了個便宜。平亂之

181

梟雄覆滅，烽火遍地成焦土

功，當首推太尉無疑。」景帝便感慨：「周亞夫已是條侯，今又立功，倒不知該如何封賞了！」

「陛下，周亞夫此戰，謀略為古今所無。若換成臣下，定是按捺不住，要與吳王拚個高低，勝負便難料了。亞夫名聲大起，也無須更多封賞了，將來，或可為丞相。」

「哦？倒也是。」

「陛下，此次晁錯惹出禍亂，於朝廷，倒也因禍得福。那齊地諸王，累代都是隱患，今日，可將皇子也徙封沿海，從此海內皆安。」

景帝便笑：「朕也正有此意。」

如此至秋深，邯鄲告破，周亞夫等諸將，也都統軍還都。各路歸來，終是得勝之師，就不免驕狂，一路於百姓多有騷擾；唯周亞夫軍，軍紀肅然，秋毫無犯，馬不踏田家一株冬麥。

沿路百姓聞風來看，都雀躍歡呼，慶幸漢軍能一戰而勝，中原免受兵燹之苦。

周亞夫於彈指間平定禍亂，心中也甚得意，一路看去，只覺處處皆好。這日，大軍入函谷關，迤邐走過白鹿原。原上草木蕭瑟，已隱隱有冬意，不由對諸將感嘆道：「草木枯榮，經年矣，我輩皆在軍旅。」

說話間，忽覺前軍遲滯，竟是漸漸走不動了。正詫異間，便有校尉來報：「前面有販牛者，堵塞道路。」

周亞夫想了想，便吩咐道：「待我去查看。」便下了戎車，換乘一匹馬，急往前軍查看。

到得前鋒佇列，果然見前面路上，有一白鬚老者，頭戴斗笠，身著粗衣，驅趕一群牛，與大軍相向而來，卻並不讓路。

周亞夫連忙下馬，上前向老者一揖：「敢問長者，欲往何處去？」那老者抬眼看看，淡淡答道：「往前村去販牛。」

周亞夫便溫聲道：「在下漢太尉周亞夫是也，今討逆歸來，長者可否稍讓路？」

那老者兩眼便放光：「是周太尉？」當即回禮道，「老夫乃長安一布衣，有擾尊駕，在此拜過。」

周亞夫笑道：「長者甚悠閒，令人羨煞。今日行軍，不得閒暇唔談，還請借過，我大軍也好速歸長安。」

那老者便詭祕一笑：「今日路遇太尉，小民幸甚。太尉千里討逆，勞苦功高。老夫這牛賣與不賣，都不打緊，便做了犒師之用吧。」

周亞夫吃了一驚：「這使不得，本軍於民財秋毫無犯，豈能受商賈餽贈？」

「太尉不知，我也並非什麼商人，不過家中養了些牛，今日趕去賣。若賣與他人，何如就此贈予將軍呢？」

「不可！征虜討賊，武人之責也，與足下無涉。長者可不必客氣。」

那老者忽就笑問：「太尉知兵，定是讀過《春秋左氏》？」

「略知一二。」

「可知弦高退秦師的典故？」

周亞夫這才會意，不由心中一驚：「哦！足下之意是……」

「那弦高，不過鄭國一牛販，亦知誠心報國。在下雖為農夫，也知天下今日得安，全賴將軍之功。以牛相贈，聊盡一番心意，有何可怪？」

「原來如此。足下心意，周某領了。然民家養牛不易，萬萬不可拿來犒師。」

梟雄覆滅，烽火遍地成焦土

那老者立定，注目周亞夫片刻，頷首道：「老夫素敬太尉善治兵，今日平亂，又立有不世之功。既不受老夫禮物，老夫這裡，便有一語相贈。」

「在下願聞。」

「昔日墨者，門徒滿天下。墨子曾有言：『江河之水，非一源之水也。』也望足下謹記：百姓可頌太尉之功，太尉心內，卻不可自居一人之功。自古以來的禍端，全在功高之時。我今日攔路，便是要勸太尉這一句。」

周亞夫面容失色，連忙揖禮道：「多謝賜教，敢問長者姓名？」

「我之所言，若有道理，太尉便請受用。村野姓名，則不問也可。」老者言畢，便哈哈大笑，將手中長鞭一甩。

那牛群聞得鞭聲，掉頭便往田中奔散，牛蹄在畦間雜遝，卻不踩一株青苗。老者跟著也下了路，踩著土埂，走入麥田。

周亞夫驚異萬分，忽想起坊間傳說，便急喚道：「長者，你莫不是王生，王禹湯⋯⋯」

那老者仰頭大笑道：「是與不是，又有何異？」說著，便疾步走遠，不再回頭。

周亞夫望住老者背影，滿心狐疑，自語道：「所言究是何意？」少頃，才搖搖頭，下令大軍起行。

如此，至秋冬之交，各路兵馬都陸續還都，景帝笑顏逐開，大宴群臣。於席間論功行賞，遍賜諸將，向諸將祝酒道：「七國亂平，斬首十餘萬，諸君有大功。從此，我漢家不言兵事，唯問天下富庶與否！」

此次封賞，封了兩人為侯，即竇嬰為魏其侯、欒布為鄃（ㄩˊ）侯。

另有周亞夫、曹襄功亦甚高，惜兩人已為侯，無法再封，便另賜金帛若干，以為酬功。其餘平亂將士，皆有封賞不等。另有楚、趙屬官，為勸諫叛王而死者，亦封其子嗣為侯。

唯李廣一人，因受了梁王所賜將軍印，惹得景帝不快，雖有斬將奪旗之功，卻無分毫封賞，僅調為上谷（今河北省懷來縣）郡守。李廣終身不走運，便是自此時起，後面的事，暫且不提。

封賞宣詔畢，滿席皆大歡喜，各功臣舉杯相慶。景帝亦覺卸下了千斤巨石，身心俱暢。宴罷歸來，踱至偏殿，立於「漢家山河一統輿圖」前，長久望之，幾欲泫然泣下。

想到如今，倡亂七國及齊國皆無一王，景帝便惋惜起齊王來。想那劉將閭，雖也曾參與謀亂，到底是反悔得早。若不是他牽住齊諸王，則吳楚勢必如虎添翼，襲破睢陽，天下倒真是要危殆了。

如此一想，景帝便不忍虐待劉將閭一脈。不多日便有詔下，稱齊王劉將閭謀亂，係遭人脅迫，罪不至死，今特予優恤，賜諡號為齊孝王。齊太子劉壽，襲封如舊。

眾臣聞詔，都連聲讚好。丞相陶青道：「陛下恩典，罪不及後人，天下人定當稱頌之。齊王一脈如此，吳楚王之嗣，似也無罪，可否一體處置？」

景帝不由怔住，一時也想不出條理來，只得含糊應許了。

不想至午後，忽有謁者來報：「太后有事召陛下。」

景帝不知是何故，連忙來至長樂宮。見竇太后倚於案几，正閉目養神，聞景帝至，微微一動，然並未睜眼。

景帝連忙問安，竇太后閉目道：「為母近盲，睜不睜眼，卻也不要緊

了，便閉目與你說話。」

「兒臣聽著，太后只管講。」

「聞說吳楚兩王的後人，你也要封王？封他們做什麼？」

「父謀逆，罪不及子。齊太子既襲封為王，吳楚後人總不好絕祀。」

竇太后猛地睜開眼，憤憤道：「你便如我，睜開眼也是個盲！吳楚不宜絕祀，便要封他子嗣嗎？兩王謀反，幾致天下傾覆，罪在不赦，卻封了他們的後人，世人當作何想？東南本就有天子氣，秦始皇尚不敢怠慢，啟兒如何就敢輕忽？」

「這個……兒之慮，有所不周。」

「豈止是不周，你即位以來，用人施政，無不操切。三年有餘，便惹出塌天的大禍來。好歹有梁王、周亞夫替你收拾了，今日怎的又出昏招？」

「太后訓誡得對，容兒臣再議。」

竇太后臉色這才稍緩，微閉雙目道：「黃老之術有所謂：『天下大事，必作於細。』你治事，再不可心粗氣浮。吳楚兩王之嗣，斷不能封王。」

景帝舒一口氣，連忙應道：「遵太后旨意，兒必不如此。太后已久坐多時，容兒臣扶你去庭中走走。」

竇太后便擺手一笑：「秋來天漸寒，為母怕冷得很，不去了。你且退下吧。」

自長樂宮返回，景帝連忙召來陶青、周文仁等一干心腹，商議了半晌，總算有了成議：故楚王劉戊之後，貶為庶民，另封原宗正劉禮為楚王。

這位劉禮，為楚元王次子，亦即劉戊的叔父。如此賜封，既與劉戊

後人無涉，亦可昭示不忘楚元王之意，可謂兩全其美。

至於那吳國，景帝不敢違太后之意，便令除國。將吳故地分為魯、江都二國。四皇子淮陽王劉餘，徙為魯王；五皇子汝南王劉非，徙為江都王。如此，歷來東南心腹大患，便告解除。

此外，又封了八皇子劉端為膠西王、九皇子劉勝為中山王。

如此一封，景帝子嗣遍布四方，其勢赫赫，旁枝之勢立顯微弱。其中的中山國，乃是割出常山郡數縣所置，國都盧奴（今河北省定州市）；所封中山王劉勝，據《三國志》言，便是後來的蜀帝劉備之祖，此處不多表。

還有原濟北王劉志蒙赦，已徙往菑川為王；所留空缺，由原衡山王劉勃補上。劉勃為淮南厲王之子，吳楚倡亂時，不為劉濞巧言所動，故此徙封濟北王，算是深得景帝信任。另有濟南王劉辟光，已畏罪自盡，濟南國即除去，置為濟南郡，收歸朝廷。

這一番改封，天下自是河清海晏。封王詔令中，又廣賜民爵一級，各處更是萬民同歡。至初冬日，適逢新年，新舊諸王皆來朝賀；巍峨前殿上，冠蓋如雲，滿庭都是喜氣。

旬日之後，朝賀罷，諸王就國，長安城方得復歸寧靜。景帝頓覺輕鬆，恰好逢長安初雪，便喚了周文仁，於偏殿閒坐，觀賞廊下飄飄細雪。

兩人把盞小飲，酒方溫畢，就見雪意漸濃，未央宮萬樹千屋，都白了起來。景帝看得痴了，持杯良久，想起早前鄧公所言，不由感念起晁錯來。

想當初，諸王未反之日，如猛虎臥於榻旁，自高帝始，兩宮便不能

安睡。所謂堂堂漢家，實是半壁河山，只似屈居關中一隅，天下之半並不屬己。今歷一春一夏，平亂事成，崤函以東至海，可聽憑朝廷擺布了，漢家一統，自此方見眉目。如此想來，逼反吳王，也未見得就是禍事。

周文仁見景帝入神，連忙勸道：「陛下，酒不可涼。」

景帝似未聽見，少頃，忽對周文仁道：「愛卿，那後世之人，可知寡人苦衷乎？」周文仁怔了一怔，方遲疑答道：「……當有人知。」

景帝扶住周文仁肩頭，朗聲笑道：「周郎，你到底是個憨人。朕能平亂，便是有天助，後世知或不知，又當何如？今日雪景甚好，只在此飲酒，實是辜負了好景。你且守好宮禁，我即赴上林苑去賞雪。」

當下，便從後宮召來新寵賈姬，帶了一隊涓人、郎衛，乘車出宮。

到得上林苑黃山門，漫野已是一派銀裝。景帝攜賈姬走走停停，絲毫不覺有寒意。那賈姬是俳優出身，色藝俱佳，頗能討人喜歡。一路上扔雪球、揚雪霧，只聞笑語不斷。

玩了約莫一個時辰，賈姬忽欲小解，便獨自去了林邊一茅廁。其時上林苑廢弛已久，屋宇皆破敗，那茅廁，也不過是一簡陋棚架。

賈姬入內不多時，忽從林中竄出一隻野豬來，直闖入茅廁。眾人一時驚慌，都不知所措，只聞賈姬在內，驚得哇哇大叫。

景帝心急，連忙環顧左右，欲令郎衛入內解救。偏在此時，竟無一郎衛在側，唯有中郎將郅都，正執戟護衛。景帝望向郅都，卻不料，那郅都將頭一偏，故作不見。

耳聞賈姬呼救聲愈急，景帝更是慌亂，欲喚郅都，又覺有所不便，情急中竟拔出劍來，欲闖入茅廁救美。

正在此時，郅都卻不再佯裝，急趨上前，跪在景帝腳前勸阻道：「陛下若亡一姬，又有一姬獻上，天下還少賈姬這等人嗎？陛下若是自輕性命，何以對得起宗廟、太后？」

這一語，有如石破天驚，說得景帝心頭一震，當即收劍止步，任由那賈姬自己去應付。也是賈姬命大，不多時，那野豬便自行竄出，逃之夭夭。賈姬渾身戰慄出來，景帝上前看過，竟無一處受傷。不多時，眾人也聞聲趕來，都直呼僥倖。

此事終究來得突兀，景帝受了驚嚇，全沒了賞雪意趣，便下令還宮。

路上，景帝只顧安撫賈姬，卻未及嘉勉郅都。到得長樂宮，隨行涓人傳揚開去，當日竇太后便聞說此事，不由大讚郅都。當下喚了少府來，命賜予郅都百金，以作獎賞。景帝得知，細思此事，也以為郅都忠直，便又加賜了百金。

自此之後，郅都之名，即傳遍長安，宗室公卿無不推重。恰逢濟南國除，置為郡，地方有司上奏，郡中瞷（ㄐㄧㄢˋ）氏大族，有族人三百餘家，一向豪猾，橫行鄉邑，守尉不能制。

景帝聞報，拍案道：「焉有此理！向日濟南王只知謀反，不知理政，竟養虎遺患至此。」當日，即拜郅都為濟南郡守，面諭道：「齊魯久不見漢官之威，那鄉邑豪強，竟也敢目無朝廷。著令你往治濟南，不教他一個逃脫。」

郅都領命，微微一笑道：「市井惡人，只知欺壓小民，尚不知官威如山。臣下到職，不出十日，定教他風行草偃。」

待入得郡城博陽（今山東省濟南市章丘區），郅都果然雷厲風行，三日內即遣兵卒，捕得瞷氏首惡全族，通通斬首，暴屍街頭示眾。瞷氏餘眾見之，不由魂飛膽喪，各個股慄，再不敢為非作歹。

梟雄覆滅，烽火遍地成焦土

後郅都在濟南治理一歲餘，全境安然，民知守法，竟至路不拾遺。鄰近十餘郡之郡守，聞之無不敬畏，視濟南為大府，每見郅都，皆畢恭畢敬。

景帝聞濟南地方大治，心中甚悅，拊掌對周文仁道：「七國亂可平，如何市井之亂便不可平？皆因吏治無能所致。前朝文帝雖寬厚，然亦有失。仁政之下，想那民雖得安，豪強漸也不懼官府，連惡少也屢有犯禁。今後，倒要施以嚴刑峻法，不教這等惡痞逞凶。」

深宮謀計，美人心機鬥後宮

　　景帝即位三年以來，僅削藩一事，便鬧得寢食不安，許多自家的大事，都擱在了一旁。待七王亂平，轉過年來，便是前元四年（西元前153年）春上。景帝稍得喘息，便覺立太子之事，已刻不容緩。

　　古時君王立儲，雖為一家一姓事，卻是事關國本，敷衍不得，朝野矚目。按「立嫡立長」的古制，本該立薄皇后所生嫡長子為嗣。偏偏那薄皇后，最是不受景帝寵愛，僅為虛位，故而迄今無子。事到如今，太子當立誰，倒成了一樁懸案。

　　按古來舊例，天子立嗣，無嫡便應立長。景帝的庶長子，名喚劉榮；其生母，乃是後宮寵妃栗姬。

　　栗姬乃是齊人，生就一副美人胎，笑靨迎人，身姿婀娜，立身如仙子，動則似楊柳扶風。景帝為太子時，就獨寵此姬，曾與之私下有約，若來日生子，當立為嗣。

　　栗姬果不負厚望，為景帝連生三子，即長子劉榮，次子劉德，三子劉閼。三人早在前元二年，便都已封了王。

　　按說事情到此，景帝當踐前諾，立劉榮為太子才是；然此事之所以延宕，既為削藩所誤，亦牽涉宮闈之祕。

　　原來，栗姬雖是後宮獨寵，然此時宮中，嬪妃卻不止栗姬一人。眾多粉黛中，有一亭亭美婦，也甚得景帝歡心，這即是美人王姁。

　　說起王姁來歷，奇詭又甚於前代的薄太后，直教人驚嘆不止。

　　此處先要倒回去說，那王姁之母，名喚臧兒，乃是故燕王臧荼的孫

女。臧荼其人，前文已表過，為秦末一梟雄，當年項羽分封時，得封燕王。後又歸降劉邦，為漢初八位異姓王之一。豈料劉邦登基不久，臧荼忽然就反了，擾攘數月，終被劉邦所擒，從此不知下落。

當時，劉邦或有英雄相惜之心，放過了臧氏眷屬不問。臧荼的孫女臧兒，故此流落至槐里縣（今陝西省興平市）謀生，為時不久，便嫁與邑人王仲為妻。

槐里這地方，離長安不過百里，頗為富庶，係由秦朝廢丘縣改置，當年章邯便戰歿於此。

臧兒自嫁入王家之後，日子尚屬平順，生有一男二女。長子名喚王信，長女便是王娡，次女名喚王息姁（ㄒㄩˇ）。照此下去，倒也還好；然則世事難料，合該臧兒命中多難，安穩了才幾日，其夫忽然就亡故了。

梁柱一倒，家便破了。臧兒無奈，只得攜兒帶女，改嫁到長陵邑，再醮於田氏。在田家，又生下二男來，長男名喚田蚡，幼男名喚田勝。此二男漸漸長成後，也都甚是了得。

如此寒來暑往，長女王娡漸已長成，嫁與農夫金王孫為妻，生下了一女。

這王娡的運勢若是到此，也無非平平，左不過以田舍婦終其一生。然世間魚龍變化的事，誰也說不準，以往臧兒曾求人算過命，有術士斷言「二女當貴」。臧兒便想：自家兩女，若能柴米不愁，便是萬幸；若說大貴，豈非夢話？於是不肯信。

這日，王娡歸寧省親，在娘家小住。臧兒心疼女兒，正待捉一隻肥鴨來殺，見門前有相士姚翁路過，便連忙喚住，央他為兩女看相。

姚翁看看臧家，似不富裕，本不欲做這小生意。那臧兒哪裡肯放他

走，扯住姚翁衣袖，懇求道：「我家固窮，出不起大錢，卻是正要殺鴨。若長者不棄，飽餐一回，也不至就折了本。」

姚翁耐不住死纏，只得進堂屋坐下，臧兒便喚兩女也進屋來。

那姚翁抬頭一望，見王姁進來，不覺就驚詫。連忙顫巍巍起身，連連作揖道：「哦呀，這便是令愛？」

臧兒答道：「正是小女。」

「哦——」姚翁又端詳片刻，竟是連話也說不順了。「令愛之貴，老夫說不得了⋯⋯不敢亂說。」

「姚翁，老身把錢與你，又不是假的，怎的連說也說不得了？」

「這個⋯⋯老夫錢也不要了，鴨也不敢嘗了。」

「我家長女，田舍婦而已，如何就能嚇到你？」

姚翁臉色越發驚異，忍了忍，才開口道：「你這長女，貴不可言，將來要生天子的，當母儀天下。」

臧兒到底是貴冑出身，知道此話分量，臉便微微變色：「姚翁，我女已嫁農夫，我那女婿，老實憨厚，今生連個里正都難謀得，我女又如何⋯⋯能母儀天下？」

「上古虞舜，取人以色，老夫也只管辨色，辨色而知貴賤。此女大貴，我便管不得令婿怎樣了。你再喚那小的來。」

臧兒忙將小女王息姁推出，姚翁望了望，捋鬚道：「此女亦當大貴，然不如長女。」

臧兒便神魂不定，摸出些錢來，給了姚翁，笑道：「姚翁費心了，即便不說此等上上吉言，卜資也是短不了你的。然吾女大貴，還不知捱到何時，今日唯有煮鴨相待。」

姚翁慌忙起身，擺手辭謝道：「不敢，鴨便免了。來日令愛大貴，莫恨我老翁貪了你家便宜。」言畢便奪門而出，將那一地鴨毛踢得亂飛。

送走姚翁，臧兒念念不忘「母儀天下」四字，整日只是發怔：如何長女就能做得國母？想痛了頭，也理不出個頭緒。

時過不久，恰逢朝廷有公文下來，要選四方良家女，入宮為婢。閭里風聞，都議論不休，多有不願自家女子做宮女的，怕就此誤了一生。

唯臧兒聽到，立時醒悟：莫不是姚翁所言，即由此而發？於是，當日便託人，喚長女王姞回娘家，在家中與王姞密議：「朝廷選宮女，人多不捨自家女。你嫁入金家，朝暮耕田，又何時是個了？還不如攀捷徑，一朝便至天子旁，還愁無大貴之日嗎？或那姚老翁所言，乃是天意，並非為騙我小錢。」

但說王姞那日聽了姚翁所言，也曾一夜未眠，只恨夫婿無能。今日聽老母如此說，心也動了，急切道：「有路可通富貴，如何不好？怎奈我已有夫，好端端的，怎可絕婚？」

「你那夫婿，要累你一世受窮，有何捨不得？女子求去，法也不禁，夫家認頭即可，待明日我託了人說去。」

隔日，臧兒果然變賣金簪，換得些錢，託了本邑一個媒婆，去金家求絕婚。

那媒婆赴金家，上門寒暄一番，金王孫見媒婆登門，便有些摸不著頭緒：「阿嫂，金某實為窮戶，納不起妾。」

媒婆掩口笑道：「我便是昏了，也昏不到這般地步。我上門來哪裡是勸你納妾？是你外母託我，說是你妻王姞，有意求去。若你肯放歸，則多把些錢與你，也是好的。」

金王孫大驚：「我渾家才歸寧兩日，那臧家老嫗，便託你為女求去？」「正是。好在你妻並未生兒子，你受臧家一些錢，另娶也是好的。」

「什麼好的、好的！媒人一張口，死人也說得活。我渾家在家好好的，莫不是你貪財，想誘婦人再嫁？今日既來，你便不要走！看我打你個滿臉花，醜煞你這賊婆。」說著，躬身撿起一根柴棒，便要亂打。

那媒婆慌忙躲閃，驚叫道：「哎呀，我本是好心呐。此事須兩願，我怎敢圖你錢財？分明是你外母，死纏著央我來。」

金王孫便停住手，恨恨道：「如此也罷，你這便回去，說與那臧婆，至明日午時，若不將我渾家送回，我便喚上幾兄弟，去拆爛那臧婆茅屋。」

媒婆連忙應道：「阿叔莫怪我就好。這話，我回去定轉告臧氏。你家娘子，哪裡就能跑掉？」說罷，也顧不得道個萬福，就慌張走了。

奔波半日，那媒婆裙釵散亂，搶入臧兒家中，說了匆匆數語，連酬金也不要了，轉身即走。

臧兒與王姑聞聽金王孫要來鬧，不禁面面相覷。

王姑泣道：「事不成，奈何？明日回去，還免不了有一番折辱。」

臧兒頹然良久，忽就心生一計：「姑兒莫哭，路尚未絕，須妳硬起心腸來。那官家，不是已在縣衙選民女了嗎？明日一早，為母就送妳進衙去，若選上，金王孫他豈能搶回？」

王姑聞聽有道理，不禁破涕而笑：「阿娘說得是，夫婿再凶，諒他也凶不過官俌。」

臧兒便滿面喜笑道：「明朝要早起，我親手幫妳梳個後盤髻，還妳妙齡模樣。」

「阿娘玩笑了，兒哪裡還有風韻？」

「衙門那些呆貨，好哄得很。為娘再幫妳點個面靨，不由他看不上。」

次日晨，臧兒果然將王姁裝扮一新。臨出門，又尋出家藏的一支金步搖[24]，插在王姁頭上。如此一弄，王姁果然就似少女一般。母女當下就來至縣衙，報上了姓名，求見主吏。

卻說縣衙主事的功曹[25]，奉命選女，已選了多日，只見不到個好相貌的。正愁無法交差，忽見有美婦走上堂來，姿容秀麗，眼睛不由就一亮，忙問道：「來此應選，妳可是自願？」

「民女日子過得清苦，願入宮為婢。」

「那麼，可曾婚配？」

臧兒連忙搶上代答：「吾家那女婿，也是情願的。」功曹眼睛便轉了兩轉：「果真？那夫家如何不來？」

臧兒賠笑道：「官人喲，夫婿若是同來，即便是捨得的，事到臨頭，也要捨不得了。」

功曹便一笑：「倒也是。按說女子入宮，一門都得福，夫婿又有何不捨！」言畢，便錄下王姁的姓名、年紀，吩咐衙役送至後院，好生安頓。

母女兩人便在階前作別，忍不住落淚。王姁想起獨女尚在夫家，一別將不知何年再見，就更傷感。

待到衙役來催，王姁慌忙拔下金步搖，欲交還阿娘。臧兒不肯受，只連連抹淚道：「娘要此物還有何用？兒儘管拿去。入了宮，要乖巧些，

---

[24] 金步搖，古代婦女髮飾，與簪、釵類同，垂有流蘇或墜子，行路時一步一搖，故稱步搖。因製作精細、材料貴重，多見於高貴女子妝奩，普通女子少用。

[25] 功曹，亦稱功曹史。漢初置，為郡守、縣令的主要佐吏。

他年若稱了天子意，莫要忘了為娘……」

卻說夫家那邊，金王孫等候至正午，並不見王娡返回，便知事情不妙，忙帶了胞兄弟幾個，闖去臧家要人。

那臧兒卻也不懼，叉起雙手，攔在門前怒道：「吾兒已為朝廷選中，入宮去侍奉皇帝。你若要人，便去縣衙要；你若敢搗爛我家，我便告你大逆之罪。」

金王孫聞此言，不禁瞠目，急忙掉轉頭，跑去縣衙索人。

縣衙堂上，那功曹聞聽外面有人吵鬧，出來問明緣由，心下自然明白。不由惱怒臧氏說謊，然轉念一想，好不容易選中一個，若放過，考課[26]時必受責罰，便喝斥道：「王氏自願入宮，已登入在冊，報上朝廷。這通天的事，如何就能反悔？若再鬧，只怕你討不回渾家，倒鬧個滅門！」

金王孫無奈，在衙前捶胸頓足，又奔至臧家門外，罵了半晌。幾欲動手打砸，到底還是怕官家，只得喪氣而歸，待來日再說。

兩日後，王娡由衙役護送，乘輜車入長安宮中。宦者令見王氏姿色尚可，便分撥去了太子宮，侍奉太子劉啟。

自此之後，王娡便如遇天助，運勢忽就好了起來。

同選入宮的民女，多在及笄[27]以下，也就十四五歲。唯王娡年長些，本不具異資，混在少女當中，實不易出頭。然王娡心性卻高於他人，無一日淡忘姚翁所言，只傾盡心思，侍奉太子。

說來，已婚的女子，心計到底勝於少女。日久天長，王娡便摸準了太子脾氣，曲意逢迎，果然得太子歡心。屢受臨幸。未及一年，便結下

---

[26] 考課，漢代官吏考核制度。每逢歲末，朝廷考郡，郡考縣。
[27] 及笄，古代女子十五歲之謂。見《禮記·內則》：「女子十有五年而笄。」

了珠胎,名正言順做了太子姬妾。

只可惜,此次誕下的是女兒,未有弄璋之喜。即便如此,其餘諸姬妾,也都對王娡另眼相看,呼其為王美人。有那善巴結的涓人,更是以王夫人[28]相稱。

王美人一步登天,卻未曾忘本,常想到自家胞妹,趁著繾綣之際,又向太子薦了王息姁。

太子劉啟性本好色,聞說王息姁貌亦美,豈有不允之理。當即遣宦者赴槐里縣,指名要選聘臧氏次女入宮。

再說那王娡前夫金王孫,平白無故被奪了妻,自是不平,待王娡走後,又去臧氏家中鬧過幾次。後來風聞,王娡已入太子宮,便不敢再爭,只向臧兒哀懇,索了些財物回去,兩家就此了結。

臧兒送走長女後,心中亦是懸念,只望王娡早日發跡。未料這日,忽有縣功曹引來了宦者,說王娡在太子宮得寵,已為姬妾,誕下了一女。臧兒聽了,不由大喜,連連向宦者叩首。

那宦者從袖中拿出太子詔令,當場宣讀:「臧氏長女王娡,入太子宮為姬妾,頗稱孤意。今續聘臧氏次女王息姁,亦為姬妾,責令該女收拾入宮。」

臧兒聽了,更喜得手足無措。宦者便命人抬上太子所賜金帛,以為聘禮。臧兒一拍掌道:「哦喲,太子也要下聘禮!我這老嫗,竟也能成太子外母?」

那隨來的功曹便笑:「臧氏,這話不能亂講。天子家與百姓,哪裡就能論親?你千謝萬謝,倒是忘了謝本主吏呢。」

---

[28] 夫人,漢宮後妃等級之一,位僅次於皇后。另,所有姬妾亦可泛稱夫人。

臧兒忙向功曹道了個萬福：「官人自是大恩人，若不是你為媒妁，我家長女豈能入宮？」

功曹強忍住笑，佯作生氣道：「臧婆，你又在亂說。宮中宦爺在等著，你速將王息姁裝扮好。」

那宦者倒也不急，溫言道：「婆婆好福氣！人有一女為太子妃，便是天大的福，你竟有兩女侍奉太子。將來這兩女，母儀天下也說不定呢。」

臧兒心中便一驚，連連「哦」了兩聲，竟不能應對。

那宦者又道：「我今日奔波半日，能見婆婆一面，也是值得的。」

功曹聞此言，忙向臧兒使眼色。臧兒會意，當即笑道：「老嫗家貧，宦爺送福來，酒也沒得飲一杯，實是造孽……」說著，便拆開那聘禮，摸出兩塊金餅來，分贈給宦者與功曹，權作紅包。

忙亂了多時，臧兒才將王息姁打扮停當，送上門外車輦。母女分別，少不了又是一番啼哭。那功曹就勸道：「臧婆，哭的什麼，今後還怕沒得福享嗎？金家那邊，若再敢來勒索，你便來衙門擊鼓告狀，本吏去拿他，定要打得他皮開肉綻！」

且說王息姁入宮當日，王娡早在太子宮迎候。姊妹兩人見了，自是又悲又喜。王娡連忙為阿娣揩乾眼淚：「妳今日入宮了，再當不得自己是民女，一顰一笑，須看太子顏色。太子若高興，妳我富貴即長久；萬一有過錯，彼此也好幫襯。」

王息姁明白阿姊苦心，連連點頭，便將眼淚抹去，笑靨如花，去拜見太子劉啟。

劉啟見了王息姁，覺此女容貌雖不如王娡，也還算嬌豔，心中就歡喜，即命涓人擺上酒宴，為王息姁接風。

夜宴之上，劉啟左擁右抱，與這一雙姊妹對飲。三人戲謔行令，連飲下三四卮酒。

王娡見劉啟高興，不由笑問道：「我阿娣如何？」

劉啟此時酒意已酣，即笑道：「此花……無人折過，我又如何得知？」王娡怔了一下，連忙賠笑道：「阿娣生來，便是候著太子的。」

劉啟對王息姁道：「今後這太子宮，便是妳家，起居都無須拘謹。」

王息姁只是嬌羞道：「臣妾今日，方穿上這綾羅綢衣，起坐都還不慣呢。」劉啟便一驚：「如此說，妳姊妹往日在家，穿的是何衣？」

王娡掩口笑道：「殿下你生來，便是省心的人！民家身上衣服，還不是麻葛一類，有甚好衣？」

劉啟便嘆道：「果真是布衣，孤還當是虛言！鄉民之苦，深宮內哪裡得知。無怪父皇要定田租『三十稅一』。如今尚未實行，日後我嗣位，定要將其推至鄉里。」

王息姁繼而又道：「家母平素便常言：入民間數十年，竟不知肉味。近年聖上降了田租，好歹才吃得起雞鴨……」

王娡連忙打斷話頭，連連勸酒道：「阿娣，往事休提。今日殿下擺宴，妳只管解饞。」

飲至夜深，劉啟對王娡眨眼道：「王美人，妳們那阿娘，到底是諸侯出身，養得兩位天仙。孤家一人，如何消受得起？」便笑望著王娡，不再言語。

王娡會意，連忙起身，道了個萬福：「臣妾飲了這許多，已不勝酒力，先就告退了。」說罷，向王息姁使個眼色，便迴避了。

當夜，劉啟與王息姁相擁入帳，自是快活，一番夢入高唐不提。

王息姁倒也爭氣，時不久，便有身孕。待十月已滿，誕下一位皇子來，取名劉越，日後做了廣川王。

　　王美人卻無此運氣，又連生兩女，仍不見一個麟兒。好在太子恩寵，倒是未有稍減。

　　至數年前，劉啟登大位，做了皇帝。某日忽得一夢，夢見一隻幼彘，渾身赤紅，乘雲自天而降，直奔入崇芳閣中。

　　早起醒來，景帝猶憶夢中情景，連忙往崇芳閣去看，只見閣內紅雲繚繞，恍似龍形，就疑心此非尋常祥瑞，回來說與王美人聽。王美人也感驚異，便道：「我故里有術士姚翁，年前言我姊妹皆有大貴，今已應驗，不如召他來看。」

　　景帝聽了，也是好奇，便允了，遣宦者去召了姚翁來看。

　　那姚翁入了宮中，見過景帝、王美人，心中不免好笑：當日所言王氏姊妹大貴，不過是見臧婆家貧，心中嫌惡，有心玩笑而已，豈料竟碰巧說中，真好似大夢一場。

　　姚翁由宦者引路，至崇芳閣環繞一周，左張右望，一邊就想好了說辭，返回稟道：「老夫觀崇芳閣紅雲，當屬吉兆。此閣內必生奇男，當為漢家盛主。」

　　景帝大喜，當下賜了姚翁許多金帛，命人以車載回鄉里。

　　姚翁乘車出了北闕，回望宮闕巍然，心中仍覺驚異：「當日厭惡，未曾食臧婆家煮鴨，不想至今日，竟賺得了這許多橫財回來！世間事，豈是用眼睛看得出的？」

　　未幾，景帝又有夢，夢見神女捧日，授予王美人，於是愈加驚異，說與王美人聽。那王美人早有心計，聞此言，連忙嬌語道：「巧了巧了！

臣妾於昨夜，也夢見有紅日入懷，光亮不可直視。」

景帝聽了，只是恍惚，喃喃道：「這便是了，這便是了……」當日，即令王美人搬入崇芳閣居住，易閣名為「綺蘭殿」。

此閣果然是福地，王美人搬來不久，蒙景帝幾次臨幸，便有了身孕。至當年七夕，誕下一子來，啼聲嘹亮。景帝興沖沖趕來，見是小子，喜不自勝，抱起來看了又看。當夜又做了一夢，竟夢見高帝現身，命將此子取名為「彘」。

景帝驚醒，想起了月前，也曾夢見赤彘入閣，原來是祖宗之意！於是不敢不從，為此子取名「劉彘」。後終因「彘」字不雅，方改名為「劉徹」。

說來也怪，自誕下劉徹之後，王美人便再未有一子。倒是王息姁運氣好，後又連生三子。除長男劉越外，又有劉寄、劉承、劉舜三子。此四子，後皆封王。

至此時，景帝後宮，一派花團錦簇，然內廷大事卻是全無眉目——不單皇后虛懸，太子也遲遲未立。

當此之際，後宮諸姬妾中，最憂心者，當數一向得寵的栗姬。

當初，薄皇后罷廢之時，以外人看來，新皇后定是栗姬無疑。而栗姬所生皇長子劉榮，則理所當然要做太子。

然則，後宮之事，向來難料。至景帝前元四年春，兩事皆無著落。眼看王氏姊妹日漸得寵，且有皇子誕下，栗姬便心生恨意，唯恐王美人鳩占鵲巢，致劉榮失位。

豈不知，景帝此時，也正為立太子事猶豫。若按早前對栗姬之諾，當立劉榮為太子；然此時看看王美人嬌態，想到高帝託夢，便又欲立劉徹為太子。

正舉棋不定間，栗姬耐不住，連番去見景帝，請早立劉榮為太子。

　　這日薄暮，兩人登漸臺賞景，眺望太液池一泓春水。其時夕陽已沉，天上星斗漸次亮起，其景恍如夢境。

　　栗姬卻無心流連，只看了一會兒，便又催促景帝道：「今榮兒已長成，勤謹知禮，貌亦不俗，只不知陛下還猶豫什麼？」

　　景帝還想拖延，於是溫言責備道：「立儲大事，須從容處置。妳身為後宮，怎能連日來催？」

　　「陛下，臣妾只記得，你當日信誓旦旦，還引了古詩，乃說是『琴瑟在御，莫不靜好』[29]，妾只問：如今削藩事平，天下人都已靜好，獨獨臣妾的靜好，還不知在哪裡。」

　　「朕尚不老，立太子事，並非朝夕間急務。從容處之，總歸是好，只不要一日三問。」

　　栗姬便恨恨道：「陛下不言，臣妾倒是看在眼裡的。莫不是那王氏姊妹，也與陛下有了私約？」

　　景帝便發急道：「哪裡話，妳當我是浮浪文人，可隨意輕諾嗎？」

　　「妾雖無文，卻知前朝都敬季布。陛下若不能一諾千金，便不如季布，又怎配治天下？」

　　「愛姬，妳哪裡知：朕審慎立嗣，正是為天下計。」

　　「哼，只怕是為王美人計……」

　　景帝忽就惱怒道：「妳這是如何說話？」

　　栗姬卻也不懼，只仰頭應道：「妾是看到了骨髓裡！然陛下可曾想過：王美人之子，今尚年幼，待他長成，又不知要多少時日。久不立儲，

---

[29]　見《詩經‧女曰雞鳴》。

必有風波起，動搖的怕就是國本！陛下熟讀典籍，可還記得秦公子扶蘇事？」

景帝不由一怔，立時不語，稍後方才道：「是何人教妳說這些？」

栗姬橫眉道：「秦始皇久不立儲，而天下亂。這道理，我身邊宮女皆知，還需人教我嗎？」

景帝便無語，望向太液池，手扶欄杆良久，忽然就道：「也罷！明日即立榮兒為太子，早定國本，也免得生事。」

栗姬不禁喜從中來，忙拉住景帝衣袖：「陛下與妾，當面朝牛女二宿，拜上三拜，以之為誓。」

景帝便笑：「妳我皆半老，何必效小兒女？」

栗姬忽然滿眼都是淚，哽咽道：「陛下為太子時，許諾妾那夜，便是你我二人焚香，同向牛郎織女星拜過。」

景帝聞此言，心頭大為震動，忙伸手扶住栗姬，連聲勸道：「愛姬，切莫心傷。今日即便不拜，朕亦當一諾千金。」

果然，隔日景帝便有詔下，立劉榮為太子、劉徹為膠東王，又加魏其侯竇嬰為太子太傅，輔佐劉榮。眾臣聞詔，知立嗣之事有了分曉，這才放下心來，紛紛上表稱賀。

那邊王美人聞知，卻如五雷轟頂，只不知栗姬用了何等手段，哄得景帝發昏。當夜，與王息姁見了，兩人抱頭痛哭一回。

經此一事，王美人知栗姬根底深厚，也只得忍下。好在劉徹尚年幼，無須立即就國，母子還能在宮中朝夕相伴。

如此，栗姬母以子貴，在後宮權傾一時。雖未做成皇后，卻也斷無旁人來做皇后之理。內外宗室公卿，也察言觀色，無不以栗姬為尊。

事若至此，栗姬為皇后，只是遲早之事。卻未料，正當此際，有一位顯赫宗室，忽就斜插了進來，將這一切攪亂。足見宮闈事，恰如老子所言：「微妙玄通，深不可識。」

　　此人，便是館陶長公主劉嫖。

　　這位劉嫖，前文已表過，乃是竇太后所生長女，亦即景帝阿姊。文帝在時，已嫁與堂邑侯陳午為妻。竇太后目眇之後，離不得劉嫖，便命劉嫖留居長安，無須就國，以便隨時入宮照料。

　　劉嫖與劉啟，同在代地長大，姐弟情深。劉啟登帝位後，劉嫖出入後宮，見嬪妃不多，便時常薦美女入宮。既是照拂阿弟，亦是討好天子，總之是存了私心。

　　這位長姊，頗知乃弟口味，所薦美女，甚為景帝所喜，且多有冊封。此類勾當一多，自然要惹惱栗姬。

　　栗姬雖受寵日久，卻因性善妒，漸為景帝所冷淡。景帝登位後，甚少臨幸。偏那劉嫖性本豪放，想到就做，接二連三薦美女入宮，把個景帝看得眼花，就更冷落了栗姬。

　　栗姬明知太子之位已定，其餘美人再如何受寵，也是無用；然每見那些狐媚出入，心中到底是不快，於是便遷怒於劉嫖，終日恨恨。

　　恰在此時，某日栗姬忽聞宮女來報，館陶長公主家令李根前來求見，不覺就吃一驚，不知來人是何意，想了想，才召他入殿內。

　　那李根入得殿來，恭恭敬敬趨前，將一紅漆禮盒放下，伏地拜道：「小臣李根，見過栗夫人。臣受長公主之託，前來提親。」

　　栗姬便詫異：「你為何人提親？是長公主那長子嗎？」

　　李根忙回道：「夫人誤會了。長公主之意，是為我家阿嬌提親。」

「阿嬌？你家阿嬌，想嫁與誰？」

「長公主之女陳阿嬌，今已十齡有餘，性淑貞，姿容出眾，請為太子之妃。」

栗姬聞言當即變色，正欲破口大罵，忽又忍住，只冷冷道：「公主家令，本宮方才未曾聽清，你叫個什麼名？」

「回娘娘：小臣敝姓李，名根，根鬚的根。」

「哦——李根，你這便回稟長公主，就說本宮未允。你所攜禮盒，也請帶回，本宮不收這些。」

那李根猶豫片刻，便又試探問道：「不知娘娘……還有何話？」

栗姬眉毛一動，狠狠拂袖道：「你退下吧。做家令的，怎的如此多話？」李根臉色一白，慌忙伏地謝罪道：「小臣明白了，望娘娘恕罪。」

待李根返回，將遭拒之事如實稟報，劉嫖便苦笑道：「家令辛苦了，此事本宮有錯，實不該遣你去的。」

原來，劉嫖雖貴為皇姊，榮寵僅在天子之下，然也想世代永享福澤。於是起了念頭，欲將愛女阿嬌許給太子，來日好做皇后。

本想自家嬌女，嫁與那太子劉榮，也算門當戶對，又兼親上加親，更是和洽。栗姬若聰明，斷無不允之理。

未曾料，「提親」二字才出口，栗姬竟能一口回絕——這狐媚，也是太蠻橫了些！

劉嫖不禁怒從心起，然想想也是無奈：太子既立，栗姬之位便不可動搖。嫁女與太子事，若想謀成，還須忍下氣，另闢蹊徑。於是隔日，劉嫖便入長樂宮，來見竇太后。

時已入夏，宮中處處可見濃蔭庇日。竇太后此時，正坐於廊下，聽

宮女念〈黃帝陰陽〉篇。聞劉嫖腳步響起，竇太后便抬起頭一笑：「嫖兒，衣裳又薰的什麼香？使得人頭昏。」

劉嫖依偎上去，親暱答道：「是託南越使臣覓得，出自弱水國呢。」

「弱水國？那不是萬里以外嗎，嫖兒也太靡費了些……唉，為母入宮一輩子，至今也不喜這些名堂。」

「父皇在時，兒也是不敢用。如今阿娘寵我，方敢一試。」

竇太后望望劉嫖，脫口問道：「你今日，如何就文靜了許多？不似來此閒逛。」

劉嫖眨了眨眼道：「兒有何心思，只瞞不住阿娘。這些年，我家阿嬌漸已長成，要論婚嫁了。兒有意，將阿嬌許配給太子。」

「阿嬌？那小娃可有十歲嗎？」

「正是十齡有餘，早些論婚嫁，也早些省心。太子劉榮，我看人還正派，兩家聯姻，親上加親，於太子前程也是好。」

竇太后稍作沉吟，方道：「阿嬌人小，難免還頑皮。今日求親，豈非太早了些？」「不早。遲了，便輪不到阿嬌了。」

「唔……也好，倒是兩全其美。嫖兒，你也是心盛，已是皇親了，還想做外戚！便去向栗姬提親吧。」

「栗姬是太子之母，未幾日，便可成皇后。僅憑兒臣這薄面，怕是要唐突了人家。」

竇太后聞言一怔，接著就笑道：「你繞了半日，原來是央我做媒！也罷，你表弟竇彭祖，近日新任奉常，我使囑他去提親。」

過了幾日，竇彭祖奉太后之意，果然來求見栗姬，為陳阿嬌提親。

栗姬見是竇彭祖來，又聞說奉了太后之意，便知是劉嫖使的手段，

想了想，便對竇彭祖道：「竇奉常，我看你年方弱冠，可是娶親不久？你當曉得，家中娘子務以賢淑為好。那陳阿嬌，是何等樣人，奉常可知？」

竇彭祖恭謹答道：「臣未聞阿嬌有何不好。」

「未聞？你只顧得侍奉祖宗了！那個阿嬌，生性怪僻，相貌鄙陋，如何配得我榮兒？只是那等才貌，便可做得漢家皇后嗎？」

「臣奉太后旨意，攜阿嬌庚帖來，只為提親。餘者，確乎未曾聞。」

聽到竇彭祖打官腔，栗姬便忍不住，索性撕破了臉說話：「竇奉常，長公主能說動太后，卻是說不動本宮。前次來提親，我就已回絕。今日奉常回去，可轉告長公主：此夢可以休矣！本宮之子，焉能娶阿嬌為妻？」

竇彭祖聞此言，臉色微變，只一揖道：「栗夫人之意，小臣聽明白了，當據實回稟太后。」說罷，頭也不回便走了。

那一邊，劉嫖翹首候了半日，聞竇彭祖空手而歸，不禁大怒：「哪裡來的野狐，生養個皇子，便想跋扈嗎？」

後半日，劉嫖便至竇太后處訴苦。竇太后聽罷，倒也不以為意，只一笑置之：「呵呵，我為你做了個媒，到底也沒用。」

自此，劉嫖甚厭惡栗姬，日夕不忘，每與人議起，必恨恨有聲。

王美人聞知此事，有心結好栗姬，便登栗姬之門，好言勸說道：「妾聞今上素敬長公主，凡長公主所言，無不從。後宮美人中，多為長公主所薦。栗夫人何不私會長公主，允了阿嬌這門親事。此後，長公主在今上面前，定當有美言。」

栗姬瞟一眼王美人，冷冷回道：「我兒既為太子，倒是無須費這般心

思。在後宮行走不易，也難為王美人了，竟如此小心。」

王美人未料一番好意，卻換來這般冷臉，心下就不快，勉強賠笑道：「栗夫人世面見得多，妾身萬不可及；所言也無他意，無非是為夫人好。」

栗姬便一笑：「我兒好，我便無不好，還有何人敢來欺凌？」便拿起銅鏡，端詳起新化的面妝來，不再理會王美人。

王美人自覺無趣，只得訕訕告退。

如此，栗姬因提親一事，竟接連得罪劉嫖、王美人。此二人，皆為景帝親近之人，如此輕易開罪，實是隱伏凶險。那栗姬只看眼前，不及全域性，眼見已是離禍事不遠了，卻渾然不覺。

王美人見栗姬冷面不可攀，便也無心再攀，只瞄著劉嫖曲意結好。平素在宮中偶然遇見，總要笑面相迎，噓寒問暖，恨不能敘談竟日方肯罷休。

那劉嫖性雖豪放，卻不愚鈍，見王美人百般示好，焉有不受之理。日久，也有心投桃報李。

這日重陽，氣候涼爽，劉嫖忽登綺蘭殿之門，口稱拜訪王美人。王美人受寵若驚，連忙執禮迎進。

兩人憑窗小坐，劉嫖便拿出一件襦裙來：「此乃南越國所貢『雲英紫裙』，昨日天子賜我，我哪裡能配？還是贈予王美人最好。」

王美人慌忙稱謝，起身接過襦裙來，輕輕摩挲，讚不絕口。

劉嫖便笑：「後宮多少美人，論姿容，能如王美人這般的，再無一個。」

王美人連忙謙遜道：「阿姊說笑了！妾乃小戶出身，舉止無措，少阿姊履下之塵都難呢。」

劉嫖聞此言，忽就觸動心事，冷哼了一聲：「你哪裡就是小戶？那狐

媚栗姬，才是微賤之人。我家阿嬌，金枝玉葉之身，如何就配不上那栗太子？」

王美人望望劉嫖，不禁嘆息一聲：「長公主家阿嬌，乖巧玲瓏，誰人不誇？妾身命薄，雖有子，亦無福得此佳婦。」

劉嫖眼中忽就精光一閃，拍掌道：「哦呀，我怎就未想到，我那愛女，許與你家劉徹，不是恰好？」

王美人放下襦裙，慌忙擺手道：「萬萬使不得！劉徹小子，僅為邊地諸侯王，哪裡比得上太子，別辱沒了你家阿嬌，實不敢高攀。」

劉嫖便佯作生氣：「什麼高攀不高攀，如何就說起了見外話？妳且坐好，我與妳從頭分說。」

王美人心中所願，正是要劉嫖入彀，臉上卻仍做惶恐狀，撫胸口喘息道：「長公主分明要折煞我。」

「妳聽我言，那栗姬自認儲君已定，來日得做太后，吃定要母儀天下。豈知那古往今來，廢立反覆乃家常事。本公主固是女流，卻也有些手段，且看我如何擺布，要教那栗家小兒做不成太子。」

「阿姊想得容易了。立儲君，社稷之大事也，如何就能輕易變更？栗姬性本如此，長公主也無須多心。」

「妳也不用勸。所謂禮尚往來，須得有往來；有那不知禮者，也就休怪我無情。」

王美人聞言，知劉嫖已有成算，心中便踏實，滿臉都是笑意：「能與長公主有約，結秦晉之好，乃妾之大幸。許多事，還有賴長公主護持。主上那一面，我這便去說，料定能獲恩准。」

兩人說得高興，劉嫖又叮囑王美人再三，方才告辭。

次日，王美人來見景帝，說起劉徹婚娶事，景帝不禁詫異：「小子劉徹，不過才四齡，論的什麼婚娶？」

王美人連忙辯白道：「並非妾自作主張，乃是長公主美意，要將阿嬌嫁與劉徹。」景帝不覺失笑：「阿姊又是任性！那阿嬌，慣於調皮撒潑，妳便不怕嗎？」

「女大，自然知禮。妾雖有猶豫，實不忍拂長公主美意。」

「唔……此事，倒也無不可。然劉徹到底年幼，來日方長，尚不知變數幾何。愛姬，妳在後宮，到底是看得淺，宗室間嫁娶，萬萬草率不得。」

兩家聯姻之事，未蒙景帝允准，王美人心中便急。回來遇見劉嫖，遮掩不住一臉愁容。

劉嫖得知景帝之意，倒也不急，只匆匆囑了一句：「我明日偕阿嬌來此，自有主張。你母子只管迎候。」

次日朝食後，劉嫖果然偕了阿嬌來訪。那阿嬌，還是頭回來綺蘭殿，見門扉上有鎦金銅鋪首[30]，並非獸形，而是瓜瓢狀，便覺新奇，上前摸了又摸。

劉嫖便喝斥道：「小女子不知禮，來此拜訪，要有個樣兒。那鋪首嵌了寶石，小心弄壞。」

王美人聞聲，急忙拉著劉徹，歡歡喜喜迎出，見過劉嫖母女。

劉嫖故作驚喜道：「謔矣，有些時日未見彘兒，如何就這般壯了！」

四人就在迴廊坐下，宮女送上一盤柚子，王夫人便親自動手，分給各人品嘗。

---

[30] 鋪首，門扉上的環形飾物，大多為獸首銜環狀。

主賓寒暄一番，劉嫖見劉徹活潑，兩眼骨碌碌直看阿嬌，便將劉徹一把抱過，置於膝上，摸著他頭頂戲言道：「好個漢家郎，姑母問你，可願娶媳婦否？」

劉徹望著劉嫖，只不住地眨眼。

劉嫖就指指身旁宮女，問道：「可合意否？」

連指幾個，劉徹均搖頭不語。劉嫖就笑：「小崽，居然也知美醜！」便又指阿嬌問道，「阿嬌可好嗎？」

那劉徹幼沖之年，竟然一笑，拍掌道：「好，好呀！若得阿嬌為婦，當貯於金屋。」[31]

劉嫖、王夫人聞此語，驚異之餘，不禁相視大笑。

劉嫖抱著劉徹起身，指點他鼻子道：「彘兒，一言既出，將來可悔不得！」便又回頭吩咐王美人，「妳帶了阿嬌，隨我來。」

如是，劉嫖走在前頭，四人相隨來至承明殿，赴東廂書房，拜見景帝。

景帝正在閱奏章，忽聞宦者通報，話音未落，四人便魚貫進來。景帝抬眼望望，心中便明白，不由責備道：「阿姊，我正有公事。」

劉嫖卻道：「我這事，亦不算私事，陛下且歇一歇。」

景帝只得嘆口氣，放下奏章，延請四人入座。抬頭環視，卻又忍不住笑：「妳們母子幾個，又有何正事？」

劉嫖抱起劉徹給景帝看，笑道：「如今我姑姪兩個，只是一條心了。」景帝便好奇：「如何說呢？」

劉嫖將方才之事敘述一遍，笑個不住。景帝也忍不住笑，問劉徹道：「小子，果真要金屋藏阿嬌嗎？」

---

[31] 金屋藏嬌，典出魏晉志怪《漢武故事》。史籍上雖未載，然其事流傳甚廣，或是確有所本。

212

小兒劉徹童心大發，嚷道：「阿翁，我要！」

　　眾人又一齊鬨笑。景帝便不言語，招手喚阿嬌到近前。

　　那阿嬌不懼旁人，卻是獨畏這位阿舅，於是乖乖趨前，恭謹一拜：「舅皇萬年！」

　　景帝便撫阿嬌頭頂，對劉嫖、王美人道：「這個麑兒，小小年紀，如何懂得獨愛阿嬌？」

　　劉嫖推劉徹向前，令他與阿嬌比肩而立，對景帝道：「啟弟，或是天意哩，也未可知。」

　　王美人也趁勢婉語道：「陛下，此等姻緣，怕是世間也少見。」

　　景帝看看兩個小兒女，忽就笑道：「也罷也罷！我兩家便定下親來，納吉、納徵，一應完備。等麑兒長成，再迎親也不遲。」

　　劉嫖、王美人聽得景帝恩准，都喜不自禁，按住劉徹、阿嬌，一齊向景帝叩了頭。此後，二人便成親家，過從更密，彼此都心照不宣，要將那栗姬母子扳倒。

　　長公主與王美人結盟事，栗姬也有耳聞，初時略覺不安，然轉念一想，劉榮既是太子，便不怕那皇后鳳冠落在別家，只須耐心等候，一朝封後，也就無須再怕那二人搗鬼。

　　又想那堂堂正正的薄皇后，都被自家搬掉，一個全無根底的王美人，又能怎樣？於是便不在意。

　　再說劉嫖這邊，卻是無日不在用心。轉過年來，宮內外都風傳，景帝要封栗姬為皇后。劉嫖聞聽，急得心頭冒火，連忙來宮中見景帝。

　　劉嫖料定景帝又在看奏摺，往承明殿一問，方知景帝帶了衛士，赴上林苑游獵去了。

原來，景帝自幼受文帝訓導，最嗜騎射，故而得閒便要去上林苑，馳射一番。

劉嫖撲了空，又怕封后之事若議定，便不好翻轉，於是急趨御廄，欲索借一匹良馬，直驅上林苑。

時有太廄令正在當值，見長公主匆匆奔入，張口便要借馬，不禁愕然：「長公主，御廄之馬，無太僕手令，小臣怎敢借出？」

「哦？那太僕手令，又如何討到？」

「須有丞相府下文。」

劉嫖便大怒：「若將那文牘都備好，半日也消磨完了。你便牽馬與我，回頭再稟太僕。」

太廄令臉色便一白：「若此，小臣的頭顱便不保了。」

「胡言！本宮借你馬用，莫非還能謀反嗎？」說著，便拔下一支金簪來，「事急，顧不得許多了，你只管以此為證，去報太僕。本宮急用馬，要赴上林苑見天子。」

「這個……小臣頭顱雖可保，官爵也將不保。」

「休得囉啡！哪個敢削你官爵，我去與主上說。」

那太廄令無奈，只得選了一匹好馬來，備好鞍韉、馬鞭，交與劉嫖。

見劉嫖飛身上馬，攬轡欲行，太廄令急忙喚住：「南去上林苑，最近處，亦有二十餘里，長公主單騎而往，各亭長怎能放行？」

劉嫖不屑道：「堂堂近畿，還有何人敢攔我嗎？」

太廄令搖頭道：「只恐是寸步難行！」

劉嫖蹙起眉，猛瞥見兵器架上有黃鉞，便催馬近前，伸手拔出一支

來，道了聲：「歸來再奉還！」而後撥馬便走。

那太廄令眼見勸阻不住，只能頓足嘆息。

劉嫖獨騎出覆盎門，一路南下，果然各亭一見到黃鉞，都不敢阻攔。亭卒們只是甚奇：曠野間，何來宮中女子獨行？

在路上馳驅多時，劉嫖只覺口渴，匆忙中未帶水囊，便想討口水喝。手搭涼棚一望，大路兩旁，全無人家，只在半里開外，有一老者在田間掘土，便催馬近前。

只見那老者白髮皤然，年已逾花甲，卻是手執鐵錘，奮力挖土不止。劉嫖便跳下馬來，高聲道：「敢問老丈，附近可有水井？」

那老者回首打量，見劉嫖模樣，便放下鐵錘，施了一禮：「女俠此是何往？」

劉嫖連忙回個萬福，答道：「女子欲往上林苑，半途口渴，故而有所打擾。只不知，老丈如何稱我為女俠？」

「哈哈！執黃鉞，橫行天下，不是女俠又是什麼？」

這一句話，惹得劉嫖大笑：「老丈玩笑了！想是已看破我身分，小女乃宮中女官，有急事赴上林苑。」

老者便一指身邊木桶：「此處無井，女客官若不嫌棄，桶中有水，盡可飲用。」劉嫖早覺喉中冒火，連忙搶上，拿起水瓢喝了個飽。

放下水瓢，劉嫖朝四周望望，便覺好奇：「老丈，如何一人在此掘土？」

老者便反問道：「天下士農工商，唯農夫可獨往獨來一人勞作，這有何不好？」「貴府是在附近嗎？」

「小民家住城西交道亭，在此賃地耕種。」「呀，如此之遠！何不在

城邊租地？」

「敢問女官，那城邊之地，還有權貴未曾占的嗎？」

劉嫖便語塞，一時臉漲紅，稍後才慌忙施禮道：「多謝老丈了。女子事急，不便多言，這便告辭了。」

那老者擺手一笑：「一瓢水耳，何必言謝？看女官風度，絕非尋常。今日赴上林苑，必有天大的事，老夫這便送你一語。」

劉嫖驚得雙目大睜：「小女願恭聽。」

「莊子曾有言：『若成若不成而無後患者，唯有德者能之。』女官此刻，或一心想事成，其餘全不顧了，故而不惜用巧。豈不知，用巧乃是小智，有德方為大智。欲無後患，便不可失德。」

劉嫖心下一震，脫口道：「長者你是……」

老者抹一抹額上汗，拾起鐵鍤來，淡淡一笑：「敝姓王，芸芸眾生也。」

劉嫖便覺恍惚，稍一遲疑，才翻身上馬，道了聲：「高人在上，小女在此謝過了！」方揚起鞭，催馬而去。

此後又疾奔半晌，一路上次想老者所言，竟不解他所指為何。

堪堪已近苑門，見有北軍警蹕，可知天子正在此。劉嫖將那黃鉞一橫，上前問過，打探出景帝所在，低喝了一聲：「長公主謁見天子！」便打馬馳入苑內。

苑門有上林尉值守，恰巧識得劉嫖，又見她有黃鉞在手，便也不多問，揮手放行。

不多時，只聞前頭人喊馬嘶，喧騰一片。劉嫖循聲望去，果然見到景帝一行，便拍馬上前。

景帝此時正縱馬騎射，意興飛揚，忽聞諸人皆大呼：「長公主駕到——」便猛一驚，急忙勒馬回看。

見劉嫖獨騎而至，景帝就更奇，劈面便問：「阿姊，妳一人，如何能來到此處？」劉嫖微微一笑：「事急，阿姊自有妙法。」

「上林苑方圓數百里，虧你能找得到我。有何事恁急？」

「自然是急！近日聞說，啟弟要立栗姬為皇后？」

景帝這才大悟，不由嗔怪道：「此事，阿姊何須費心？太子既立，皇后位卻虛懸多時，不獨大臣不安，民間也有議論。」

「阿姊來，正是為此事。那栗姬為人，萬萬坐不得中宮！」

「這是如何說的？栗姬性雖孤僻，卻未聞有何不謹。」

「不可！栗姬氣量甚狹，與後宮諸姬皆不睦。又好邪術，每與後宮諸夫人相會，則令涓人咒之，唾人後背⋯⋯」

景帝大驚：「你這是自何處聽來？」

劉嫖一笑：「後宮上至諸夫人，下至宮婢，無人不知，弟可隨意去詢問。」

景帝便沉吟不語，半晌方道：「後宮諸姬妾，不比阿姊，多偏狹任性。來日，待我告誡栗姬。」

劉嫖發急，也顧不得適才老者勸告了，橫下心來，要用巧言激之：「啟弟你自登大位，內廷諸事皆順，萬不可平地起風波。那栗姬量狹若此，一旦為后，漢宮恐將重見『人彘』！」

景帝聞言，渾身就一震，當即攬過轡頭，向左右大呼道：「今日既罷，這便打道回宮！」又回首對劉嫖道，「多虧阿姊提醒，此事不急，我自有分曉。」

217

劉嫖這一語，可謂擊中要害，立時見效。自此，景帝對栗姬便生怨望之心，只是想到太子既立，不宜翻覆，便將立皇后之事擱置下來。

如此一來，栗姬也猜到景帝心事，料想是長公主背後攛掇，便也心怨景帝，事便越發無可補救。

有一日，景帝疲累異常，臥床不能起，心中不樂，忽就想到身後事，便召栗姬來，叮囑道：「朕日夜操勞，命或不久。吾百歲之後，愛姬須仁厚，要善待諸皇子。」

栗姬素來輕蔑後宮諸美人，哪裡肯受這託付，只道：「諸皇子皆有生母，輪不到妾來操心。」

景帝便嘆氣：「榮兒為太子，妳在後宮，終究有人望。託付諸子與妳，有何不妥？」

「妾哪裡有人望？若有人望，既為太子母，又何以為妖媚所欺？」

「婦人爭寵，小戶人家也難免。妳為後宮厚重者，又何必小器？」

栗姬便惱恨道：「我倒不欲小器，寧肯將正宮讓與新寵。陛下大量，看中哪個，自可不必遮遮掩掩。」

景帝便拍床榻道：「放肆！怎可這般說話？」

栗姬憤然立起身，恨恨道：「話都不可說，又何必託付身後事？」景帝頓感沮喪，不欲再爭執，揮揮袖，命栗姬退下了。

栗姬也不言語，轉身即走。景帝心中不由怒甚，恨不能立即將栗姬貶黜，然想想太子才立，又怎能處罰太子之母，只得暫且隱忍不發。

如此，栗姬與景帝間，便成僵局，只礙著栗太子之位，才未撕破面皮。

那一邊，偏偏劉嫖又不肯閒，每隔三五日，必來窺探景帝之意。每與景帝閒聊，總存了心思，誇讚王美人之子如何孝順。

要說那劉徹，確也爭氣，雖是年幼，卻聰明過人。與涓人及諸兄弟遊戲，善察言觀色而應之。宮中人無論大小，皆能討得人家歡心。及在景帝面前，則恭敬應對，有若成人。便是竇太后那邊的人，見他如此，也都暗自稱奇。

　　景帝原本就喜愛劉徹，聞劉嫖之言，也誇說劉徹甚是懂事。景帝不由就想起夢境所見，覺劉徹倒甚合「紅日入懷」之兆，若為太子，或更妥貼些……如此一想，便越覺王美人母子稱心，漸有了更換太子之意，只是一時未能定奪。

　　此事遷延一年有餘，皇后之位只是空懸，朝中難免有些竊竊私語，只是無人敢提罷了。

　　說話之間，歲月匆匆而逝，眨眼已是前元七年（西元前 150 年）二月，丞相陶青忽告病免。景帝看看文臣中已無相才，便將太尉周亞夫拔為丞相。又想到四海清平，今後不宜再言兵，索性就不再置太尉官。

　　如此，平亂之後，兩年間內外皆無事。景帝正自得意間，忽一日看奏章，見有大行[32]董奉上書道：「俗諺云：『母以子貴，子以母貴。』今太子之母，竟無名號，實是於禮不合，宜立栗氏為皇后。」

　　董奉此奏若在平常，並無不妥；然此時後宮事正值微妙，貿然倡言立后，便成大忌。

　　景帝閱後，勃然大怒：「此事豈是你所宜言！」便將奏章狠狠擲地，竟摔斷了編繩，致竹簡四散飛落。

　　隨侍宦者聞聲而入，見此不禁瞠目，景帝便大喝道：「去傳廷尉蕭勝來！」

---

[32] 大行，官職名，春秋各國皆置。掌覲見、聘問事，為典客屬官。

此時景帝甚是疑心，此奏所言，乃是栗姬授意，便喃喃道：「無意敦睦後宮，卻有心結交大臣，竟是何居心……」

少頃，廷尉蕭勝聞召而來。景帝便一指地上竹簡道：「大行董奉，不理朝中職事，卻串通後宮，妄言廢立。著即免官，下詔獄問罪！」

那蕭勝乃是蕭何曾孫，襲為酇（ㄗㄢˋ）侯，新任廷尉不久，見一地狼藉，亦覺惶然，連忙將散簡收起，一面應道：「臣定當按律懲治。」

「無論何律，大臣當知內外，不得參與廢立。董奉之罪，當誅！半月後，朕便容不得他仍在人世。」

蕭勝頓時汗流如注，倉皇應諾一聲，便退了下去。

隨後，景帝又召郎中令周文仁來。景帝問道：「你執掌宮禁，可曾見栗姬串通大臣？」

周文仁臉色一白，忙回道：「栗姬交通大臣事，宮內有涓人風傳，然並無實據。」景帝便面露不豫之色：「既有風傳，如何不稟報？」

周文仁忙道：「臣下用心察問過，然無人能坐實，栗夫人終究勢大……」

「昏話！後宮姬妾，何來勢大？只是你這班人懼怕栗太子，有心留後路！」周文仁慌忙伏道地：「臣有疏漏，罪當責。」

「栗姬若未交通大臣，如何董奉有上奏，促我立栗姬為后？」

聞此言，周文仁忽就想起，連忙回道：「董奉上奏事，臣不知；然曾聞栗夫人之兄栗卿，聯繫大臣，欲立栗姬為后。」

景帝兩眼便炯炯有光：「果真是你耳聞？這便是了！那栗卿，繼晁錯之後為御史大夫，反倒不如晁錯，正事不為，只在此等事上用心。你退下吧，宮內諸事，你還需多設耳目。」

周文仁只覺渾身是汗，連忙諾諾退下。

當夜，董奉家中，便如狼似虎闖進一班公差，不由分說，將董奉鎖拿，下了廷尉獄。

那廷尉蕭勝奉了詔旨，不敢怠慢，次日晨，便親自提審。待問到交通栗姬事，董奉哪裡肯招認，只道是：「太子之母當立后。臣只知古制如此，何須栗夫人慫恿？」

蕭勝秉性不似乃祖，本就粗豪，當即罵道：「既無通謀事，莫不是黃粱飯食得多了，要來妄言立后！天子何時立后，立何人為后，與你又有何相干？」

「乃是大有關係！孔子曰：『不知禮，無以立也。』皇后空懸多時，便是背禮，臣不忍見當朝者違制不遵。」

蕭勝便拍案怒道：「我只當孔子是個鳥！你可知『陪臣執國命』，亦為孔子所厭。你個大行官，招呼好各藩王覲見便罷，無端多事，惹怒了聖顏，不是自尋死嗎？」

董奉下獄之初，還未料到已成逆鱗之罪。至此，方知景帝已有意誅除，不禁倍感冤抑，雙淚長流，昂頭應道：「臣子盡職，便是不欲見主上有失。我之衷心，蒼天可鑑。此議，自是有人與我話及，然絕非栗姬。」

蕭勝聞此言，舒一口氣道：「董君早說便好，又何必受苦。究是何人指使，便招來吧。」

「我若招出，將負萬世不義之名。此等事，豈是我所能為？文臣者，自當效乃祖蕭何，下了詔獄，也須有幾分骨氣。」

蕭勝便暴怒道：「死到臨頭，還知譏我乎？來人，大刑伺候！」

此後數日，董奉在詔獄，幾番受嚴刑拷問，慘苦不可言狀，卻只是堅不吐口。

如此拖延幾日，董奉已體無完膚。蕭勝看得心驚，也怕時限過了，景帝要發怒，只得草草審決，上奏道：「大行董奉，妄奏廢立，雖已供出有人主使，卻含混不吐姓名。以常情推斷，當屬栗夫人無疑。否則，無利害相涉者，何以要指使妄奏？董奉狂悖，實無可赦，當斬之。背後煽惑之人，亦不可縱。」

景帝看過，頗覺稱意，立召蕭勝前來，笑誇道：「往日看你豪放，只道你難勝廷尉之職。今見你斷案之明，不輸於前任。他供也罷，不供也罷，總之是個死。」便提筆批下一個「可」字。

那蕭勝此時雖交了差，卻隱隱生出不忍之意來，小心問道：「董奉固是罪不容誅，然其族屬……」

景帝頭也不抬道：「朕並無株連之意。斬決董奉，只限在三日內，其餘無多話。」

於此三日後，蕭勝奉詔監斬，東市中一陣鼓響，刀起頭落。可憐那董奉，究竟緣何獲罪，至死仍在懵懂中。

九卿主吏因奏事被誅，闔朝文武聞此變故，無不震恐。官吏私下裡亦頗唏噓，都互相告誡，今後若被察問，還不如自裁，免得死時受辱。

董奉斬決當日，景帝即有詔下：罷廢太子為臨江王，著即就國。

此詔並未列舉劉榮過錯，算是無故廢太子。朝中諸臣聞此，無不心驚，皆知後宮有變，料定是栗姬已然失勢。

豈料下詔之日，朝中卻有兩人，挺身而出，力言不可。這兩人，便是周亞夫與竇嬰。

周亞夫當廷慨然爭道：「無嫡立長，自古已然，而今太子無過而被廢，恐人心難服。且此例一開，後世難免援引，或有人懷私利，則遺禍於後世無窮。」

景帝不意朝中兩位重臣抗命，神色即不悅，冷下臉道：「何以他人不語，獨丞相與魏其侯抗言？太子雖無過，其母卻有不謹。母無儀，則子便不宜為儲。丞相與栗太子並無私，可不必再爭了。」

周亞夫朗聲道：「恰是臣無私，方敢放膽言之。孔子曰：『吾未見剛者。』朝堂議事，若剛者少，則難稱仁政，此臣所不忍見也。」

聽得周亞夫言辭激烈，諸臣只覺汗流浹背，俱不敢多言。

景帝登時大不悅，怒目周亞夫多時，方道：「儒家之說，只合於治民；宗室、臣僚皆應以法家手段治之，不得令其左右大政。周丞相誠有不忍見，然朕亦不忍見再出一個晁錯！」

周亞夫聞景帝出言威嚇，心頭便一沉，只得謝罪道：「恕臣有所冒犯。臣之言，陛下可以不納。」

景帝瞥一眼周亞夫，強壓住怒氣道：「爭便爭了。丞相今後議政，也須少些武人氣。」又掉頭對竇嬰道，「太子不德，乃因其母之故，朕並未言太子太傅有錯，你又與我爭的什麼？」言畢，氣仍未消，索性替謁者喊了聲，「就如此吧，罷朝！」

當日罷朝，周亞夫、竇嬰皆憤憤不已。次日，竇嬰便告病不朝，自去南山下閒居，覓得幾個趙地美姬，左擁右抱，不再問外事。

再說那栗姬，在椒房殿聞太子位有變，激憤難當，當即大罵道：「賤婦作祟，主上如何也成了盲聾！」便換上鳳袍，欲往見景帝。不料才至殿口，便見有謁者十數人，執戟將殿門守住，不許出入。

223

栗姬這才知自家已被軟禁，心中大悲，手指前殿罵道：「人情炎涼若此，還不如禽畜。兩賊婦，看妳輩能得意幾時。妳二人禍心，孽及子孫，必是女守寡、男就戮，各個不得好死！」罵畢，便反身入寢殿，食水不進，臥床不起。

這一場宮闈之鬥，栗姬最是恨景帝無情，至此猶不知：其中全是王美人在操縱。

原來，王美人於日前探得，景帝對栗姬已不能再忍，便使了一個反激之計，假意與董奉閒聊，其間嘆息連連。

董奉不知是計，忙問其故。王美人便假意道：「太子已立一年有餘，皇后位卻空懸，不與栗姬，臣民頗有議論，後宮諸姬也都難做人。」

董奉性直，果然上當，當即應道：「王夫人不必憂慮。此事，眾人皆以為不妥，明日我上奏便是。太子之母，當為皇后；早一日定下，國本便早一日可安。」

哄騙住董奉，王美人又赴周文仁處，送了些金版、玳瑁之類，說起栗卿曾聯繫大臣，謀立其妹為后。

周文仁聽罷神色一變，欲言而又止。王美人見勢，便勸說周文仁舉發。周文仁心中有數，收下禮，只說是伺機行事，囑王美人勿急。

如此，王美人不露聲色，只略施小計，便令那董奉、周文仁甘受驅遣。翻雲覆雨之下，果然引得景帝大怒，將劉榮廢黜。歷來宮闈帷幄間事，陰鷙無有過於此者。只可惜了董奉，至死仍矇在鼓裡，不知是王美人蓄意挑唆。

長公主劉嫖先聞太子被廢喜訊，立奔至綺蘭殿，告知王美人。王美人幾疑是在夢中，忍不住笑出聲來，與劉嫖擊掌相慶。

劉嫖便道：「教那栗姬倡狂！如今皇后未得，太子卻先失了。依我之見，小兒劉徹，果真就有紅日之運。夫人且靜候稍許，將來天下，定是妳我親家的。」

王美人忽想起一事，怔了怔，嘆口氣道：「栗太子被廢，固是咎由自取，然那董奉……」

劉嫖便道：「他自家惹事，妳憐他做什麼？今日我姊妹兩個，高興還來不及呢！」

王美人忙施禮道：「阿姊說得是！今日事，阿姊居功至大。既是喜事，妳我可摒去左右，且飲一卮酒再說。」

劉嫖大笑道：「我不要醴酒，妳只管取清酒來。一醉方休，才是正道。」

此後，兩人只顧高興，坐等喜從天降。卻未防備，此間另有一人，挾強勢要來爭嗣位，直直要壞兩人的大事！

此人便是梁王劉武。

原來，劉武在睢陽，聞知栗姬已失寵，便料定栗太子之位難保。於是帶了隨從，先期潛入長安，在梁邸靜觀其變。果不其然，數日後，栗太子便失位，闔朝轟動，劉武更是一夜未眠。

說來，劉武覬覦嗣君之位，已遠非三五日。年前景帝曾戲言，要傳位於劉武，卻被竇嬰勸阻，劉武於此耿耿於懷。平亂之後，自恃有大功，索性不經朝廷，自置國相及二千石吏，出入稱警蹕，車旗儀仗，皆僭於天子。

景帝在長安聞之，頗為不快，私下裡屢次發怒，拒見梁使。竇太后聞聽此事，也恨劉武不懂事，不禁罵道：「豎子！欲得嗣君做，豈能如此

無禮？」因厭劉武，竟也遷怒於梁國使者。時有韓安國為使者，入都覲見，竇太后卻不肯見。

韓安國老成持重，知此事定要轉圜過去，否則將不可收拾。便去求見長公主，伏地泣告道：「何以梁王為人子之孝、為人臣之忠，而太后卻無所見？日前七國俱反，自崤關以東，皆合縱以西向；唯梁國最親，拚死以阻之。梁王念太后、天子在關中，諸侯來犯，其勢岌岌可危，與臣等議事，常一言而數行泣下。時有吳楚軍壓境，梁王跪送臣等領兵，擊退吳楚軍。致吳楚雖擁兵三十萬，卻不敢過睢陽。不旋踵，即告敗亡，實乃梁王之力也。」

劉嫖聞言，兩眼便也溼潤，連忙道：「韓將軍所言，太后也並非不知。亂起之後，太后數度與我說起，若非武弟，關中恐將不保⋯⋯」

韓安國趁勢又道：「今太后以小過而苛責梁王，又是何故？梁王父兄皆帝王，所見者大，習以為常，故而出稱蹕、入稱警。那車旗儀仗，亦為天子所賜，馳驅國中，無非欲誇耀於諸侯，令天下知太后、天子愛梁王也。」

劉嫖便嘆氣：「武弟任性，自幼便如此，實是無心之過。」

韓安國當即躬身，重重叩首道：「今梁使者入都，動輒受責備，梁王為之惶恐，日夜涕泣，不知所為。何以梁王之忠孝，太后卻偏不體恤？」

劉嫖慌忙擺手道：「將軍不必如此！今日所言，我也不知其詳；明日即入稟太后，定為梁王緩頰。」

次日，劉嫖果然入宮，將韓安國所言，詳盡稟告。竇太后聞聽，方有所動容：「有這等事？那武兒，為何不早說！得空閒，我便去與天子說。」

隔了幾日，竇太后果然說與景帝，景帝聽罷，心中方才釋然，連忙免冠向太后謝罪道：「此乃兒臣之過。兄弟不能相知，累及太后擔憂了。」

　　這以後，再有梁使入朝，景帝無不召見，且予以厚賜。由此，劉武與太后、景帝，方冰釋前嫌，日益親歡。竇太后、劉嫖念韓安國斡旋有功，所賜韓安國之物，價值千金。韓安國以此名聲大振，始為朝廷所重。

　　時至今日，梁王劉武聽聞栗太子被黜，不禁大喜過望，想自家苦守睢陽，獨力支撐，方保得漢家山河完璧，此功若不得傳位，豈非沒有天理？

　　於是，便夤夜入永樂宮，進謁竇太后。

　　竇太后見劉武前來，又喜又驚：「武兒，你早不來，如何此時做賊般前來？」

　　劉武下拜道：「兒守睢陽時，唯恐再不得見阿娘，只恨不能乘鶴飛至長安。今入長安，白日裡，卻又有千頭萬緒要打理，故而問安來遲。」

　　「勿說那些喪氣話，武兒命長，哪裡就能見不到？」「兒今來，正有一事，要請阿娘做主。」

　　「呵呵，你能守得半個天下，有何事還需求我？」

　　「兒臣近聞，栗太子已被廢⋯⋯」劉武說到此，便嚥下後面不說，直望住竇太后。

　　竇太后心內便雪亮，抓住劉武之手道：「孩兒，此事急不得，然亦不能大意。如今你平亂有功，得了歷練，足可當天下之任。為母明日就設家宴，召你阿兄來，委婉提起。只是你須慎言，不可過急。」

「阿娘，兒臣以為：諸皇子今皆年幼，不足以當大事。君王之位，兄終弟及，自古便有此例。兒此請，實是為天下計。」

竇太后便笑：「說得好聽！我看周亞夫不救你，倒是成全了你，今日說話，竟是這般有信心。」

次日，竇太后果然在鴻臺設家宴，召來景帝與梁王，三人共酌。

當此暮春時節，鶯飛草長，鴻臺上所見曠野，都沐在豔陽中。景帝倚欄眺望，便甚覺愜意：「幼時常聞父皇誇讚，說是鴻臺景色世間無匹。我一向極少來此，今日看，果然是好。」

竇太后便道：「往昔時，你祖母也樂登此臺，與我閒話高帝之事。」「高帝得來這好山河，幸而未失於我手。為人君者，實屬大不易！」

「啟兒說得好！那七國亂起，周亞夫尚不敢攖其鋒，多虧你武弟硬撐，方保得這山河在。睢陽被圍那幾日，為母不曾有一夜安眠，只恐再也見不到武兒。」

劉武便笑：「哪裡就至於！亂起時，兒身陷其中，只顧守城，渾然不覺其危。」

竇太后便舉杯向景帝道：「啟兒，吾老矣，不知還捱得幾時。武兒可憐，他以後諸般事，唯有託付兄長了。」

景帝聞此言，慌忙離座，伏地向太后拜道：「阿娘無須憂心！今日之言，兒謹記，定要善待吾弟。」

竇太后滿臉歡悅，連忙扶起景帝，連聲說好：「為母就喜聽這話。咱這一家，雖居於高位，到底還是小戶人家。長兄為父，須做到孝悌兩全，啟兒莫忘就好。」

當日，飲酒至後晌，三人盡歡而散。景帝返回未央宮，稍作假寐，

方覺酒醒。想起太后所言,似大有深意在,不由就一驚:「太后之言,莫不是暗囑我,要允那梁王『兄終弟及』?」

想到此,心中就一凜,無心安坐,只思忖道:若允了梁王,將何如?若不允他,又將怎樣?全然理不出頭緒來。

太后偏憐梁王,景帝心中早有數。然傳位之事,牽涉大局,梁王能否當此大任,臣民可否心服,全不可預料。此議,當是太后與梁王醞釀已久,若斷然拒之,太后惱起來,那不孝不悌之名,自家又怎生擔得起?

在書房徘徊良久,景帝仍不能決斷,又不知與何人商量才好。情急之下,忽就想起一個人來,那便是袁盎。

卻說袁盎在七國亂時,讒詆晁錯,致晁錯枉送了性命,卻未能說服吳王來降。景帝對他,便有所輕慢。待亂平,立劉禮為楚王,即改派袁盎為楚相,貶出了京去。

在楚相任上,袁盎仍不甘寂寞,又幾次上書獻計,景帝卻一概不納。時不久,袁盎甚覺無趣,便上書告退,病免歸家。

返回長安後,居家無事,袁盎只與閭里浮浪兒廝混,鬥雞走狗,呼嘯出入,全不成個體統。

時有洛陽大俠劇孟,慕名來訪,袁盎將他延至家中,盛情款待,相與遊玩多日,方依依作別。

卻說有一安陵富人,素與袁盎相熟,便看不過眼去。一日,那富人偕友,數騎出行,半路恰遇袁盎,便勸袁盎道:「多日不見,不意將軍竟頹喪至此。那劇孟,不過一賭徒耳,將軍何以與之相交?」

袁盎瞥了那人一眼,慨然答道:「劇孟固是賭徒,然其母死,遠客來

送喪，車輛有千餘乘之多，可見此人亦有過人之處。他人若有急事，一旦求助，劇孟一概不推辭，天下能為此者，僅劇孟等一二人而已。此輩人，又有何不可交？」

安陵富人當下臉就漲紅，反駁道：「將軍若遇事，有好友三五隨從，即可解難，何用遠交遊俠？」

袁盎便有怒氣，一指那富人道：「公之所謂友，皆酒肉中人，錢財尚不可相托，焉可託付生死？公之身後，看似有數騎隨從，一旦有緩急，當真就可依恃嗎？」

那富人一時語塞，臉色驟變。袁盎氣仍未平，索性當街大罵，引得眾人出來圍觀。直罵得那富人顏面全無，抱頭鼠竄。

袁盎罵富一事，不久即傳遍長安，朝中諸公聞之，皆多有讚譽。

此事傳至景帝耳中，景帝也不禁一笑，覺袁盎倒還有可取之處。於是凡遇疑難事，便遣人去向袁盎問計。

此次梁王欲求為嗣君，央了太后出面，景帝便覺棘手，當即召袁盎來宮中密議。

聽罷景帝述說始末，袁盎立時坐直，肅然道：「立梁王為嗣，即是太后出面，臣也以為絕不可行！」

「兄終弟及，史有先例。袁公多知典故，請為朕講明不可行之理。」

「君王之位，兄終弟及，春秋時便有，然卻不是好事。當初宋宣公立嗣，不立子，卻偏要立弟。此後五世子姪輩，互相爭國，禍亂竟至綿延不絕。」

「哦？這是為何呢？」

「君王兄弟之間，或可敦睦；然立弟，子必不服。兩家後人，便視

若寇仇。且各有臣屬，懷擁立爭功之心，彼此攻殺。如此下去，宮牆之內，恐無一刻能安寧矣！」

此言一出，景帝便覺悚然，連連頷首，當即斷了傳位於梁王之念。隔日，便專程赴永樂宮，進謁竇太后，將袁盎之言轉述。

竇太后聞之，臉色略顯不悅，然亦知袁盎之言有理。沉默有頃，方緩緩道：「啟兒，我知其中利害了。此議，日後永不再提，我在或不在，只需好生看顧武弟就是。」

景帝這才將心放下，又勸慰太后多時，方才告辭。

那一邊，劉武朝思暮想，翹首等候，卻不見景帝有何回應。再入長樂宮去，太后也絕口不再談此事。

劉武也不敢再問，只覺沮喪萬分。如此，在梁邸借酒澆愁，忽就想出了一個主意。

隔日，劉武便向景帝上書，求乞賜地。書曰：「臣擬徵發梁民，自睢陽至長樂宮門，築甬道一條，路邊築牆，上覆棚蓋，可通戎輅車，以便隨時覲見太后。」

景帝閱畢，心下駭然，欲駁回，又恐引太后不快。便於次日上朝時，將此書頒示群臣，徵詢眾意。

群臣聞之，頓時滿堂大譁，都說此議匪夷所思，實是亙古罕見。袁盎更是挺身出列，嚴詞駁斥。景帝見眾議皆言不可，心中便有了底。

罷朝後，立召劉武入宮，私下訓誡道：「武弟已是諸侯王，雖平亂有功，亦不宜再封賞。所議甬道之事，太過荒唐。想那近畿之田，寸土寸金，若徵地築路，豈不要騷擾千萬家。弟之此議，欲令我為秦始皇乎？近日你在長安，淹留已久，吾意還是早歸才好，免得惹出議論來。」

劉武遭此兜頭冷水，更加沮喪。回到梁邸，立遣隨從四處打探，方知是袁盎進言，壞了天大的好事。不由牙根就癢，恨不能當場就手刃袁盎。

　　正徘徊間，不料景帝又有詔下，明令梁王返國，無須逗留。劉武只得召羊勝、公孫詭等人來議，諸人都以為，如今闔朝矚目，萬不可抗旨，還是先返國為妙。

　　劉武想想，忍不住怒罵道：「袁盎那豎子，當日在吳營遇險，我如何就救了他！」

　　眾人見此，又是一番苦勸，劉武方才忍下氣，黯然離京，回睢陽去了。

　　這半月裡，劉武在宮中所為，事機甚密，外人無所知。然劉嫖卻得了些風聲，吃驚不小，連忙入宮來，說與王美人聽。王美人聞此變故，亦是大驚。

　　時值春光正好，滿庭芳菲。兩人坐在迴廊上，憑欄而望，見劉徹天真爛漫，正與宦者一道，伏在階下捉蟲。王美人便有淚下：「我們姊妹，使盡了力氣，方才掀翻了栗太子，卻未料是徒勞一場……」

　　劉嫖便蹙眉勸道：「夫人不必急，事在未定之數，尚可一搏。」

　　於是兩人密議一番，由劉嫖出面，往竇太后處去打探。不料，竇太后見劉嫖來，卻只問了些阿嬌、劉徹的瑣細事，絕口不提「立儲」二字。

　　劉嫖忍不住，提起罷廢太子的話頭，竇太后只是搖頭：「妳那啟弟，自幼就心性不穩，不喜栗姬也就罷了，如何要廢太子？只可憐了我那長孫。」

　　劉嫖壯了壯膽，又提起梁王來：「我看武弟倒還沉穩些。」

竇太后便似有警覺，擺擺手道：「武兒自有福，無須阿娘我掛心，隨他去好了。」

　　劉嫖一無所獲，只得怏怏而歸，見了王美人便搖頭。兩人又做商議，仍苦無良策，不禁相對嘆息，也只能在景帝面前小心行事。

　　如此提心吊膽，捱了數日。時至四月中，劉嫖忽奔入綺蘭殿內，高聲喚道：「夫人，梁王歸國了！」

　　王美人聞聲迎出，仍神色不安道：「他雖歸國，心卻未死，豈不照舊要謀為嗣君？」

　　劉嫖便詭祕一笑：「夫人放心。他一鼓未成，便是洩氣了。」

深宮謀計，美人心機鬥後宮

酷吏無情，皇子含淚嘆命運

前元七年的春上，雖是春和景明之日，內廷外朝，卻頗不寧靖。許多禍事的根苗，皆因此次廢立而起，堪稱凶險。

恰如眾人所料，劉榮既失了太子位，栗氏一門便再無好運。四月中，景帝即有詔下，貶栗姬入永巷軟禁。其兄栗卿問罪，免去御史大夫，由宗室劉舍接任。

詔下之日，百官心中無不慨嘆。眼見得一門外戚，前幾日還威勢赫赫，無人不逢迎，一夜之間，便跌落深淵，灰飛煙滅了。

當日早晨，周文仁奉了詔令，帶領一眾宦者赴椒房殿，令栗姬徙至永巷。

一行人擁進殿中，周文仁立於當庭，高聲道：「栗夫人接旨！」

栗姬卻仍舊倚在床上，理也不理，一語不發。眾宦者見此，便上前要去拽起。

那周文仁受了王美人之賄，曾告發栗卿，終究心中有愧，連忙喝止，也顧不得禮儀了，只管將詔書宣讀完畢。

栗姬早知有這一日，聽罷宣詔，冷笑一聲，仍舊是無語。

周文仁見此，想到早年戚夫人事，也怕身後留有惡名，便吩咐眾涓人道：「栗夫人往永巷，任是何人，均不得慢待。去尋個舁床來，將夫人抬去。原有侍女，也一併隨行。」

那殿中隨侍宮女，逢此驟變，無不默默流淚，連忙上前扶起栗姬，

酷吏無情，皇子含淚嘆命運

一面就收拾細軟。

不到半日，椒房殿便被清空。周文仁暗想：既有關照，栗姬在永巷，諒也不至太苦。於是心下稍安，回去覆命了。

此後之事，正如劉嫖所料：梁王謀儲位之事，已屬無望。至四月乙巳日（十七日），景帝果然有詔下，立王美人為皇后；數日後，又立膠東王劉徹為太子。

那劉徹，原名為劉彘。擬詔時，景帝斟酌再三，終覺其名不雅，便據其音，隨手改為「徹」字。當時只未料到，此名後來竟響徹千古。

正所謂一夕之間，高岸為谷，深谷為陵。王美人母子博得景帝歡心，雙雙躍上高位。朝野官民聞此訊，雖是早已猜到，卻也咂舌不已。

立皇后之日，闔朝同賀；寂寥永巷中，卻另是一番情景。栗姬臥於竹床上，已有數日未進飲食，雖有宮女苦勸，卻一箸也不動，只是兩眼圓睜，緘默如石。

至乙巳當日，宮女晨起來看，栗姬面如白堊，氣息奄奄，眼見便要挨不過去，於是紛紛跪地苦勸：「有皇子在，夫人不可自棄。」

栗姬聞此勸，面色稍緩，身旁宮女連忙端起碗，餵了幾勺羹湯下去。

至午，前殿有宦者來公幹，與永巷諸人閒聊，眾人忽就起了一陣驚呼。

栗姬聽見，不由驚異，便望住身旁宮女。那宮女會意，奔出屋去，稍後又返回，卻遲遲無語，只落下了兩行淚來。

屋內一時寂靜如死。栗姬掙扎欲起，拂袖間，竟將那湯碗打落。砰的一聲，引得屋外宮女都奔進來看。

栗姬強自坐起，直視諸宮女，目光如電。宮女中，終有一人撐不住，掩面泣道：「天子適才有詔，已立王夫人為皇后了……」

栗姬僵直良久，方恨恨吐出一句：「王氏，將敗盡漢家！」便閉目躺倒，再無一絲聲息。

　　至夜深時分，宮女久不聞聲，忙俯身去探看，方知栗姬憂憤過甚，竟然氣絕了！一場宮闈大戲，就此落幕。

　　再看王氏一門，母子同貴，姊妹俱榮，自是闔門歡喜。尤以王皇后最為奇絕，本是一絕婚民婦，自薦入宮，可謂微賤至極，卻能以諸般心計，巧獲歡心，終奪得中宮正位。

　　景帝立妥了皇后，身後事便無須擔心。高興之餘，下詔明年起改元，大赦天下，廣賜民爵一級。改元之後，便是「景帝中元」紀年。

　　自此，景帝總算將「家事」都打理清楚，姬妾、皇子各歸其位。諸事既平，修陵寢之議便擺上了案頭。這也是一件大事，為削藩耽擱了好久。

　　且說那漢家諸帝，皆信荀子「事死如生」之說，但凡登極不久，便起造陵寢，號為「壽陵」，以期長壽不老。

　　景帝想到此事竟延宕了四年，心中便急，召來奉常竇彭祖商議，要親赴近畿踏查，擇地起陵。

　　竇彭祖見景帝認真，自不敢怠慢，忙回道：「臣於堪輿事，尚不精通，須有方士隨行。」

　　景帝便一笑：「這個自然，外間有那堪輿方士，儘管都請來。你尚且不知：長安城中，有一隱居高人，名喚王禹湯。朕曾兩次路遇，驚為天人，此人也務必請到。」

　　竇彭祖卻頗為躊躇：「臣未見過王禹湯，實不知該如何察訪。」景帝便向殿口一指：「去問周文仁便是。」

酷吏無情，皇子含淚嘆命運

那周文仁，果然知道王禹湯所在。竇彭祖向他打聽清楚，便親馭安車一輛，往城西交道亭一帶尋訪。

經閭里父老指點，竇彭祖邊走邊尋，來至柳蔭下一幢茅舍前。見此處小院寂寂，藤蘿滿籬，心中就疑惑：「王生名滿京城，其居處，竟如此鄙陋乎？」當下遲疑不定，抬手叩響門扉。

不多時，只聞咿呀一聲，有一白衣老者開門而出。

竇彭祖心中一喜：「這便是了！」連忙揖過，恭恭敬敬遞上名謁，口稱：「漢奉常竇彭祖，奉詔前來拜訪王生。」

王禹湯接過名謁，瞄了一眼，便一笑：「寒舍簡陋，只有白水招待，如何容得九卿前來做客？」

竇彭祖見王禹湯氣度儼然，不覺就心虛，連忙賠笑道：「在下奉詔行事，有所打擾，望先生不必計較。今有幸來此，方識得高士，果然似上古賢者模樣……」

王禹湯不待他說完，便大笑道：「你這後生，倒還會說話。如此，老夫也只得開門迎客。」說著，便將竇彭祖迎入院中，在柳蔭下相對而坐。

竇彭祖又恭謹一拜，才詳細說明來意。

王禹湯聽罷，沉吟道：「老夫於堪輿事，雖略知一二，然今上並不識小民，如何便有此等重託？」

竇彭祖答道：「聖上親口對小臣言，早前之時，曾兩度路遇先生。」

「兩度路遇？哦……可是翩翩一公子，率數騎往郊外馳驅？」「料想正是。」

王禹湯便仰頭笑道：「原來是天子！無怪乎他衣食無憂，有閒暇遊走。普天下臣民，不知幾人能有此福分。」

竇彭祖連忙又一拜：「陵寢之事，事關後代之福。若擇善地，魂可得還，養其子孫；若不慎擇惡地，則遺禍子孫。天子陵寢若擇地不善，天下後世，便不得安。」

「唔，老夫也知事關重大。然有一事，卻是頗不解：天子欲治身後事，莫不如生前就盡善；生前既行善，又何愁子孫萬代無福？」

「今日天子聖明，內外諸事皆已平，若壽陵也營造得當，豈不兩全其美？」

王禹湯便又大笑：「看奉常年紀，不過弱冠，竟是如此善辯！罷罷，天子既重老夫之言，老夫也不好執拗，這便隨你去。只未料，我一個布衣野老，不求聞達，卻被兩代天子喚進宮去，竟是何道理？」

竇彭祖笑而不答，起身恭請王禹湯上車。

王禹湯揖了一揖道：「奉常辛苦了，竟連白水也未飲一瓢。」便去換了潔淨衣裳，隨竇彭祖登車。

途中，竇彭祖忽然想起，便隨口問道：「以先生耳聞，今上改立太子，坊間有何議論？」

王禹湯瞥一眼竇彭祖，斂容道：「前任那大行官，便是因妄論廢立而死，足下倒要拿這話來問我！好在老夫乃布衣，說便說了，總不至於問斬。」

竇彭祖臉便一紅，攬住轡頭道：「車上僅你我二人，偶語也不妨。」

王禹湯便道：「民間都紛議，那廢太子劉榮，性似文帝，只可惜不能繼大位。」竇彭祖不覺一驚．「哦？竟有此等議論？」

王禹湯擺手道：「奉常莫驚，百姓之言，如風吹過耳，當不得什麼用。」「以先生看，新儲君何如？」

酷吏無情，皇子含淚嘆命運

「那七齡幼童，老夫還看不準，唯願仁義之外，兼有強力。我年已花甲，看不到掃平漠北了；足下正年少，或可親眼見到。」

竇彭祖便嘆氣道：「掃北之日，晚輩怕也是無望見到。」

說話之間，車駕來至司馬門。兩人整整衣冠，下車進門，立於丹墀之下，便有謁者出來，請竇彭祖稍候，獨引王禹湯至偏殿。

此時，景帝早已冕服等候，遠遠望見王禹湯，連忙起身道：「先生來矣！」便降階相迎，竟伏地拜首，行了大禮。

王禹湯也只得跪拜還禮，客氣一笑：「我一布衣老叟，當不得陛下大禮。」

景帝笑將王禹湯扶起，延入殿中坐下，寒暄道：「上古時，成王稽首於周公，傳為美談；我見賢者，亦當行大禮。此前兩次路遇，皆未及多談，不承想竟能三遇先生，實乃幸甚。」

「呵呵，折煞老朽了！先前不識天子，胡亂說了些什麼，早已忘卻，還望陛下寬恕。」

「哪裡的話，聞長者之言，受益良多。今日請先生來，是為擇陵寢之地，還望萬勿推辭。」

「若是他事，老夫實不願登廟堂；只這擇陵地之事，倒是樂於奉詔。」景帝便感驚異：「這是何故呢？」

王禹湯微微一笑：「世間人，上至天子，下至臣民，都只可活一世；然陛下可知，二者所思，有何不同？」

景帝不知如何作答，只得拱手道：「願聞賜教。」

「老夫以為：天下臣民，即便是貴為公侯，所思所慮，也不過活好一世。不見今日列侯，自立朝以來，因數孫坐罪而奪爵的，已有上百之

數！所謂福蔭，竟不能蔭及曾孫，更何況百代。天子則不同。一姓天下，萬不可二三世而亡；亡了，便是短祚。無論做好做歹，皆受人唾罵。故而陛下所思，必是千秋萬代。」

「不錯。秦亡之鑑，恰是如此！」

「陛下慎擇陵地，想來胸中所懷，亦可稱宏遠。唯其如此，老夫才不顧衰朽，願盡些薄力。」

景帝聞聽此言，當下大悅：「那麼好，朕便趁九月天涼，率方士外出勘察，也請先生隨行，以便指教。」

王禹湯拈鬚笑道：「以老夫愚見，勘察陵地，是為泉下之善，然地上之善，亦不可輕忽。否則，所謂泉之下善，又有何益？」

景帝心中便一震，望住王禹湯良久，方應道：「朕當勉力為之。」

隔日，景帝便親率奉常、方士等十餘人，輕車簡從，出長安城四面查看。每至一處看罷，必徵詢王禹湯之意。

時過一旬，找了幾處地方，都覺山川形勢不甚如意。這日，一行人來至咸陽原上，過長陵、安陵向東，便見到涇、渭二水，正於此處交會。

景帝在車上望見，不禁高聲讚道：「好個涇渭分明！所謂福地，豈不正在此處？」忙招呼眾人下車。一行人駐足原上，向東眺望，只見涇水清而渭水渾，如黑白兩龍交會，騰雲挾霧，迤邐東去，其勢銳不可當。

眾人注目片刻，也不禁叫好道：「此處甚妥！」

景帝率眾登高四望，見四面有高帝長陵、惠帝安陵，互為犄角，便指兩陵道：「此地坐落，背倚先帝二陵，面朝涇渭二水，實是天賜。諸君以為何如？」

241

酷吏無情，皇子含淚嘆命運

眾人都拊掌大讚，稱二帝陵有青龍白虎之象，當屬吉地。

景帝又望向竇彭祖，竇彭祖連忙回道：「臣下亦覺好。此處亮敞，不似霸陵局促，足可以放手營建。」

「那麼，此地屬何縣？」

「屬弋陽縣。」

「好，此縣名亦甚好！朕之陵寢，便可名為陽陵。那弋陽縣，則可改為陽陵縣。」

「臣下明白，明日即告知丞相。」

景帝便面露笑意，自語道：「奔波多日，終不負一番辛苦。」又回首對王禹湯道，「眾人都說好，唯不聞王生高見，不知先生意下如何？」

王禹湯只矜持一笑：「不敢當。草民以為，既有心將九泉之事做好，那地上萬代之事，當也能做好。」

景帝略略一怔，想了想才道：「先生為布衣，所言無不憂天下，朕心甚慰。我知先生於營陵或有異議，然營陵大事，不能敷衍，古來如此，我豈敢例外？想那秦始皇苦心營陵，卻不料，只傳了二世，個中緣由，並不在營陵。我雖魯鈍，倒是看得清的。」

正說到此，王禹湯忽就咚的一聲跪下，叩首道：「草民王禹湯，得親隨天子，今生只怕就這一回。老朽有諫言，願陛下勿怪罪。」

景帝驚異萬分，忙上前扶起王禹湯，溫言道：「先生不必如此，有話儘管說，朕斷無拒諫之意。」

王禹湯道：「陛下，漢家自高帝起，迄今已五十七載，時近一甲子，方有二十餘年安寧。如今雖倉廩已實，民仍不知禮，兵仍無奈何匈奴，尚需陛下小心施政，所親何人，所黜何人，都不可意氣用事。否則漢家

雖大，恐也難有百年之運……」

竇彭祖聞聽此言，大驚失色，忙去拉王禹湯袍袖。

景帝卻擺手示意道：「奉常不必慌，朕願聽先生肺腑之言。」

王禹湯便接著道：「草民亦知天子難處，然世事如棋局，不可急躁，若落錯一子，便有無窮禍患。老子曾有言：『渙兮，若冰之將釋。』國運若渙散，無非就在數年間，秦之前鑑，不可無視。」

景帝聽得驚心，拉住王禹湯之手，面露慘笑道：「足下為布衣，尚知憂天下；朕為天子，卻不能有所為，實是有負先帝。然公亦有所不知：廟堂之事，掣肘甚多。朕無才，也只能……勉力而為。」

竇彭祖連忙上前，語意委婉道：「先生之言，以小臣聽來亦覺震恐。朝堂之事，千端萬緒，確乎急不得。陛下力排眾議，平定七國之亂，改立儲君，便是老成練達之舉……」

景帝擺擺手道：「奉常不必為我遮掩。朕之失，群臣皆知；然朕之志，終不能泯。早年讀賈誼之策，便知天下之弊為何，朕登極以來，無一時敢忘。今日朕之所為，及至將來太子所為，只為求得萬代之安。先生壽高，且從容觀之。」

王禹湯鬆了口氣，當即揖道：「陛下知弊之何在，事便有可為。草民之憂，是憂在時機不再。用錯一人，即惹禍端；罷錯一人，即失良機。陛下即位以來，數年間得失，心中當已明瞭。」

景帝便改容笑道：「誠如先生所言。我自幼少才，不如先帝；然列子有言，『子子孫孫無窮盡也』，我若是誤了時機，尚有子孫。先生確乎不必急。」

眾人聞景帝此言，便一齊大笑，方才言談間的峻急，竟一掃而空。

酷吏無情，皇子含淚嘆命運

景帝便轉身朝東望去，吐口氣道：「半月奔波，竟一無所獲，而今只這一個時辰，便擇好了陵地。或是天將佑我……」

眾人也隨著縱目遠望，但見咸陽原上，秋野盡黃，似千年萬載的渾茫，正沐於斜陽下。

當日返歸，景帝見眾人疲累，便命御廚賜宴；又傳來少府，命賜王禹湯五百金，以車載回。

王禹湯卻斷然不受，辭謝道：「天子賞飯，不妨受之，然賜金卻是不能受！受之，老夫便成了揩油客。」

景帝一震，望望王禹湯，見他並非惺惺作態，也只得說：「朕之德，不及孟嘗君，無緣羅致先生在門下。今後若有不決之事，當另行請教。」

至宴罷，竇彭祖送眾人返歸。景帝親送至殿口，立於階上，注目王禹湯背影，不禁對左右嘆道：「為人主者，欲聞直言頗為不易，難得王生如此敢言！」

此後數日間，景帝飲食不思，疏於理政，只在殿中往復躞步，細思營陵之事。又喚了宮中老宦來問，才漸漸定了主意。

這日，便召來丞相、奉常、治粟內史[33]、將作少府[34]、復土將軍[35]、弋陽縣令等人，集於前殿，籌劃營陵事。

景帝環視一眼眾人，開口道：「今陵寢選址已定，就在咸陽原上，號為『陽陵』。召諸君來，是為權設一個營陵司，由丞相主事，諸君皆參

---

[33] 治粟內史，官職名，秦置，漢初沿置。掌谷糧錢貨，為九卿之一。景帝后元元年更名大農令，武帝太初元年更名大司農。
[34] 將作少府，官職名，秦置，漢初沿置。掌營建宮室、宗廟、陵寢等土木工程。景帝六年更名將作大匠。
[35] 復土將軍，將軍名號。漢置臨時官職，掌營造帝陵，事訖即罷。

與，各司其職。」

周亞夫聞聽景帝點名，便挺身應道：「天子建陵寢，事死如生，萬古皆是如此，臣當竭力而為。只不知陽陵規模幾何，陛下可曾謀劃？」

景帝稍作沉吟，緩緩道：「朕於幼時，聞聽秦始皇陵規模甚巨，廣有山澤，深埋珍寶，只道是他窮奢極欲。近日方悟得：天子營陵事，關乎萬世之安。若無心治陵寢，便也無心治好萬世天下，故而陽陵之制，要仿秦始皇陵。」

在座諸臣聞此言，都暗自吃驚。周亞夫心頭亦是一震，脫口問道：「莫非要以水銀為海、珠玉為穹隆？」

景帝見諸臣瞪目，心中略覺得意，便對周亞夫道：「奢華倒不必，朕所言，乃是布局。那秦始皇陵，布局仿咸陽城郭，陽陵則要仿長安城郭。兩宮、衙署、永巷、御廄、軍營等，共九九八十一處，皆在地下有對應。隨葬器物、陶俑等，亦與人間相同。陵園方圓二十里，則仿天下輿圖，有如萬里山河，從容安排。」

眾臣聽得出神，都面露驚異。周亞夫不禁躊躇道：「陛下，如此營陵所費，支度當不小，可否略加儉省？」

景帝淡淡一笑，拂袖道：「先帝治霸陵時，天下尚未恢復，故而儉省。而今與民休息數十年，無論城鄉，府庫皆滿，百姓人給家足，營陵事便不能敷衍。」

周亞夫頓了一頓，只得從命道：「陛下之意既已決，臣並無異議。當盡府庫之力，籌劃營造。」

景帝這才臉色稍緩，頷首道：「丞相知我意就好。今內無旱澇、外無戰事，官吏亦無增員，即使民不加賦，府庫也是足用的。每年財賦支

酷吏無情，皇子含淚嘆命運

度，其三分之一，可用於營陵。倒是那營建之役，萬不能傷民，先帝所定『三年一役』不可變，各地宜多發些刑徒來。想那秦始皇營陵，竟動用刑役七十萬，太過駭人，無怪天下要亂！朕之意，陽陵役夫，不得逾十萬人之數。」

周亞夫在心頭算算，覺府庫所存，尚能支撐，便應諾道：「陛下之意，臣已知大略。容臣下與奉常、將作等商議，謀劃籌辦，務求縝密，陛下可無慮。」

景帝便笑道：「丞相之才，可統領三軍；營陵事宜，當不在話下。」

卻說那周亞夫理事，果然是精細，未及兩月，便遵景帝之意，令工匠畫出了草圖百餘幅，可見出寢宮仿未央，陵城仿長安，陵園仿天下地輿，無不恢宏端麗。又擬定，營建諸事及葬品等，由九卿各曹分頭執掌，條理甚分明。

自此，陽陵營建之役，便無一日止歇。咸陽原上，人馬輻輳，呼喝不絕，真是一派熱鬧景象。

稍後，又在陵園司馬道之東，起造陵邑一座，從各地徙來平民三萬戶，各賜錢糧，助其安家。此後數年內，涇渭交會處，竟成了一處人煙稠密之地。

營陵之事既已起手，景帝便放下心來。環顧內外無事，心中就竊喜：雖曾誤用晁錯，惹出一場風波，好在平息得也快。如今四海晏然，官民皆富，總算對得起父皇遺命。

正怡然自得間，一日，忽有中尉陳嘉來報：「袁盎閒居家中，一向無事；不料今在安陵門外，為歹人所刺，不治身亡。」

景帝便驚起：「怎有這等事！」當下就細問陳嘉案發始末。

正問話間，又有長安內史倉皇奔入，奏報另有大臣數人，亦在家中被刺，凶手不明。

景帝眼中精光一閃，狠狠拍案道：「此即是梁王所為！」陳嘉等人不明底裡，忙問何故。

景帝道：「被害諸臣，皆為月前集議時，阻諫傳位於梁王者。定是梁王啣恨，遣人刺死袁盎。」

陳嘉遲疑道：「或是……袁盎另有仇家？」

「否！若袁盎另有仇家，則殺袁盎一人即可，如何牽入這許多人？陳嘉，著你會同廷尉、內史兩府，即往安陵勘驗。這便發下文書，嚴查刺客，勿使逃脫。」

陳嘉領命退下，立即會同有司一干要員，赴安陵袁盎故里察問。

在袁盎家中，陳嘉細問其家人，方知半月前，袁盎正在家中夜讀，忽自屋脊上跳下一黑衣刺客。袁盎驚起，只見那刺客閃身入書房，伏地拜道：「袁公勿驚！小人乃雲中郡人氏，素好任俠，今受主人差遣，來謀刺足下。日前入關中，一路行宿，打探袁公為人，皆言袁公大德。小人愧甚，遂不欲下手。今來，是為告誡足下，自我之後，尚有十餘撥刺客，將絡繹前來，務請袁公小心。」

刺客說罷，又拜了一拜，即閃身竄出門去。袁盎急忙跟出，但見那刺客身手矯捷，平地一躍，飛身上了牆頭，拋下了一句：「君子不立於危牆之下，袁公請保重！」便倏忽不見了蹤影。

袁盎愕然半晌，直至家人也聞聲出來。聞聽袁盎述說，家人都覺悚然，勸袁盎速往長安避禍。

袁盎只一笑：「既為君子，怎能趨避歹人？」便不肯聽勸。

酷吏無情，皇子含淚嘆命運

不料，此後數日，雖有家僕徹夜看守，卻夜夜都驚現異象。或是屋梁被人鋸斷，或是屋頂驟現大洞，然卻不聞聲息，不見人蹤，宛若出了鬼魅一般。

袁盎鬱悶異常，這日便赴安陵下，往相熟的術士棓生家中，去卜問凶吉。

棓生亦素敬袁盎，見袁盎求問，備極恭敬，當即取出蓍草五十五根，取出六根旁置，又將其餘四十九根分作兩堆，小心起卦。

一番操弄後，推出六爻，得卦象為：

歸妹。征凶，無攸利。

棓生看了看，對袁盎道：「這歸妹卦，喻人之始終，卦象卻謂『所處不當』。征凶，乃是說曾討伐凶頑；無攸利，則意謂無長遠之利。」袁盎心下大惑，便問：「此乃何意？」

棓生一笑，直視袁盎道：「袁公於年前，可曾參與平亂？這便是『征凶』。平亂可曾因事得咎？這便是『無攸利』。」

「人之始終，又是喻何意？」

棓生便一揖道：「在下識陋術淺，公欲知平生之運，恐要去問王禹湯了。」

袁盎臉色一暗，喃喃道：「只悔當初不該……」遂嚥下了後面的話，付了酬金，便推門告辭。

哪知出得棓生家中，行至安陵東門外，竟遇見一夥強人，各個拔劍在手，迎面而來。袁盎躲避不及，轉眼之間，便被亂劍刺死。

那班刺客究竟是何人，陳嘉等人察問半日，卻是毫無頭緒。聞說袁盎出了棓生家門，便遇見刺客，陳嘉就大起疑心，不由分說，命差役將

棓生鎖拿，解來中尉府刑訊。

可憐那棓生操占卜之業，不過是為稻粱謀，只為起了一卦，便惹禍上身，被笞得死去活來，卻說不出所以然來。

陳嘉精於刑名，看看棓生口供，也無甚破綻處，這才下令放人。

棓生還想討個公道，只不肯走，涕泗橫流道：「今日受此大刑，竟是為何呀？」

陳嘉便沉下臉來，叱道：「既免了追比，你歸家去便好；雖是吃了些皮肉苦，總還好過新垣平！」

聞聽「新垣平」三字，棓生便不敢再多言，連連叩了幾個頭，一瘸一拐下堂去了。

察問無果，陳嘉心中只是叫苦：這等驚天大案，若無證據，便指為梁王手下所為，那梁王豈肯善罷甘休？此事，還須細細勘驗才是。

如此蹉跎數日，忽有一老吏來稟報：「當日袁盎被刺處，有歹人遺落一把劍，劍甚古舊，其鋒卻新。下官以為，凶手定是於近日曾經磨礪。此劍，非工匠而不能磨；不如由小人攜此劍，去市中探查，必有所獲。」

那老吏在中尉府多年，歷事無數，手段老辣，此議聽來甚有道理。陳嘉心中便一亮，當下允了。

未及半日，那老吏果然返回，喜形於色道：「小人從西市上探得，有一修冶工匠認出，此劍正是他所磨。再問是何人持來，那工匠謂，乃梁王屬下一郎官。」

陳嘉當下大喜，立即寫好奏章，連同行凶之劍，一併呈予景帝。

景帝閱罷奏章，見刺客身分已坐實，心中怒甚，想想雖不能將梁王問罪，那行刺諸凶，卻是不能饒過。於是詔命田叔、呂季主兩人，前往

酷吏無情，皇子含淚嘆命運

梁國索要凶犯。

田叔其人，乃是故趙王張敖舊臣，曾為張敖打抱不平，謀刺高帝劉邦。劉邦卻賞識此人仗義，特免其罪，加為漢中郡守，在任十餘年，方免職歸家。景帝知其老練，此次便召他入朝，委以權理緝凶之事。

景帝也料到，此次索人，梁王定會曲意迴護，如何擒得案犯歸來，又不傷梁王臉面，須得有高人出手。此次所委兩人，皆通經術、知大禮，料能當得此任。

田叔領命之後，果然煞費苦心，與呂季主商議，不如將梁王撇去不問，只佯作不知他是主使，務要查出諸凶。想那梁王左右，能出此計者，非公孫詭、羊勝不可，於是便遣中尉府一得力吏員，飛馳入梁，指名要拿獲那兩人。

此時劉武在睢陽，卻悠然不知禍之將至，日前聞報，知袁盎已死，心中只覺大快。

這日天氣晴和，劉武興起，攜了諸文士暢遊梁園。行至忘憂館，見柳綠禽飛，景色大好，便靈機一動，令諸人各作賦一篇。

那隨行諸人當中，除文士之外，還有長史[36]韓安國。劉武想他以往乃文士出身，便也喚來湊趣。

聞聽將要作賦，韓安國便覺為難：「臣下才薄，入仕以來，又荒疏甚久，恐不能從命。」

梁王遂笑道：「韓公這是哪裡話，睢陽城內，何人不知你文名，今日懶惰不得。」

韓安國還想推辭，忽覺鄒陽正暗拽其衣袖，於是便不再語。待隨從

---

[36] 注：此處《史記》、《漢書》皆作「內史」，然漢內史為京官，郡國並無此職，僅有「長史」為佐官，故此改之。

拿來筆硯，諸人便分頭坐好，提筆醞釀文思。

劉武又命人取來刻漏，高聲道：「諸君才思敏捷，寡人便不客氣了，限三刻成篇，過時者罰！」

倏忽間三刻方畢，但見諸人下筆如有神，各逞其才，都交了卷。枚乘率先寫就〈柳賦〉，劉武拿過來看，讀至「階草漠漠，白日遲遲。於嗟細柳，流亂輕絲」一句，不由擊節讚嘆。其後，路喬如寫了〈鶴賦〉、公孫詭寫了〈文鹿賦〉、鄒陽寫了〈酒賦〉，也都交上。

劉武又拿過路喬如〈鶴賦〉，見有「豈忘赤霄之上，忽池籞而盤桓。飲清流而不舉，食稻粱而未安」之句，又大感驚喜。

獨韓安國尚未成篇，早有鄒陽悄悄拿過，代為寫畢，是為〈幾賦〉。

劉武初時不察，細看方知，後半篇竟然為鄒陽筆跡，不禁大笑：「韓公如何哄我？作弊者，合當受罰！」當下命人取了酒來，罰韓安國、鄒陽各三杯。

酒罰過，劉武又笑道：「既是競才，賞罰須分明，枚乘、路喬如二君之作，氣韻非常，一字不能更易，當各賜絹帛五匹。」

眾人又是一片譁笑，直驚得鶯飛鵲起，聲聞綠柳間。

正值意興方濃時，忽有謁者來報，稱中尉府有吏員一名，攜了田叔、呂季主公文來。

劉武猜到，此人定是為刺袁事而來，心中不免掃興。便命諸人散了，自己回宮去見來人。

待看過公文，劉武嗤之以鼻，對那吏員道：「田叔、呂季主是何人？那公孫詭、羊勝，乃我平亂功臣，在梁地無人不仰之。二人在寡人處，如何就得罪了中尉府？有功者朝廷不賞，也就罷了，居然還要鎖拿！我

251

酷吏無情，皇子含淚嘆命運

問你，天地間還有無王法？便是今日你持詔令來，寡人也斷不能從。」

那中尉府吏員無奈，訕訕數語，只得還都覆命去了。

劉武也知此番禍惹得大，還不知將有何等陣仗。想那公孫詭、羊勝二人，又確是獻計謀刺之人，只怕夜長夢多，便密囑兩人躲進梁王宮，以避搜捕。

那田叔乃是個骨鯁之臣，見梁王不肯交人，不由大怒，當即面謁景帝，請了詔令，便與呂季主一同持詔，馳入睢陽城，要親索凶犯。

入得睢陽城中，田叔、呂季主並未去見梁王，卻直奔相府，召來梁相軒邱豹、長史韓安國，當面宣詔道：「今有梁屬臣公孫詭、羊勝，主謀刺死袁盎，罪在不赦。著令梁有司緝拿兩犯，不得有意稽延。」

軒邱豹、韓安國也略知此事由來，然捉不捉兩犯，他二人不能做主。若是貿然捉人，梁王必定大怒；若要推託搪塞，又恐惹怒天顏，直是兩面不好做人。

那軒邱豹本是個庸才，毫無轉圜本領，此時只急得額頭冒汗。倒是韓安國為人沉穩，聲色不露，只是在想對策。

且說韓安國在梁為將，臨危受命，保住了睢陽城。後梁王遭太后、景帝詰責，又是他從中斡旋，保得梁王無事。

他迭次立有大功，本該安享榮華。不料立功之後，人就不免驕矜；私下裡，韓安國竟也有犯法之舉。那公孫詭、羊勝二人，早就忌恨於心，於是具奏告發。梁王問明其罪，也不便袒護，只得將韓安國投入獄中。

那睢陽獄中，有一小吏名喚田甲，位卑而心險。見韓安國自高處跌落，便幸災樂禍，故意百計折辱之。久之，韓安國不能忍，怒叱道：「君

不聞死灰復燃嗎？」

田甲乃鄉鄙人也，眼界不出本邑，豈能聽懂此話，只囂張回駁道：「死灰復燃，吾當以尿溺滅之！」

恰於此時，梁國長史出缺。前此公孫詭兵敗被奪職，梁王甚惜之，便遣人往長安，遊說丞相府，意在復用公孫詭為梁長史。

竇太后聞知此事，嗤笑道：「什麼話！武兒有韓安國不用，更用何人？」便親下懿旨，命梁王加韓安國為梁長史。

太后懿旨下來，劉武也樂得遵命。如此，韓安國竟以囚徒之身，一躍而為二千石吏，滿城皆是驚詫。那獄吏田甲聞訊，更是魂飛膽喪，連夜亡命而去。

韓安國就任後，即放言出來：「田甲若不返歸就官，吾將滅其宗族。」

田甲在外聞聽，情知脫身不得，只得肉袒來見韓安國謝罪。韓安國不問他事，只笑道：「今日可尿溺了！」

田甲聞言，驚惶欲死，連忙叩首求饒。

韓安國卻是一笑：「呵呵，你這等人，本官豈有閒暇來理會？」其後，韓安國卻出人所料，只是善待田甲，並無半分刁難之意，足見其度量非同一般。

再說此時，韓安國在相府堂上，見田叔催逼得急，便搶前答道：「上使請勿急。公孫詭、羊勝僅為幕賓，並無實職，此前半月即不知所終。容臣等從嚴察訪，一旦有下落，定當緝拿。」

田叔冷臉道：「長史倒還識趣，懂得為你丞相分憂！今日刺袁事，既觸怒聖上，再搪塞幾日亦是無用。我與呂公奉詔前來，若未獲人犯，斷無返京之理，你等只管好自為之。」

酷吏無情，皇子含淚嘆命運

　　於此，田叔、呂季主在館驛住下。才過了一日，朝中又有專使來催。此後，竟一連有十番使者至梁，奉詔嚴催。睢陽街衢上，一時車馬喧闐；睢陽館驛，滿眼皆是京中冠蓋。

　　詔令如山，田叔等坐鎮館驛，每日召梁屬官來問。自丞相以下，凡二千石官吏，無人不受詰問，直鬧得滿城鼎沸，人心惶惶。

　　那公孫詭、羊勝就躲在王宮，屬官中雖有三五人知情，然懼於梁王威勢，哪裡敢說。如此大索一月，二人仍不能歸案。

　　韓安國見田叔拗直，如此追查下去，只恐梁王要因此得咎，於是日夜憂心，不能安臥。後聞說公孫詭、羊勝匿於王宮，方才恍然大悟，即入宮去見梁王，泣告曰：「吾聞君臣之道，主若受辱，臣當死。大王身邊無良臣，故刺袁之事紛擾至此。今大索公孫詭、羊勝而不得，滿城惶惶，乃臣韓安國無良也，故請賜死！」

　　劉武見此，也不免尷尬，連忙勸慰道：「將軍何至於此？」

　　韓安國泣下數行，拱手問道：「大王雖是貴冑，然自度與天子之親，可過於太上皇與高帝乎？抑或過於今上與臨江王之親？」

　　「吾不如也。」

　　「以太上皇父子而論，高皇帝尚曰『提三尺劍取天下者朕也』，故太上皇終不得與聞政事，獨居櫟陽。再看臨江王，曾為太子，以一言之過，廢王而貶臨江；此後如何，如今尚不可知。如此父子不相護，緣何之故？治天下，不可以私亂公也。」

　　「這個……寡人亦知公私有別。」

　　「臣聞民諺曰：『雖有親父，安知其不為虎？雖有親兄，安知其不為狼？』雖是父兄，亦有利爪可畏，不可輕犯。今大王位列諸侯，唯喜

一二邪臣浮說，犯上禁，擾明法。臣日前出使長安，知天子以太后之故，不忍加罪於大王。太后則日夜涕泣，望大王自改，而大王終不覺悟。設若太后晏駕，大王失勢，到那時，可再攀附何人？」

韓安國言未畢，劉武已覺愧悔，也忍不住淚下數行，忙向韓安國謝罪道：「寡人知罪，這便交出公孫詭、羊勝。」

當日，便遣郎衛去拿公孫詭、羊勝。二人情知不可免，都長嘆一聲，拔出劍來。

公孫詭伏地遙向前殿一拜，泣曰：「某等自齊魯來，唯效商鞅，所謀無一欲害大王。為梁造兵器弓矢，盈滿武庫，睢陽方得未陷於賊手。今袁盎死，係他咎由自取；而臣等枉死，乃是安國為報私仇也。孰忠孰佞，九泉之下，自有神明裁斷！」

言畢，二人相視一眼，皆舉劍自刎了。

事至此，田叔、呂季主驗過屍身，便告二人案訖；各方頓感釋然，劉武也就此解脫。此間始末，全賴韓安國之力。後數日，景帝、太后得田叔驛遞奏報，都覺欣喜，益發看重韓安國不提。

然田叔為人，耿直不阿，當年僅為一念，便敢謀刺劉邦，可見其秉性。此次公孫詭、羊勝案銷，他仍覺尚有餘黨未獲，於是拉住呂季主，仍留睢陽，遣人四下刺探，定要查個水落石出。

劉武聞知，不覺大起憂心，恐餘事洩漏，怕是要再起風波。便與韓安國商議，欲遣一人入都轉圜。

劉武感屆道：「還須有勞愛卿，入都去打點關節。」

韓安國連忙推辭道：「此次周旋，需拜謁權要，巧施辯才，此非臣之所長，大王可另擇人。」

酷吏無情，皇子含淚嘆命運

「公孫詭、羊勝已伏法，哪裡還有人？」

「有。幕賓諸人中，鄒陽便可勝任。」

劉武便一摸額頭：「哦呀，竟將這一節忘了！」

原來，這位鄒陽，為人有智略，慷慨不苟合，不似公孫詭、羊勝那般善詭。他與枚乘、嚴忌二人，原為吳王劉濞門下文士，後見劉濞有反意，不欲同流，便聯袂投奔了劉武。

幾位幕賓都擅辭賦，下筆千言，文采冠於當世。劉武入朝時，門下諸文士又結識了蜀人司馬相如，文采亦屬驚世。時司馬相如年方弱冠，以錢買得宮中郎官，任景帝之武騎常侍，常陪景帝騎射。景帝素不喜文賦，故司馬相如久不得志。劉武惜才，便勸司馬相如辭官，將他也拉入自家門下。

得此數位天下名士，劉武甚是得意，閒時便與諸人在梁園內冶遊，即興作賦，全然忘機。以至司馬相如淹留日久，漸生歸意，嘆曰：「梁園雖好，不是久戀之家。」此語參透人生，後竟化為成語，流傳至今。

此時提起鄒陽，劉武自然稱意，便命人去召鄒陽來見。

前不久，鄒陽心厭公孫詭、羊勝素行不法，幾次向劉武諍諫，竟惹怒劉武，將他問成大罪，下獄待死。鄒陽不甘受死，在獄中上書明志。劉武閱罷，見他辭意懇切、文采斐然，不忍心誅殺，於是釋放出獄，以高士待之。

經此變故，鄒陽更不願與公孫詭、羊勝為伍，從此只顧作賦酬唱，懶問國事。

待到田叔入梁，公孫詭、羊勝伏法，劉武才覺鄒陽有先見之明，暗自敬服。此時經韓安國提醒，連忙召來鄒陽，命他入都去斡旋。

鄒陽自是不願從命，忙推辭道：「在下願為大王作賦，只不願奔走豪門。」

劉武見鄒陽不肯，面露悽愴之色，起身揖道：「足下若不肯援手，寡人梁園雖好，也將為他人所有了！」

聞梁王這般說，鄒陽也只得勉強應下，攜了梁王所賜千金，前往長安，四處打探門路。

在城中盤桓多日，見了幾個故舊，卻仍無頭緒。忽有一日，探得王皇后之兄王信，正蒙榮寵，其勢顯赫無比，便託人引薦，登門往訪。

王信聽得門闇通報，也知鄒陽乃天下名士，連忙召進。甫一見面，劈頭便問道：「久聞鄒公大名，莫非你在梁園不得意，流寓都中，竟要來投效我門下嗎？」

鄒陽心中哭笑不得，卻是不露聲色：「足下過獎了。鄒某一鄙儒，也知長君[37]門下，奇才異能，多如河鯽，我豈敢妄求驅使？今日進謁，乃是為長君略論安危。」

王信心中就一悚，知是遇見高人，連忙起座揖道：「言不在多，一語可知深淺。王某識見鄙陋，自不用提，誠願聞先生指教。」

「長君於近年，驟登大貴，滿朝無不仰你鼻息。然長君可知，此貴由何而來？無非有賴女弟為皇后，以裙帶而得寵也。我為文士，不諳朝中事，只知荀子曾言：『雖王公士大夫之子孫也，不能屬於禮義，則歸之庶人。』這即是說，富貴亦能翻作貧賤，長君當有所預料。」

此言一出，王信大驚，額頭立時有汗出，忙拉了鄒陽，疾步趨往密室。

---

[37] 長（ㄓㄤˇ）君，此處係對他人兄長的敬稱。

酷吏無情，皇子含淚嘆命運

原來，王皇后登正位之後，對竇太后逢迎甚周。竇太后大悅，遂囑景帝道：「皇后之兄王信，可援竇廣國、竇彭祖封侯之例，封他為侯。」

景帝不欲外戚坐大，便不肯允准，只說道：「太后所援兩例，於先帝時並未封侯；及兒臣即位，方得加封，故王信亦不宜封侯。」

竇太后卻不以為然：「人主各以時宜而行事，豈能事事照舊？竇長君在時，竟不得封侯，其子彭祖反倒能封侯，此事為吾所深憾之。今日封王信為侯，事不宜遲。」

景帝只得推託道：「容我與丞相商議。」

越日，景帝徵詢周亞夫之意，周亞夫慨然答道：「高皇帝曰：『非劉氏不得封王，非有功不得封侯。不守此約，天下共擊之。』今王信雖為皇后兄，無功而封侯，即為背約！」

「奈何太后卻有此意。」

「想那昔年高后，亦應諾不得背約；後既背約，便致呂氏族滅。此事陛下不可唐突。」

景帝聞言，登時默然，王信封侯之事，便就此作罷。

王信遭此頓挫，正悶悶不樂，忽見鄒陽登門來勸，便疑其間又有變故，心中自然發慌。

鄒陽在密室坐定，見王信畢恭畢敬，知他是心虛，便正色道：「袁盎被刺，案涉梁王，梁王素為太后所愛，若因此事受誅，則太后哀傷不可以言喻，盛怒之下，或將遷怒於天子身邊貴戚勳臣。長君無功，將以何物來抵過？一旦受太后責問，怕是欲為庶民而不得了。」

王信囁嚅道：「我入都方才幾日，如何能有過錯？」

「不然。列子言：『不聚不斂，而己無怨。』長君自忖，可是個不聚斂

資財之人？而今你驟貴，於市中走過，萬人逢迎，賄賂亦隨之而來。可曾料到，一旦失勢，亦將有萬人舉發。想羅織你入罪，還是難事嗎？」

王信臉即變色，驚呼道：「哦呀！君所言，竟無人對我提起。而今⋯⋯當如何避禍，萬望足下教我。」

鄒陽此時，卻故意拿捏，只搖頭笑道：「人趨利，百計迭出，如何全不用外人教。竊以為：免禍之術，還是長君自省為好。」

那王信，本是不學無術之人，如何想得出名堂來，直急得汗流浹背，長跪不起，連連向鄒陽叩頭。

鄒陽見火候已到，這才佯作不忍，扶起王信責備道：「長君萬不該如此多禮。在下不過一文士，蒙梁王錯愛，謀得三餐飯食，豈能紓解貴人之危？然既隨梁王日久，有一偶得之計，願獻與長君。」

王信大喜過望，連忙拜謝道：「天降鄒公來救我，何其幸也！你說我聚斂，確也不假，家中尚有些物什，當以厚禮謝鄒公。」

鄒陽心中就暗笑，此來所乘梁邸車駕，車上載有金帛，以備賄賂，不承想卻無須破費，反倒要賺回一筆。至此才緩緩道：「長君若有心保全富貴，不妨向天子進言，勿窮追梁事。若梁王因此脫罪，則太后必重謝長君，加意眷顧。如此，長君更有何懼？」

王信眼睛轉了兩轉，攤開手道：「此計好是好，然天子正怨梁王，龍鱗不可逆。想我有何依憑，能說得天子迴心？」

「長君年幼時，可曾讀過諸子典籍？」「自幼艱難，顧不上那些閒事。」

鄒陽便一笑：「不讀書者，欲保富貴亦難。我這裡，便教足下一計，你需聽好。」

酷吏無情，皇子含淚嘆命運

　　王信渾身一激，連忙移席向前，細聽鄒陽所授機宜。聽罷，不覺大喜，當下稱謝再三，又賜了鄒陽許多財寶，方恭謹送別。次日，便依鄒陽所言，去謁見景帝。

　　時景帝正帶領近侍，在後園放鷹，狀甚悠閒。見王信神態不似乎常，便打趣道：「舅兄今日，為何有得意之色？」

　　王信揖禮答道：「不讀書者，富貴亦無用。昨日才讀了半冊，略有所得。」景帝眉毛便一揚：「渭水可倒流乎？如何舅兄也用起功來了！」

　　「昨讀《孟子》，方知舜帝之弟，名喚作象。」

　　「不錯。『象日以殺舜為事』，乃《孟子》書中所言。」

　　「微臣弄不懂，這個像，一心要殺舜；然舜為帝，卻未責象，反倒封他為諸侯。此又何為？」

　　「你哪裡懂？這便是『仁人待弟』，如孟子所言『親愛之而已矣』。」

　　王信便一拍掌道：「著啊！今梁王雖不檢點，卻也未似像那般，日夜磨刀欲殺兄，陛下為何偏就不寬宥？若梁王蒙赦，他當知效力，陛下也可得『仁人待弟』之譽，豈非兩全？」

　　景帝便愕然，注目王信良久，方道：「數月前，你還只知聚財，如何這幾日，便有長進？」又沉思片刻，方揮袖道，「也罷也罷！舅兄來自鄉里，尚知仁義，我也當善待梁王，莫逼他『日以殺舜為事』才好。」

　　言畢，景帝口中即打個呼哨，喚下空中飛鷹來，又與王信席地而坐，細聊梁王事。

　　如此，鄒陽借王信之力轉圜，便有了收效。景帝所懷鬱結，大半見消，不再以梁事為意。

　　恰於此時，田叔、呂季主在睢陽察問畢，回都覆命，途經霸昌廄

（今陝西省西安市東北），偶得宮中消息，知竇太后為梁王事憂心，日夜涕泣，三餐不食，天子亦莫可奈何。

田叔沉吟片刻，即取出所攜卷宗來，通通投入灶火中。呂季主見狀大驚，以為田叔智昏神迷，忙動手去火中搶拾。

田叔微微一笑，拉住呂季主衣袖道：「呂公莫驚！此事我一人擔待，絕不連累你。」

呂季主於驚異之間，只得縮手，嘆息連連。

待還朝，田叔空手前去謁見，景帝忙問：「梁王曾與聞其事否？」

田叔答道：「有，當坐死罪。」

「案卷在何處？」

「臣之意，此事陛下不必問罪。」

「哦？何也？」

「梁王不伏誅，只不過有傷漢法而已，陛下並無大患；若梁王伏誅，太后將食不甘味、臥不安席，設若有不測，則憂在陛下也。」

景帝低頭略一想，忽就拊掌道：「確乎如此，到底是高帝舊臣！也好，朕便依你之計，不再追問梁事。然太后仍終日涕泣，這又如何是好？」

田叔答道：「臣自去稟報，可令太后釋懷。」

景帝頓覺釋然，向田叔拱手道：「君有大智，此事拜託了。」

稍後，田叔至長樂宮，面謁竇太后。竇太后正自憂傷臥床，聞謁者通報田叔來見，更是大慟。

田叔慌忙搶上，急急道：「臣田叔奉詔按梁事，赴睢陽月餘，問遍梁二千石以上屬官……」

酷吏無情，皇子含淚嘆命運

竇太后聞此言，便止了泣，似在靜聽。

田叔連忙又道：「刺袁事，梁王實不知情，乃由他倖臣羊勝、公孫詭輩為之。此輩今已伏誅，梁王則無恙也。」

話音方落，竇太后竟立時起身，說了句：「老臣做事，到底是牢靠。」便急呼身邊侍女，「來人！哀家餓了數日，速上飯食。」

田叔看得目瞪口呆，起身欲辭，竇太后卻道：「田君莫急，且陪老身一坐，與我說說梁王近事。」

如此一個時辰後，竇太后已神閒氣定，全不似早前絕食數日模樣。

待田叔辭了太后，回稟景帝，景帝開顏大喜，極讚田叔乃是賢臣。後不久，便擢田叔為魯相，去輔佐魯王劉餘不提。

再說梁王劉武那邊，探得朝中已無事，立即上書請入朝，欲向景帝當面謝罪，景帝自是樂得允准。

復詔到睢陽之日，劉武即率一干近臣上路。數日後，一行人來至函谷關下，有隨臣茅蘭，忽伏於劉武腳前，諫言道：「雖有梁邸消息，主上不欲責大王，然朝中事，詭譎難辨。今長安即至，僅數日路程，萬不可大意。大王不如微服入關，先至長公主處落腳，一探究竟，再行定奪。」

劉武正要駁斥，轉念再想田叔日前所為，不由也生出戒心來。當即納諫，換了常服，僅帶兩名隨從入關。其餘屬官，則在關前館舍住下候命。

那關吏驗過符牌，知是梁王微服入朝，雖不免驚異，卻也未予留難。

如法又進得長安城門，劉武即赴長公主劉嫖處，求助於阿姊。劉嫖知劉武經此事變，已無力再奪嗣位，便起了憐惜之心，在後園藏匿好劉武，自去宮中打探。

那邊景帝在宮中，聞劉武一行將至，特遣使者赴函谷關迎候。使者

來至關下，關吏稟告稱：「梁王早已入關，唯餘隨行車騎，尚在關外館舍留駐。小官也問過，無人知梁王今在何處。」

朝使不由大驚，急忙馳返，報予景帝。景帝亦是一頭霧水，疑心梁王已去見太后，便急遣周文仁，往長樂宮去詢問。

不問則罷，一問之下，立時惹出大禍來。竇太后聞說劉武失蹤，登時肝膽俱碎，一把拽住周文仁，哭天搶道地：「皇帝果然殺吾子！」

周文仁愕然不知所對，勉強掙脫，連叩了幾個頭，便倉皇還報。當其時，景帝正在飲用羹湯，聞報亦大驚，手一抖，竟灑了滿襟的湯水。

宣室殿內外，頓時一片慌亂。景帝連忙換了衣袍，往長樂宮去安撫太后。劉嫖在宮中探得消息，心中卻暗喜，急忙奔回自家後園中，告知了劉武。

劉武早前連跌了幾跤，此時早已學乖，心知時機已到，便喚了從人，將一架鍘刀搬至北闕前，自己則去衣肉袒，伏於鍘刀上。此即為「伏斧質謝罪」，意頗懇切，且易於見效。

司馬門外，守門謁者見此狀，不禁大駭，連忙告知梁王：「聖上此時，已赴長樂宮問安。」

劉武聞聽此訊，無片刻猶豫，只低喝了一聲「走」，又率眾奔至長樂宮門外，重新伏於鍘刀上，命謁者報予太后、景帝。

那長信殿中，竇太后正不聽景帝辯解，只顧嚎啕。忽聞梁王在宮門求見，母子兩人怔了一怔，立時轉憂為喜，急忙宣進。

三人見面，竟是如同隔世，都喜極而泣。三言五語寒暄畢，景帝心中怨念便已全消，與劉武執手不放。聞聽梁屬官尚在關外，又遣人召入關來，允他們住進梁邸。

263

酷吏無情，皇子含淚嘆命運

一天風雲，就此消散。兄弟兩人，又相敬如初，太后也不再心疑景帝了。

只是景帝有了幾年曆練，早已非同往昔，知幼弟稟性難改，絕不可縱容。此後待劉武，便有意疏離，不再與他同車輦出入，意在令劉武懂得尊卑。

事平後，景帝再想袁盎被刺案，只覺京畿地方太過不靖，須有強人來治才好，就想起了能吏郅都。稍後便下詔，召郅都自濟南還都，接替陳嘉為中尉，掌都中治安。

郅都為人剛勇，謹嚴異於常人，有私人寫書信給他，他從不啟封；有僚屬拜訪贈物，亦概不收受；有同儕請託說情，則一律不聽。常自勉道：「吾既已遠離父母，來朝中入仕，當守職死節於官署，顧不得家中妻小了。」

升遷中尉後，郅都膽氣益壯，目無公卿。時周亞夫平亂有功，顯貴無比，列侯百官見了，無不叩首行拜見禮。唯郅都見了周亞夫，卻視同平常，不過行個揖禮便罷。

是時民風已漸歸純樸，百姓自重，多不敢犯禁，郅都卻仍以嚴刑酷法治之，以震懾京畿。執法之際，不避權貴，宗室列侯見了他，都戰戰兢兢，為他取了個綽號，喚作「蒼鷹」。

城中士農工商各民，聞聽郅都升任中尉，都互相告誡，不敢有所妄為。自此，長安風氣為之一變，安堵如故，也算是中元年間的一段佳話。

* * *

再說此時的王皇后，最知宮闈深淺，凡事都存了小心，倒比先前更留意韜晦。聞知梁王入都謝罪，才稍解心憂，知梁王已無力再謀儲。然對栗姬之子，仍心存戒備，難以釋懷。

說來，栗姬共生有三子，長子劉榮以下，有次子劉德為河間王。劉德素好儒學，性頗似書生，常不吝花費金帛，從民間購回散失典籍，謄抄整理。後世有人稱，上古諸種典籍，經秦火之厄，能留存至今，劉德之功居其半。近世有「實事求是」四字，盡人皆知，便是史家班固對他的讚譽。

　　栗姬還有一幼子劉閼，曾封臨江王，就國才三年，便在都城江陵（今湖北省荊州市）病亡。劉閼死後，臨江國被除，至劉榮降為臨江王，方才復國。

　　王皇后料想那劉德，不過書呆子一個，鬧不起事來；最需提防的，還是廢太子劉榮。如今劉榮雖已降為諸侯王，身分仍與諸皇子不同，若萬一生變，難免有人要借他名義，向太子劉徹發難。

　　既存了此心，王皇后便不能容劉榮脫出樊籠，遂向景帝薦了一人，去臨江國做丞相，以便就近監視。此人，便是王皇后的異父幼弟田勝。

　　田勝年紀方及弱冠，卻是詭計多端，也知阿姊此番舉薦的用意，領命之後，即遠赴江陵就任，盯緊了劉榮。

　　那劉榮性本仁厚，並不疑田勝有何心機，就國之後，只顧寬厚待民，大興水利，贏得江陵百姓甚好口碑。

　　如此過了年餘，至景帝中元二年（西元前 148 年），劉榮諸事皆平順。然國相田勝，卻不容他如此安穩，偏要生出些事來。劉榮於此毫無防備，恰也就中了圈套。

　　原來，那臨江王宮，一向不甚寬敞，劉榮居於此，常流露不便之意。田勝窺得劉榮心思，便欲設計陷害，幾次上奏道：「王宮逼仄，實於禮制不合。以臣下愚見，應闢地，增築殿宇，方合於諸侯之禮。」

酷吏無情，皇子含淚嘆命運

劉榮不疑其中有詐，只對田勝嘆氣道：「國相所言有理。王宮狹窄，寡人亦有心增築，怎奈宮牆之外，苦無空地。」

田勝便詭祕一笑：「宮牆之北，為太宗文帝廟，尚有若干空地，何不趁便拓地興建？」

劉榮連連搖頭道：「萬萬不可！太宗廟為先聖之地，怎好褻瀆？」

田勝便湊近劉榮跟前，低聲道：「愚臣之意，非為拆去太宗廟。不過是打通牆垣，用其無用之地，如何就是瀆聖？再者，長安離江陵，有千里之遙，鬼神也難知道。」

劉榮想想，也覺有道理，便允了田勝此奏，命他徵發工匠，拆去太宗廟牆，起造新殿。

那田勝心懷鬼胎，只怕劉榮不准奏。得了此令，田勝當即召來工匠，一面放手拆牆，一面卻又寫了密奏，飛遞長安，狀告劉榮侵占太宗廟餘地，罪不可赦。

如此上下其手，劉榮哪裡逃得脫圈套？景帝閱罷田勝密奏，果然大怒，當即發了一道徵書，徵召劉榮入都，欲加責問。

劉榮那邊，卻不知已惹下大禍，每日仍興致勃勃，只顧去看拆牆。忽一日，有長安來使飛馳入城，送來一道徵書，責問拆廟事，劉榮這才知大事不妙，急忙召田勝來問計。

田勝於此時，卻是換了一副面孔，只冷冷答道：「徵書既至，還有何計可施？大王之事，大王擔之，唯有入都請罪一途。」

劉榮這才察覺田勝詭計，直是懊惱萬分。然拆牆之舉，終是令由己出，難以推卸罪責，只得硬起頭皮入都。

行前，劉榮依舊例，在江陵北門設帳「祖祭」。這祖祭之儀，由來已

久，相傳黃帝正妃嫘祖，常年行走四方，教百姓養蠶種桑，後竟死在了途中。後世之人，便尊其為「行神」，凡有遠行，必先祭之。

待一番祭禮罷，劉榮這才登車上路，豈料走了片刻，忽聽「哢嚓」一聲，車軸竟無故折斷！劉榮心中一驚，呆怔了半晌，不得已，下車來又換了一輛。

當日，有一班江陵父老，因念劉榮仁德寬厚，也特意前來送行。見劉榮車軸折斷，眾人亦大驚，料想劉榮此去凶多吉少，都相率涕泣道：「我王入都，恐不得復返了！」

劉榮倒也未多想，見父老灑淚，心中只是不忍，便匆促揖別眾人，起駕上了路。

待車駕馳入長安，赴北闕求見，景帝哪裡還肯見他，只遣了謁者出來，傳詔道：

「臨江王擅拆太宗廟，究係何故，著令赴中尉府待質。」劉榮聞詔，眼前就是一黑。

但問那中尉是何人？正是威名赫赫的酷吏郅都！

劉榮入都待質，落入郅都手中，朝中公卿便覺不安，皆為劉榮擔憂。且說郅都當此際，反倒是不敢冒昧。想到皇子犯禁，終不便窮究，主上召劉榮來質問，究竟是何意，還需問個明白。

為此，郅都接了詔令，便小心問道：「臨江王入都待質，天下皆矚目，臣當如何問話才好？」

景帝隱隱露出笑意，面諭道：「臨江王此來，按律處置就好。有罪或無罪，盡隨愛卿裁斷。」

郅都不覺一怔，心中就更惶惑，脫口便道：「臣下執法，寧枉不縱；

267

酷吏無情，皇子含淚嘆命運

但不知臨江王坐罪，陛下可有憐憫意？」

「中尉笑談了！臨江王不知改過，恣意妄為，連太宗廟都敢毀壞。此罪不立斬，已屬仁慈了，還有何可值得憐憫？」

郅都聽罷此言，心中便有了數——知景帝為護佑太子劉徹，此舉是欲除劉榮。便叩首應道：「臣已明白。對簿之後，若是死罪無疑，即是皇長子，亦須抵罪。」

景帝聽得一個「死」字，心頭略一震，沉吟片刻，才又道：「公侯子弟，向來多有不法情事，況乎皇子？你儘管質詢，無須顧忌，如今那栗夫人已歿，更容不得小兒妄為。」

郅都只是笑笑：「臣唯識漢律，並不識栗夫人。」景帝便開顏一笑：「那好！朕也別無吩咐了。」

卻說到了質證這日，劉榮換了一身常服，心懷忐忑，來見郅都。進得衙署之門，但見堂上氣象森然，好似閻羅殿一般。有皂隸十數名，分列左右，各執水火棍，面容皆凶神惡煞。

再抬頭看正梁之上，有一塊橫匾當頭，上書「公生明」三字，字字如怒目，朝著堂下虎視眈眈。

那劉榮自出生以來，除長輩之外，從未跪過他人。如今頭一回進官衙，見了此等陣勢，心竟自虛了，腿一軟，便跪倒在地，口稱：「臨江王劉榮，前來中尉府待質。」

堂上皂隸見他跪下，便齊聲低喝：「威武——」

待一陣呼喝過後，才見郅都頭頂獬豸冠，滿面黑雲，自廂房緩步踱出，至大堂升座。

劉榮抬頭略一望，見那郅都鼻如鷹鉤，神情凶惡，果是坊間所傳的

「蒼鷹」之貌，不由就心生懼意，慌忙低下頭去。

郅都坐定，便一拍驚堂木，喝問道：「堂下的，可是臨江王劉榮？」

劉榮連忙答道：「正是寡人。」

「可知此地是何處？」

「知道，乃是中尉府衙署。」

郅都便叱道：「既來待質，便不要稱孤道寡！」說罷，又猛拍了一下驚堂木。劉榮驚得渾身一顫，囁嚅道：「我⋯⋯我從中尉之命。」

「那好，便說吧。你在江陵，擅拆太宗廟，該當何罪？」「本王在江陵，勤勉治國，素孚眾望⋯⋯」

「住口！本衙不是宗正府，無須你表功。本衙只問你：為何要拆太宗廟？」

聞聽郅都連聲喝斥，劉榮愈加惶恐，已是語無倫次：「本、本王不敢褻瀆宗廟，只因王宮狹小，聽了國相田勝建言，打通太宗廟牆垣，增建殿宇而已。」

郅都便冷冷一笑：「你為諸侯王，也曾理過訟事，當知漢家律法。那太宗廟，一磚一石，可是臣子能動的？本衙只問你：毀壞宗廟，按律當坐何罪？」

「大、大不敬罪。」

「豈止是大不敬罪，毀壞宗廟陵寢者，乃大逆之罪，有何人可以逃過？」

「此非本王之意，乃出於田勝之議⋯⋯」

聞聽劉榮提及田勝，郅都心下便明白，立時截住，喝道：「你平素只知錦衣玉食、鬥雞走馬，白白做了個諸侯王！我問你：文皇帝時，早

酷吏無情，皇子含淚嘆命運

已廢了妖言罪，田勝建言，為臣子職分，又何罪之有？倒是那下令拆廟的，究竟是何人？」

劉榮當下語塞，怔在了堂下。

見劉榮不語，郅都更是恨恨：「宗廟社稷之地，不容褻慢，漢家自高帝以來，無人敢以身試法，怎的到了本朝，便禮樂崩壞？前有晁錯毀太上皇廟，今有臨江王敢拆太宗廟，目無祖宗若此，還敢強辯嗎？」

劉榮渾身一顫，連忙俯首，囁嚅道：「本王知罪。」

郅都睨視劉榮一眼，忽又面色一緩，徐徐說道：「臨江王罪涉大逆，當知如何自處，本官倒不好多話了。我早已聞知，都中有列侯百官犯法，不等查問，便自行了結，免得禍及子孫。尊舅栗卿，擅謀廢立，不待聖上追查，便已畏罪自裁，保下了父母妻兒。臨江王做過太子，聰明過人，或無須本衙提醒，還請早些綢繆為好。」

劉榮不禁呆住，雙淚奪眶而出，無語片刻，才向旁側書佐一拜，懇求道：「願得筆墨，待本王上書認罪。」

那堂上書佐聞言，便取了筆墨、簡牘，欲遞給劉榮。

郅都卻猛一揮手，喝止道：「放肆！此地豈是臨江王宮，說要筆墨，便可得筆墨？來人，將臨江王褫去衣冠，押至後堂獄中。此事既明，有罪或無罪，皆由聖上裁奪。」

堂上皁隸得令，一聲呼喝，便上前來將劉榮拽起，剝下衣袍。

劉榮不由得惶急，連忙大呼道：「冤枉！」

郅都便冷冷一笑：「臨江王，實不知你冤在哪裡。入了本府，未受夾棍伺候，已屬萬幸，謝我還來不及呢！」言畢，便揮揮袖，命人將劉榮拖了下去。

劉榮身陷囹圄，一時滿城皆知，朝中公卿多不敢言，唯有竇嬰心中頗感不平。

　　竇嬰到底做過劉榮太傅，萬難坐視不管；又倚仗自己是外戚，並不懼王皇后，於是遣了心腹家僕，往中尉府獄中去探聽。

　　聞聽劉榮羈押獄中，陋室粗食，欲上書明志，竟連筆墨都索不到，竇嬰便覺大不忍，又遣人去打點獄吏，偷偷送了筆墨進去。

　　劉榮在陋室中，正以淚洗面，忽聞竇嬰遣人送來筆墨，更覺大慟。想到生母已歿，父愛全失，又遭酷吏刁難，斷無生路可言，即便遞上了訴冤狀，又有何人能看？

　　如此傷心了一日一夜，才撕下衣襟，提筆寫好一道絕命書。次日凌晨，起來朝前殿拜了三拜，不禁淚如雨下：「母為子死，子為母亡；人間事，何以慘絕若此！」便狠狠心解下羅帶，懸梁自盡了。

　　早起獄吏來巡查，見狀大驚，慌忙報與郅都。那郅都來看了，卻無一絲驚惶，拾起劉榮遺書，瞥了一眼，見上面有淚痕斑斑，只發了一聲冷笑，道：「解下屍身，好好裝殮。」言畢，便轉身走了。

　　當日入朝，郅都稟明事由，將劉榮絕命書呈遞景帝。景帝看過，神色無悲亦無喜，只喚來宗正劉通，吩咐道：「臨江王畏罪自盡，餘事不究，議妥諡號，以王禮葬於藍田就好。」

　　這位劉通，前文曾表過，乃是故吳王劉濞之姪。吳楚之亂時，倉促間被擢為宗正，與袁盎同赴吳營議和，卻為劉濞所扣押，待七國亂平後，方才到職。

　　聞聽劉榮自盡，劉通不免有兔死狐悲之感，便用了一番心思，擬了「閔王」為諡號。這個「閔」字，乃是「慈仁不壽」之意。景帝看了，也知其意，

酷吏無情，皇子含淚嘆命運

瞟了一眼劉通道：「如此，葬了便是。臨江王既無後，可除國不再置。」

可憐那劉榮，本有文帝之才，只因栗姬鬥敗之故，痛失皇嗣位，卒於英年。其事之哀，時人甚憐之，皆傳說：劉榮葬於藍田後，忽從四面飛來許多燕子，紛紛揚揚，啣泥加於塚上。路人見之，無不驚嘆，以為是燕雀有靈，也知哀憫臨江王。

劉嫖聞知劉榮自盡，難掩歡喜，奔至王皇后處報信。那王皇后聽了，只淡淡一笑：「劉榮何人，竟敢與吾兒為難！」

消息在長安傳開，公卿百官無不震恐，都覺郅都本性殘苛，竟能活活逼死皇長子！竇嬰在家中聞知，更是頓足大罵，次日便赴長樂宮，求見竇太后。

竇太后聽聞竇嬰前來，不覺笑道：「男兒雖好，卻是不如女兒心軟。你自討逆歸來，封了侯，便不常來見我；不似那長公主，三五日便來一趟。」

竇嬰無心說笑，只滿面悲戚道：「男兒自有志，固不如女兒心軟，卻也不如女兒心硬！」

竇太后便覺詫異：「姪兒，此話怎講？」

竇嬰便伏地叩首，將劉榮被郅都逼死一事，從頭道來，其間數度哽咽。

竇太后聞言，頓時變色，拍案道：「真真悖逆！那後宮如何爭寵，哀家管不得；然劉榮為我長孫，無過無錯，如何竟被酷吏逼死！前朝曾有張釋之，逼死外戚薄昭，我那時為皇后，便覺大不忍。如今做了太后，卻又保不住長孫。這漢家，竟是何天日……」說到此，不由悲從中來，哀泣不止。

竇嬰便慌了，連忙勸慰道：「太后務請節哀。兒臣曾為劉榮太傅，知甥兒性仁厚，頗似先帝。其母雖乖僻，小子卻頗知禮，故而悲憫，太后則不必過於哀痛。」

竇太后仰起頭來，厲聲叱責道：「這是什麼話！劉榮只是你甥兒，卻是哀家骨血，一脈相承，不比你更覺親嗎？你且退下吧，我這便去找啟兒問話！」

「太后去問……只宜問郅都之罪。」

「當如何問話，姑母自知。唉，如此大事，那長公主竟也將我瞞住，確是心硬得很！」

當下，竇太后便由宮女攙扶，來至未央宮，聽見景帝正在庭中，與幾個親隨蹴鞠，便高聲喚住：「罷了罷了！無心顧人命，倒有心蹴球！」

景帝正在盡興之時，忽聞竇太后怒喝，不知是何事，又盤了兩腳，才抹汗奔去拜見。

竇太后知周文仁在旁，便狠狠白了一眼。

眾近侍見太后臉色不善，都覺惶悚。周文仁連忙使個眼色，眾人便收了球，遠遠退後。

景帝奔至竇太后面前，伏地拜過，小心問道：「兒臣不孝，不知有何事，又惹太后生氣？」

竇太后冷笑道：「為母一個盲嫗，目無所見，氣也氣不得了。但不知為何，啟兒所用寵臣中，卻有一人，比你阿娘還要盲！」

「太后所指，是何人？」

「便是郅都！」

酷吏無情，皇子含淚嘆命運

景帝心中一凜，知是有人進讒，只得硬起頭皮回道：「郅都執法，不阿權貴，或是得罪公卿過多，也未可知。」

「他哪裡是不阿權貴，真是目無禮法了！」

「阿娘，此罪名甚重，郅都哪裡當得起？」

「哼！那郅都，千萬人都不懼，還怕哀家一句話嗎？我問你，自漢家建禮儀，下官見長官，有何人敢不頓首下拜？」

「無人。」

「那麼便好。當今周亞夫為相，位列三公，郅都不過是個次卿，何以見丞相只行揖禮？漢家禮法，當遍行天下，莫非只他一人，可置身法外嗎？」

景帝見太后來者不善，連忙為郅都辯白：「郅都為人孤傲，不甚圓滑，卻並非悖禮之徒。兒臣稍後便囑他：入朝須循禮，不得馬虎。」

竇太后勃然變色道：「身為中尉，卻不遵禮法，如此又有何法可執？你道那列侯百官畏他，是畏漢律嗎？只不過是怕他這惡人！想那劉榮一個孺子，他都逼得死，待來日，還不要逼死我這老嫗麼！」

景帝聽到此，方知竇太后心結，忍了忍，才叩首應道：「兒臣明白了。郅都行事，只知秉公，不知圓融，致使公卿多有怨言，兒臣免了他就是。」

竇太后氣仍未消，憤憤道：「為母也知啟兒治理不易，然嚴刑酷法，終不是明君氣象。前朝那張釋之，人雖苛刻，尚能循法。這個郅都，卻是無端逼死宗室，與趙高又有何異？先帝在時，喜用能吏，卻未教你用酷吏。你用了一個酷吏，天下臣民固然懾服；然你百年之後，好端端一個天下，怕就要轟然而散！」

景帝聞言，不禁愕然，只得諾諾應道：「兒臣免了他就是……免了便罷，不敢惹太后煩心。」

竇太后瞥了中庭一眼，恨聲道：「蹴鞠蹴鞠，你只知玩耍！今日用了酷吏，來日你這皇帝，蹴的怕就是滾滾人頭了。」

景帝愈發驚恐，只是伏地不敢抬頭。

竇太后便一仰首：「吾生尚有數年，不欲再聞『蒼鷹』二字。」

「遵母命。」

「還有，你身邊那白面郎，叫個周文仁的，這便傳我口諭吧：免去官職，令他去邊郡閒居，不得逗留近畿。三日之後，未央宮內不得有他在。」

景帝便怔住：「母后，周文仁未有差錯，如何要……」

竇太后便又橫眉道：「你那祖父，有個籍孺；你那叔伯，有個閎孺；你那父皇，又有個富甲四海的鄧通。你劉氏一門，如何都喜那白面嬖臣？」

「阿娘，周文仁乃我近臣，辦事練達，他絕非嬖臣。」「一個郎中令，整日伴你遊樂，不是嬖臣又是甚？」

「朝中多事，兒又無親信之臣，只不過……願與他說些心腹話而已。」「有心腹話，可與你阿姊說。我既厭郅都，亦不願見這白面郎！」

景帝不由一陣心傷，只是稽首觸地，良久無語。

竇太后橫瞥了一眼，便吩咐身旁宮女道：「還宮！此處太不清淨。」

景帝萬般無奈，只得於次日下詔，免了郅都中尉職，著令歸家。郅都大出意料，細想便知是太后之意，心雖不平，卻也無奈，交卸了差事，即歸鄉去了。

酷吏無情，皇子含淚嘆命運

稍後兩日，景帝又喚來周文仁，未及言語，竟幾乎落淚，黯然道：「太后疑你是籍孺、鄧通一類，有嚴旨下，令你往邊郡任職。」

周文仁聞言，幾欲暈眩，囁嚅道：「臣……不敢違太后之命。」

景帝忙扶住周文仁，溫言安撫道：「朕已安排妥：愛卿以老病免職，食二千石祿，可往零陵郡閒居。零陵原為長沙國地方，今已歸朝廷。上古舜帝南巡，崩於蒼梧，便是葬在此地。彼處山清水秀，有瀟湘二水，可滋養生息。君且去，待太后百年之後，萬事都好說。」

周文仁眼淚就撲簌簌地掉落：「陛下日理百事，今後，便沒個人來照應了。」

景帝雙眼便也溼潤，忙強笑道：「愛卿要保重。零陵終究僻遠，若有事，儘管對郡守說，我已有密詔發去。」

兩人又話別許久，周文仁才依依不捨告辭。臨別，景帝解下玉珮相贈，特意囑道：「在邊郡，務要每月通書信，免得我掛念。」

一連罷去兩位近臣，景帝為之愁苦多日，鬱鬱寡歡，只覺宮禁歲月了無意趣。

郅都罷歸後，長安豪門子弟復又猖獗。景帝細察公卿神色，見眾人皆難掩眉間喜氣，便暗自恨道：「爾等袒護子弟，只盼『蒼鷹』早死，我卻偏要他活！」從此，便存了復起郅都之心。

千古名將，壯志未酬遺悲歌

卻說梁王劉武入朝謝罪，獲景帝原宥，兩下裡皆大歡喜。事後，劉武聞幕賓鄒陽提起，知皇后之兄王信從中出力甚多，便登門告謝。兩人一往一還，頗覺投契，漸漸便成莫逆之交。

那王信，聞說封侯事遭周亞夫駁議，早便對周亞夫耿耿於懷。劉武也因睢陽之役中，周亞夫堅壁不救，久有啣恨之意。兩人談起周亞夫來，都恨恨有聲，直欲除之為快。

當下兩人便密議，由王信向王皇后進言，讒諂周亞夫，劉武則往竇太后處進讒。兩人謁見景帝時，也有意無意，對周亞夫譭謗交加。

那景帝雖高居帝位，終是肉身凡胎，哪裡經得住太后、皇后、舅兄、胞弟輪番提起。久之，想起周亞夫為相之後，數度廷爭，屢抗上意，總有居功桀驁的模樣，心中亦不快，遂起了換相之意。只慮及此事不宜倉促，才拖延下來。

當此內朝事漸息，邊關上，忽地又起了外患，漢匈兩家，一時翻作劍拔弩張之勢。原來，早在景帝前元二年時，漢與匈奴曾議定和親，匈奴遂不再犯漢境。至前元五年，漢家如約，將幼公主送入北庭，兩家更為親睦。塞上多年平靜，不見烽煙。豈料至景帝中元二年（西元前 148 年）正月，胡騎忽又大舉犯燕境，兩家和親，遂告破裂。

時李廣任上谷郡太守，數次領兵與匈奴苦戰，頗為凶險。朝中大臣，多有為李廣憂心者。有掌屬國事宜的典屬國[38]，名喚公孫昆邪，忍

---

[38] 典屬國，秦置，漢襲之，掌周邊屬國事務。

不住向景帝泣告道：「李廣才氣，天下無雙。今自負其能，數與北虜肉搏，臣恐漢家將失此名將！」

景帝想想，也覺此前待李廣不公，於是起了憐憫之意，調李廣為上郡（今陝西省綏德縣一帶）太守，以避匈奴鋒芒。

後匈奴兵又入寇上郡，景帝便差遣中涓一宦者，隨李廣勒兵擊匈奴。

一日，宦者率兵卒數十騎巡邊，偶遇匈奴所部三人。宦者見其人少，欲欺之，便揮兵與之鏖戰。怎奈那三個匈奴人，個個都是神射手，互射不過片刻，宦者所率騎士，便都中箭身亡，宦者亦負箭傷，隻身逃歸李廣大營。

李廣聞說胡騎身手了得，也是驚異，斷言道：「此必為射鵰者也！」當下點起精銳百騎，縱馬去追那三人。

那三個匈奴人並無馬，只在草原上步行。李廣率部追了數十里，果然看見人蹤。於是令兵卒分左右翼包抄，死死圍攏，自己則彎弓搭箭，逐一射去。但聞弓弦響處，兩人應聲而斃，其餘一人見無可逃脫，只得跪地求降。

李廣下馬來，親問之，果然是射鵰者，便下令縛在馬上，擬解回大營。歸途中，一行人馳上一山岡，忽見遠處有匈奴數千騎，蜂擁而至，眾人立時大驚。

那匈奴大隊望見漢軍僅有數十騎，疑是漢軍誘敵之計，也都驚詫，連忙搶上山來，布陣以待。

李廣所屬百騎見此，大起惶恐，皆欲撥馬回逃。

李廣卻伸手制止道：「不可！我等離大軍有數十里，如此奔逃，匈奴在後追射，不消片時，我等立盡，片甲不得歸營！」

眾軍卒便都喧譁道：「奈何等死乎？」

李廣冷笑道：「用心者，何用等死？今我留此不動，匈奴必疑我為大軍之誘騎，不敢擊我。」

眾軍將信將疑，只得勒住馬聽命。李廣遂大呼一聲：「前！」

眾軍橫了橫心，都冒死隨李廣前行。

至匈奴陣前二里處，忽聞李廣又下令道：「皆下馬解鞍！」

有軍卒心悸，脫口問道：「北虜如此之多，我若解鞍，稍後勢急，將奈何？」

李廣含笑道：「北虜見我人少，以為我將逃。今解鞍以示不去，他便更疑我為誘餌。」眾軍心中惴惴，只得依計下馬。

此時，匈奴陣中，忽有一白馬將，馳至陣前督軍。

李廣窺見他破綻，當即上馬，率十餘騎疾馳向前，一陣亂箭，將白馬將射殺。又將馬頭一撥，返回百騎之中，下馬解鞍，臥於草地，任馬匹逍遙吃草。

時已日暮，匈奴見此，始終心覺怪之，不敢貿然進擊。

至夜幕四合，那匈奴首領疑惑之間，又懼漢軍趁夜來襲，打了聲呼哨，竟引兵而去了！

待次日平旦，李廣遠眺草原，再無一個匈奴人蹤，這才率部安然返歸大軍。自此，李廣驍勇之名，即在北地傳遍。匈奴聞之，多有忌憚。

景帝於此，亦是心中有數，此後數年，又徙李廣為隴西、北地、雁門、雲中諸郡太守，與匈奴對峙，邊事方不致釀成大患。

至中元三年（西元前 147 年）春上，北邊忽來喜訊，報稱有匈奴王等七人，皆為酋首，率部來降。景帝聞報大喜，詔令下至丞相府，令周亞

千古名將，壯志未酬遺悲歌

夫考察七人履歷，欲封其為列侯，以招引其餘番王來降。

周亞夫偏在此時，再次違逆景帝。原來，此七人中，有一東胡王為漢人，名喚盧它人，係高帝時叛王盧綰之孫。前書曾有交代，盧綰與劉邦為同里之鄰，且同日生，隨劉邦起事入關，得以封燕王。後因遭劉邦猜疑，不得已投奔匈奴，被封為東胡王，卻不得志。叛降僅一年餘，即鬱鬱而終，葬身草原。

後盧綰之妻與子，思鄉心切，於呂后時奔回，詣闕請罪。呂后顧念舊誼，令其居燕邸，欲置酒召宴。惜乎呂后隨即病歿，未及召見。唯有那盧綰之孫，卻滯留匈奴未歸，得襲封乃祖王位，直至此時，才來歸降。

此次封侯，周亞夫甚以為不妥，當即入朝奏道：「盧它人係叛王之後，數十年降虜，理應加罪；念他今日來歸，只可赦免，又豈能封侯？」

景帝大出意料，一時難以定奪，只猶疑道：「盧它人固是如此；然其餘番王，當無負於漢家。」

周亞夫卻亢聲道：「亦不可！此輩番王，受單于之恩既久，不思報答，卻叛主來降陛下；陛下若封彼輩為侯，則何以責自家臣子不守節？如此賞罰，以天下臣民觀之，又將作何想？」

此言一出，滿朝文武立時大譁，議論紛紛。

景帝久已不耐，此時臉漲紅片刻，忽一拍龍床道：「丞相之議，甚違時宜，不可用！」

周亞夫當場怔住，即閉口不言，至散朝，方才悵悵而退。

當日，景帝便有詔下，封盧它人為亞谷侯，其餘六人亦各封侯。

由此，周亞夫便知主上已有嫌惡之意，他亦不想戀棧，隔日便遞上奏章，稱病請免。

景帝接了奏章，淡然處之，准了周亞夫所請，命他以列侯身分免歸。所空丞相缺，由原御史大夫劉舍補上。

　　這位劉舍，雖籍屬宗室，卻不是劉邦之後，乃是項氏後人。當年項羽敗亡後，劉舍之父項襄，與項伯一起歸降劉邦，俱得封侯，並賜姓劉，歸入劉氏宗室。

　　劉舍好學博聞，襲爵後入仕多年，從無過失，頗得景帝賞識，用為太僕、御史大夫，方得循序升至百官之首。

　　這一年，景帝免去周亞夫丞相之職，本想圖個清靜，不料自三月起，便接連有彗星、地震、日食等異象。秋九月，日食過後，太史令上殿稟告道：天變非常，恐將有人禍。

　　景帝想到周亞夫已病免，須防匈奴欺漢家無大將，傾巢來犯，於是令北軍出都門以東，安營紮寨，以震懾胡騎。

　　北軍奉詔出城，自清明門至霸橋，連營十餘里，晝夜金鼓齊鳴，以壯聲勢。如此喧騰月餘，北邊毫無動靜，景帝這才放心收兵。

　　此後四海晏然，流光易逝，不覺已是中元五年（西元前 145 年）。景帝見各諸侯國皆畏朝廷之威，恭敬順從，知彼輩已不敢存異心。想起晁錯生前所諫，便令諸侯王不得再問國事，由天子派官置吏。又改各國丞相為相，諸侯國御史大夫、廷尉、少府、宗正、博士官、大夫、謁者、郎官等，皆減損其員額。

　　此舉於諸侯王而言，無異於釜底抽薪。自此各國政事，盡歸朝廷操弄，諸王已無置吏之權。此令一下，天下翕然，諸侯王聲威頓失大半。

　　待到中元六年（西元前 144 年）元旦，梁王劉武自睢陽入朝賀歲，見景帝淡漠，問候已非摯誠，只不過虛言寒暄，就不免失望，心知世事亦非昨日。

千古名將，壯志未酬遺悲歌

　　朝賀罷，劉武掛念太后，上書請留京中，以盡孝道，卻遭景帝駁回。無奈只得返國，萬念俱灰，只顧與諸文士往還，朝夕悶悶不樂。

　　六月盛夏，劉武實不耐空耗歲月，便率了枚乘、嚴忌、司馬相如、路喬如一行，北上良山，縱馬游獵。這良山，地在齊魯，即是後世小說《水滸傳》裡所寫的梁山[39]。

　　此地千里蒼翠，奇峰高矗，襟帶水泊，確是令人心怡的好去處。劉武登高遠望，對眾人慨嘆道：「枚乘君作〈梁王菟園賦〉，說那飛鳥『疾疾紛紛，若塵埃之間白雲也』，不正是我輩凡庸人生乎？蹉跎半世，卻不得遂願。」

　　枚乘便笑道：「大王請寬心。古來千年，能如大王守睢陽者，百無一二。其功在當世，後也必有盛名，豈是塵埃間白雲可比。」

　　劉武微露得意之色，少頃，忽問枚乘道：「聞愛卿正閉門作大賦，可得什麼好句？」

　　枚乘恭謹答道：「區區辭賦，何足道哉？今小臣寫〈七發〉賦，苦思冥想，徘徊數日，偶得『惕惕怵怵，臥不得暝。虛中重聽，惡聞人聲。精神越渫，百病咸生。聰明眩瞀，悅怒不平。久執不廢，大命乃傾』之句，尚屬稱意。」

　　劉武聽罷，不由惘然若失：「此病，正是寡人之疾，或將命不久矣！」

　　眾人連忙齊聲勸慰，枚乘更是岔開話頭道：「臣之才，不及路喬如、司馬相如君。同在梁園，而遜於同儕。」

　　劉武笑道：「哪裡！你久為大國上賓，與英俊並遊，才氣尤高，還謙遜什麼？」又回首對司馬相如道，「相如君亦堪稱聖手，你那〈子虛賦〉

---

[39]　梁山，位於今山東省梁山縣。

寫遊樂之會，『摐金鼓，吹鳴籟。榜人歌，聲流喝。水蟲駭，波鴻沸。湧泉起，奔揚會。礧石相擊，硠硠磕磕，若雷霆之聲，聞乎數百里之外』，此等佳句，世間何處可覓？」

司馬相如連忙稱謝道：「大王謬獎。臣苦思數月，方得一篇，不及諸君敏捷。」

梁王便仰頭大笑：「梁園諸君之才，世無其匹，各個堪與天地齊，千年之後亦為傳奇。想那後世，有幾人能知我梁王名號？百年之後，寡人若能葬於此，或還有望與山阿同體，留下個薄名。」

眾文士便都大笑。劉武也一時忘憂，打個了呼哨，便招呼眾人下山圍獵。

優遊數日，正意興盎然時，忽有一本地農戶，攔在前路，向劉武獻上一頭牛。眾人看去，見那牛背上竟生有一足！

劉武見了，不禁大駭，勒馬退卻數步，連聲道：「此為何物？寡人不欲見之！」隨從郎衛立時奔上，厲聲喝斥，將那人連同怪牛一道驅走。

當日，回到無鹽縣（今山東東平縣東）館驛，劉武仍驚悸不定，一夜間發熱不止，竟病臥不起。高熱之中，常發譫妄語，喃喃道：「良山猶在，寡人尚在乎……」至六月中，連發熱病六日，藥石無效，竟致溘然病亡。

眾文士雖厭梁王驕狂，然念及梁王往日優寵之恩，也都倍感心傷；一面裝殮，一面就遣人向王后李氏報喪。

劉武生前料不到，因他常來良山游獵之故，後世便將此地改稱「梁山」。後又過了一千餘年，在此處竟生出一段「水滸」故事來，流傳千古。

史書上載，梁王劉武在諸皇子中，以慈孝聞名。每聞竇太后病，即口不能食，居不安寢，常欲留長安侍奉太后。

太后亦甚愛劉武，當日聞劉武暴薨，如聞天塌了一般，悲哀異常，數日不食，大哭道：「皇帝果然殺吾子！」只恨景帝不允劉武留京，逼令歸國，方致他鬱悶而死。

景帝聞知太后怨恨，又驚又懼，不敢赴長樂宮勸慰，只得與長公主劉嫖商議。劉嫖身在事外，倒看得清楚，遂點撥景帝，須好生安頓梁王之子。

景帝頓然開悟，當即依計而行，諡梁王劉武為孝王，葬於芒碭山龍興之地。又分梁地為五國，盡立劉武五子為王：即長子劉買襲梁王，次子劉明為濟川王，三子劉彭離為濟東王，四子劉定為山陽王，五子劉不識為濟陰王。劉武另有五女，也都各賜給湯沐邑。

待到優恤詔令頒下，景帝才帶了劉舍等一干大臣，往長樂宮太后榻前跪奏。

竇太后哀哭多日，神思已極衰，聞景帝奏報，才漸有欣慰之色，環顧諸人道：「這便好嘛，稍慰哀家之心。你等還跪著做甚，都快平身。」

景帝便起身，上前勸道：「太后數日不食，兒與朝臣皆憂心，幾不欲生。」眾臣也都眾口一詞，力勸太后進食，莫要傷身。

竇太后便道：「看你們君臣面上，哀家今日，加一餐也好。唉……你等若早憐梁王，何至於有今日？」

如是，竇太后方才恢復飲食。越後幾日，哀思亦漸淡，一場風波才算過去。

說起在景帝年間，梁王劉武，也算得上舉足輕重之人。初封代王，再徙封淮陽王，後又為梁王二十五年，前後為王共有三十五年。

他生逢漢家鼎盛時，故得以放縱恣肆，乃至平生所為，功過參半。司馬遷說他「以親愛之故，王膏腴之地，然會漢家隆盛，百姓殷富，故

能植其財貨,廣宮室,車服擬於天子,然亦僭矣」,當不為過。

正因有這僭越之心,梁王身後,歷來飽受史家詬病。更有人說他「禍成驕子,致此倡狂」。將他受怪牛驚嚇而亡,說成是天罰。

正是緣此,景帝便想到,如今梁王薨去,自己身後事,總算不致有大患;於是一面悲悼,一面竟也暗暗鬆了口氣。

至此時,景帝已登位十三年,想到年前暴雨、地震接踵而至,心便不安。想到或是多年只顧操心人事,未敬天神,方有這連年災害,於是起意,赴雍州(在今陝西省鳳翔縣)郊祭五帝。

春花正盛時,大隊人馬浩蕩出城。此次郊祭,公卿們權當閒遊,景帝也只顧看天高地闊,無不歡喜。

到得雍郊,景帝立於秦時「五帝時」前,看千山萬壑,心中忽起憾意,對丞相劉舍道:「山河曠遠,乃前世修得。然吾居廟堂,平生最遠卻只能到此;既愧於蘇秦、張儀,亦不如荊軻、聶政,又何樂之有?」

劉舍一笑,躬身回道:「陛下自有洪福,上無權臣,下無餓殍,四海倉廩皆實,百姓安居。自春秋戰國以來,似從無這般世道呢。」

「呵呵,丞相只顧說好話!朕亦知:華服之下,必有千瘡百孔。此生補漏,只怕是永無休日。」

自雍郊返回,景帝照例翻看奏摺,見到廷尉呈上奏表,有數名死囚待決。

人命關天事,景帝不敢大意,便拋下餘事,逐一看過。見其中有一死囚,名喚防年,其繼母陳氏,與人有姦情,事洩,竟殺了防年之父。防年氣不過,誓為父報仇,伺機殺了陳氏。依漢律,殺母者以大逆論罪,當處腰斬。

景帝看到此，只覺得不妥，心中甚是疑惑。恰好太子劉徹在側，便問劉徹道：「徹兒你來看，此案可有何不妥之處？」

劉徹看過奏表，便微微搖頭道：「廷尉此決，實是引律比附不當。《儀禮》曰：『繼母如母。』即是說，繼母原不及親母，緣父愛之故，可謂之母。今防年繼母無狀，殘殺其父，則下手之日，母恩已絕矣。故而防年之罪，宜與殺人者同，不該以大逆論罪。」

時劉徹年方十二，景帝見他頗諳律法，應對得當，不禁頻頻頷首。遂從劉徹之議，改處防年為斬首棄市。朝中諸大夫聞知此事，無不齊聲稱善。

見劉徹聰穎好學，處事練達，景帝便甚為寬心。每與王皇后提及，總要喜形於色。

這年夏，丞相劉舍窺得景帝心情好，忽然就上奏，請改官名。景帝閱罷奏章，口中嘖嘖有聲，只覺得新鮮。

此前，各地郡守已改稱太守，郡尉改稱都尉，諸侯國丞相也已改稱為相。

此次劉舍所議，則是改列卿、內朝官名，擬改廷尉為大理，奉常為太常，典客為大行令[40]，治粟內史為大農，將作少府為將作大匠，主爵中尉[41]為都尉，長信詹事[42]為長信少府，將行[43]為大長秋，大行為行人[44]等。

卻說劉捨此人，實無宰執之才，得為丞相，只憑虛浮學問小心應

---

[40] 漢武帝太初元年，又改大行令為大鴻臚。
[41] 主爵中尉，官職名，秦置，西漢沿置。掌列侯封爵事。
[42] 長信詹事，官職名，西漢置。掌皇太后宮中事務，職司如大長秋，位在大長秋上。
[43] 將行，官職名，秦置，漢沿置。掌皇后宮中事務。
[44] 行人，官職名，春秋始置。掌朝覲聘問，在漢代為典客屬官。

對。好在為相五年間，內外均無大事，他所奏這番更名，看似熱鬧，卻無關職權損益，只圖個鼎新之意。

景帝看過，便召劉舍來問：「君擬改官名，所據何為？朕倒是欲知其詳。」

劉舍恭謹答道：「漢初立朝，事起倉促，所用官名皆為秦置，其中或有軍伍稱謂，實不合時宜，故應改之。」

「那廷尉改稱大理，所本何為？」

「《春秋左氏》中即有『攝理』之稱，是為上古執法官；臣下擬名『大理』，正合漢家正統。」

「想那諸吏習用已久，驟改官名，可得長久乎？」

「臣以為，陛下挾削藩餘威，正當號令一新，令諸王不敢小覷。」

景帝聞劉舍之言，嘆了口氣，知劉捨實是庸才，數年在位，如同木偶，明年還是換掉為好。至於改動官名，倒也能彰顯氣像一新，於是如數照准，逐一改稱。

待詔書頒下，朝野果然有一番轟動。景帝心中也喜，便生出一番振作之心來。隨即又下詔，明年再次改元，即後世所稱「景帝後元」紀年。

如此，自後元元年（西元前 143 年）春起，景帝便力圖鼎新，為太子劉徹鋪好路。三月，大赦天下，廣賜民爵一級；四月，又准百姓「大酺」，可暢飲五日，意在收攬民心。

不料至夏秋，又接連有日食、地震，鬧得人心惶惶。秋初時，上庸郡（今湖北省竹山縣四南）地動，竟致城牆崩壞數段。

景帝甚感惶恐：何以天象示警，連月不斷，莫非因人事不諧？思慮多日，便覺身體疲累，力不能支，不免就想到身後事。看那太子劉徹，

千古名將，壯志未酬遺悲歌

到底還是年少，來日更替，總要有個顧命大臣，方可保少主平安。

想那朝中文武，能任此者，唯周亞夫一人；然太后、王信等人，卻無一個說他好話。如今周亞夫負氣辭官，仍居長安，究竟可否起復，託付後事於他，一時倒難以定奪。

秋七月間，景帝思前想後，忽得一計，料可試探周亞夫如今心性。便命御廚備宴，遣人去召周亞夫。

至此時，周亞夫閒居已近五年，忽聞主上召見，不知是何故，估計或是要召對邊事，便匆匆換了朝服，隨謁者入朝。

到得宣室殿偏殿，見景帝早已端坐等候，屋內並無他人，周亞夫便略覺詫異，向景帝行大禮後坐下，只等垂問。

周亞夫原想，主上召見，或是有安撫之意。卻不料，景帝面色不陰不晴，見周亞夫落座，只淡淡問了些冷暖事，並無一語涉及邊事。

寒暄畢，只聽景帝又問道：「近來日有食，朕連日思己過，不知是否用人不明。今日朝堂上，劉舍做丞相已四年，君以為其政何如？」

周亞夫聞景帝此問，頗覺為難：「陛下，臣自病免歸第，不問世事久矣。況我為劉舍前任，恐不便置評。」

「哦，倒也是！愛卿閒居家中，可是讀了許多黃老？」

「兵書常讀，於黃老倒未多留意。」

景帝便隱隱一笑：「既未讀黃老，又何必謹慎若此？」周亞夫便覺話不投機，只得拱手一拜，不再言語。

正尷尬間，景帝又道：「今設便宴，與君同飲，你不要見外。」便朝後一揮手。旁側有尚席丞見此，即命宦者端酒肉上來，一番忙碌，將餚饌、杯盤布好。

周亞夫低頭一看，不由就詫異，自己盤中所置，只是一塊大肉，肉既未切開，又無匕[45]箸。似這般布設，莫非要用手來抓嗎？

周亞夫呆了片刻，心中便有氣，回頭望一眼尚席丞，高聲道：「可取箸來。」不料，那尚席丞聽了，竟如痴呆一般，只是端立不動。

周亞夫正要發作，忽聞景帝一聲冷笑：「如此，還不足君之所求嗎？」

話剛落地，近侍諸人立時屏息。偌大廳堂內，悄無聲息，竟似無人一般。

周亞夫才恍然大悟，這召宴，原是為折辱自己。心中既羞且怒，無以言表，只得免冠謝罪，頭觸地良久。

景帝看了一會兒，只喚了一聲：「起！」

周亞夫早已憤懣難耐，起得身來，轉頭即走，竟無片語留下。

景帝亦甚感意外，目送周亞夫背影，恨恨嘆道：「如此脾氣，來日絕非少主之臣也！」

召宴周亞夫後不久，有原太子太傅石奮，在諸侯國為相多年，年老歸第，前來陛辭。

景帝聞說師傅來，連忙往前殿去迎，遠遠見石奮在門關即下車，趨步入宮，畢恭畢敬。

兩人見面，石奮稽首拜過，景帝連忙扶起，溫言道：「師傅，我早已有詔，准你過宮門可不下車，為何如此拘謹？」

石奮回道：「欲為臣，盡臣道。老朽不敢有悖臣道。」

景帝攙扶石奮，緩緩行至宣室殿，執弟子禮伏地拜過，方才坐下，寒暄道：「師傅離長安，恍惚昨日，不意已匆匆十五年。朕看你今日氣

---

[45] 匕，古代的一種取食用具，狀如湯勺、鏟子。

千古名將，壯志未酬遺悲歌

色，一如從前。」

石奮恭謹回道：「託陛下之福，老臣精神還好，倒比家中長男還健旺些。」

「一別多年，朕只念你這『萬石君』，常恨無師傅這般涵養。如今太子已漸長，也不知如何調教。師傅一門子孫，皆有出息，倒是如何調教的？」

「陛下客氣了。臣之子孫為小吏，若歸謁，我必朝服見之，稱其官職，不稱其名。若子孫有過，則避席另坐，對案不食，彼輩必肉袒來謝罪。若改之，我才寬恕。凡有成年子孫在側，雖是家居，老臣也必冠服嚴整，不使子孫輩有嬉玩之心。」

景帝便恍然大悟：「原來如此！向日聞左右言說，師傅闔家謹孝，有齊魯諸儒之風，諸臣皆自以為不及，朕今日才知其詳。」

石奮連忙揖拜道：「陛下謬讚。老臣無大才，唯知恭謹守禮。」景帝默視石奮片刻，脫口嘆道：「若條侯似你，朕將何其幸也！」石奮聞此言，白眉便微微一顫，一躬到地，緘口不再言語。

再說那周亞夫性本清高，素厭諂媚，並不以景帝好惡為意。故召宴歸來後，也未多想。不料，才過了三五日，便有中尉府法吏上門，稱有要案，須與條侯對簿。

周亞夫不知是何事，甚覺疑惑，便命閽人將法吏迎進。

那法吏手持簿書，入得正堂，將一封變告信，交與周亞夫。

周亞夫乍看起首一句，心中便一驚——原是有人密告：周氏宅邸中，藏有宮禁甲盾五百副，顯是僭越之舉。

見周亞夫失神，那法吏便一揖道：「條侯清白，美名滿天下，便無

須小吏多言了。今奉詔，特來驗問，貴邸中私藏五百副甲盾，來自何處？」

周亞夫摸不著頭緒，脫口道：「誣言！我家中怎會有盔甲？」法吏便一指密告信，說道：「誣或不誣，條侯看過便知。」

周亞夫看罷，竟是一頭霧水，全不知此事緣何而來。

原來，周亞夫之子恐父年老，不知何日便有不測，便預為後事，想買些隨葬器物。卻不料，此子一時心迷，託了少府屬下尚方令，私買了五百副宮中甲盾。此等甲盾，並非軍旅所用，乃是天子隨葬之物。

尚方令所掌職事，是專製宮中器物，所用各物，例禁流入外間。亞夫之子只仗著豪門氣粗，偏要用那宮中甲盾，便使了金帛，私下疏通好；又僱了民夫數名，偷偷將甲盾搬回家中。

亞夫之子生於豪門，飛揚跋扈慣了，驅使那班僱工忙碌整日，仍嫌人家遲緩，只顧詈罵。好不容易搬完，僱工欲討工錢，那豎子再次鬼迷心竅，竟誣僱工誤了時限，索性賴掉工錢不給。

僱工平白遭此虐待，自是憤怒，其中有曉事的，便鼓動諸人上書變告。為駭人聽聞計，又在變告信中，誣告周亞夫也牽涉其事。

景帝心中正忌周亞夫，看過變告信，勃然變色，遂將此案發下中尉府，令法吏對簿。

此等苟且事，係亞夫之子私下為之，只瞞了老父一人。而今事發，竟致老父措手不及。

周亞夫看罷變告信，也知是惹了惹禍，便將密信擲還，既不讓座，亦無言語。

那法吏面露尷尬，只得與周亞夫立談，豈料追問再三，周亞夫只是

一言不發。法吏眼見對簿不成，只得悻悻告辭，自去覆命。

待法吏走後，周亞夫立喚其子來問，方知事情始末，不由得連聲責罵。

其子惶恐不知所措，只知伏地叩首，涕泣不止。

周亞夫也無心責罰，只嘆息道：「主上忌我，你便不買甲盾，為父也難逃災厄。」

再說景帝那邊，聞聽周亞夫負氣抗旨，忍不住便罵：「事至此，吾亦不用對簿！」當即遣宦者傳詔，命周亞夫至大理衙受訊。

詔令送至周邸中，闔門老小都覺大禍臨頭。唯周亞夫早已料到，卻也毫無懼意，換了朝服，即隨來人出門，赴大理衙署候審。

步入衙署大堂，但見新任大理卿胡瑕，擺了一副閻羅似的面孔，端坐於堂上。周亞夫素厭此人陰鷙，相見之下，只略施揖禮，也無言語。

胡瑕曾與周亞夫相識，此時卻似陌路人一般，劈頭便責問：「條侯，莫非你想謀反嗎？」

周亞夫苦笑一下，一揖道：「幾年不見胡君，如何一出語，便想羅織？臣所買之物，乃是葬器，何謂謀反二字？」

胡瑕終是礙著舊誼，一時啞然。卻有大理丞尹軌在旁，厲聲喝道：「條侯縱是不欲反於地上，便是欲反於地下！」

周亞夫不由怒道：「我地下去反何人？」「既有反心，即是在地下，也當治罪！」

「昏話！我若反於地下，大理衙諸君，難道要去地下捉我嗎？」

那大理丞尹軌又喝道：「條侯，你受人變告，便是戴罪之身，莫要僥倖。私買五百副甲盾，便是要募五百名徒眾。所欲何為，幾時起事？若

能坦然相告,聖上必也可寬恕。反之,便是自尋死路。」

周亞夫看他小人嘴臉,愈發激憤:「往日討吳楚,休說是五百徒眾,便是五十萬眾,也曾在我麾下。我那時不反,如何今日無權,卻要反了?」

尹軌便陰笑道:「正是你罷歸失權,方懷恨在心。私買甲盾,意欲謀反無疑。」

周亞夫戟指尹軌,慨然道:「我也曾忝列朝官,知昨日廷尉、今日大理,凡訟事都要持平。聖上於治訟之道,連年都有詔令,一曰:不得以苛為察,以刻為明,令無罪者蒙冤;二曰:治獄者,務先寬。你這衙門,卻違命而行,必欲置人於死地,莫非不是漢家所屬嗎?」

胡瑕終是聽不下去,猛一拍驚堂木道:「放肆!今日審案,不是你為丞相時,公堂之上,不得妄言。我敬你昔日有大功,不忍見功臣罹罪,勸你還是識時宜,如實吐露就好。聖上詔旨,頒行天下,乃是為開蒙百姓;審案決獄,卻是由本衙來斷。是非黑白,全不在別處,只在本衙腹內!」

周亞夫便直盯住胡瑕,一字一頓說道:「胡君,你乃文士出身,而非莽夫,當知禮儀分寸,便忍心如此同僚相殘嗎?」

胡瑕冷笑道:「我今為文法吏,而非往昔文士,唯知奉上命行事,哪還有本心!」

周亞夫神色一變,仰天嘆道:「當日率軍卒苦戰,以命相搏,便是為保你這坨酷吏嗎?」

尹軌登時暴怒,便欲上前,要褫去周亞夫衣冠。

胡瑕卻一擺手止住,對周亞夫道:「上命甚急,本官也無心與你鬥口

千古名將，壯志未酬遺悲歌

舌，只勸你早些供認，也好早些解脫。遲了一日，便罪加一等；如何是好，條侯自去思量。今日你可回邸，何時想好，再自行來出首，本衙可從寬決獄。本案既立，便不急在幾日內，本衙亦有耐心，再候上三五日也不遲。」說罷，便命尹軌送周亞夫歸家。

周亞夫回到家中，自知不可免，默思片刻，便喚來妻與子，逐一囑託後事。夫人及亞夫之子跪在座前，聞周亞夫囑咐，皆哀泣不止。

周亞夫容色凜然，叱道：「哭有何用？孟子曰：『天不言，以行與事示之。』想我年少時，聞父言及往事，只道那韓信、彭越受戮，必有其咎；今日方知，武人者，戰則榮死，無戰則辱死；若成名將，天也不容偷生。」

言畢，便揮袖令諸人退下，獨坐書房，將一柄佩劍拂拭乾淨，掛於劍架。又取了《太公兵法》來，焚香細讀。其間，時有頷首讚嘆，似無事一般。

那一眾家眷、僕人，則屏息不敢出聲，闔府一片死寂。

果然，於此三日後，便有閽人倉皇奔進，稟報導：「大理衙來了許多公差，聲言要鎖拿條侯！」

周亞夫置書於案，神色如常，吩咐道：「將來人迎入，候於中庭。」

待閽人出去，周亞夫便起身，去劍架上取下劍來，以衣袖輕拂一遍，舉劍就欲自刎。

豈料這幾日裡，周亞夫雖鎮靜如常，他夫人卻盯得極緊。此時窺見，慌忙疾步搶入，扯住周亞夫衣袖哀求道：「夫君，上意未明，豈能就這般尋死？」

「夫人勿阻我！我不願似晁錯，就戮東市，徒惹人笑。」

「天下人皆有眼，萬難矇蔽。你終無晁錯之過，主上如何就能殺你？」

周亞夫悲憤道：「古來名將，枉死何其多也！李牧何辜，蒙恬又何辜？天不容我，奈何，奈何！」

夫人便又跪泣道：「今入獄，尚有生路。為子孫計，夫君只需忍得一時便罷。」

此時周亞夫想起，凱旋那日路遇老者，曾有過勸誡，便泫然泣下：「他日未還鄉，今日欲做老農，布衣終老，可得乎！」

正說到此，有大理衙左監，手持詔令，率一干差役闖入，不由分說，將周亞夫死死挾住。亞夫只是不服，連連詈罵掙扎。

那左監專掌捕人，此等情景見得甚多，便大聲喝道：「聖上有詔，收捕罪臣，條侯不可造次！」

周亞夫回首怒視道：「你又是何人？便是那胡瑕來，又豈能令我折節受辱！」

那左監便伏地，恭恭敬敬一拜：「條侯息怒。大理卿囑下官來此，恭請條侯至衙署，不得鎖拿，不得驚動鄰里。下官為洛陽人，與劇孟為友，素敬條侯，不敢有半分凌辱之意，只望條侯賞個臉。」

此時，闔府俱被驚動，家眷、僕人在堂前跪了一地，哭聲大作。

周亞夫望望，嘆了一聲：「罷罷！我隨你走便是。令你那左右，離我三尺。」那左監連忙起身，以目示意，眾差役便鬆了手，都退後一步。

周亞夫遂正了正衣冠，向夫人一揖，又對其子道：「豎子！紈袴之徒，百無一用。今後庇蔭既失，你且好自為之。」便頭也不回，向大門外走去。

295

千古名將，壯志未酬遺悲歌

　　眾差役不敢怠慢，只緊緊簇擁在後，將周亞夫押上檻車。

　　入得大理衙署，見胡瑕正立於堂前，拱手迎候，周亞夫便冷笑道：「足下今日，可用大刑了！」

　　胡瑕也不理會，只一揖道：「條侯多慮了。在下奉詔問案，只望足下自陳不法事，豈能有刑訊追比？大理詔獄中，本官已安排好，寢食無憂，絕無凌虐之虞，還望條侯自重。」

　　言畢，便喚來獄令周千秋，吩咐道：「條侯在此，各人都須敬重。」

　　周千秋便上前，向周亞夫一揖，恭謹道：「下官周千秋，少壯之時，曾與令尊有一面之緣。今見條侯，只覺幸甚，請隨下官往這邊來！」

　　周亞夫也不理胡瑕，昂然轉身，隨周千秋步入詔獄。入得獄室看看，倒也乾淨，便在竹床邊坐下，昂首不語。

　　周千秋鎖好柵門，喚來四個獄吏，密囑道：「條侯乃欽犯，至關緊要。你四人分班，晝夜伺候，不得闔眼。若一旦有不測，連累你等家小，都將族誅！」

　　安排妥貼後，周千秋又踱至獄室外，隔欄對周亞夫道：「老吏年邁，不能陪條侯在此了。若有所需，儘管吩咐下人。而今敝處陳設，遠好過三十年前。入得此處，只不能急。」言畢，見周亞夫仍不語，便又揖禮再三，方才離去。

　　次日，周千秋復來巡視，問獄卒，獄卒報稱：「條侯終日不語，食水不進。」

　　周千秋眉頭一蹙，踱至柵門前，施禮道：「人活百年，勿與自家為難。條侯乃累世功臣，上下皆敬畏。今略有蹭蹬，只熬過數日，或就將雲開日出。老夫於少壯時，不明此理，以為權貴落難，便是一跌到底。

哪知半生所見，從此門而出的，起復騰雲，不知有多少！條侯可不必自苦。」

周亞夫箕踞於竹床上，目不斜視，待周千秋說完，忽就轉頭一瞥，喝道：「庸碌小吏，囉唕些什麼？」

周千秋臉便一白，忍了忍，一揖退下，回首吩咐獄卒道：「條侯食與不食，只管按時擺上。」

自此，周千秋便不再來看。眾獄卒不敢怠慢，每日兩餐，必將熱食奉上，許久才敢撤下。如此三日過去，周亞夫力衰不能坐起，只臥於床上，聲息全無。

獄卒心慌，在門外勸說，亦全無回應，只得稟報周千秋。周千秋拿捏不定，忙去稟報胡瑕。胡瑕聽了，頭也不抬道：「只需看牢，勿使自戕便好。」餘下便再無多話。

如此捱到第五日，晨起不久，周亞夫忽發一陣嗆咳。眾獄卒聞聲來看，見床頭一片殷紅，急忙開門進去。原是周亞夫五日不食，體弱至極，激憤之下嘔血數升。獄卒慌了，連忙七手八腳扶起，再去探鼻息，人竟是已猝亡了。

胡瑕聞周千秋稟報，也急忙趕來查看，見室內並無自戕器物，面色便一緩，吩咐周千秋道：「備一口薄棺，去喚家眷來，看過即入殮，任由其家眷抬走。」

稍後，胡瑕將周亞夫病歿事寫好奏本，入朝呈上。景帝看過，仰靠案几半晌，方吩咐胡瑕道：「去知會丞相：條侯坐罪入獄，病歿，國立除。其餘眷屬，一概不問。」

可憐一代名將周亞夫，為前朝顧命之臣，知兵善戰，素有威名，彈

千古名將，壯志未酬遺悲歌

指間平定吳楚之亂，有功於天下。只因守節不阿，觸怒龍鱗，竟於獄中絕食而死，正應了早年許負看相時所言。世人多為之惜，後至唐宋時，君臣朝野皆景仰之，將其列入「名將廟」，方得長享祭奠。

大儒獨抗，野彘之威撼朝野

周亞夫歿於獄中時，長安正值秋雨霏霏，滿城都似含愁啣恨。

聞聽功臣蒙冤而死，百官皆感震恐，私下裡都議論道：故丞相下獄而死，漢興以來，從無前例。只不知來日公卿禍福，又將何如？眾臣心中不服，只緘口不敢言而已。景帝也知眾臣之心，遂下詔罷免了大理卿胡瑕，換上老臣盧福，以塞眾口。

過了幾日，見眾議漸息，景帝精神便又一振，趁熱打鐵將劉舍也免去，以御史大夫衛綰接替，以圖重開新局。

這位衛綰，是代郡大陵（今山西省文水縣）人，善弄車技，文帝當初為代王時，即為隨駕郎官。後文帝即位，將衛綰也帶來長安，不久即升至中郎將。

衛綰性敦厚，不多言，尤擅駕馭之術。屬下郎官若有過錯，常代人受過；與屬下同立功，則歸功於他人，故此，上下口碑皆好。

昔景帝為太子時，為討父皇歡心，曾召宴文帝近臣，諸臣都欣然赴宴，唯衛綰不應召。文帝聞之，大讚衛綰居心不貳，益發器重。至臨崩之前，特囑景帝道：「衛綰，忠厚長者也，你當善待之。」

景帝即位後，仍恨衛綰當初不應召，遂有意冷落。衛綰卻不在意，出入警蹕，仍勤謹如故，如此一年有餘。

一日，景帝赴上林苑游獵，召衛綰為驂乘，問他：「朕與你同車，知是何故嗎？」

大儒獨抗，野彘之威撼朝野

「不知。臣自代地來，不過是個戲車之人，先帝時僥倖為中郎將，我亦不知何故。」

「好一個憨厚之人！那麼，我為太子時，召宴父皇近臣，只你一個不應，這又是為何？」

「臣有死罪。當時臣有病恙，故不得應召。」

景帝聞衛綰應對得體，才覺此人果然忠厚，不由大加讚賞。返宮後，即賜劍一柄與他。衛綰卻婉拒道：「臣不敢受，先帝已賜臣劍六把。」

景帝更覺好奇：「劍如衣履，常與人易物，何獨你留存至今？且返回家中，取來我看。」

衛綰遵命，返回邸中，取來六柄賜劍，果然各在鞘中，光亮如新，從不曾用過。

景帝大為稱奇，從此便不疑衛綰，不久，即加為河間王太傅。稍後吳楚之亂起，又詔令衛綰為將軍，率河間兵討逆，頗有戰功，遂又擢為中尉，掌京畿禁衛。

衛綰在河間時，河間王為栗姬次子劉德，故而衛綰與栗氏一門，過從甚密。前元七年春二月，栗太子劉榮被廢，栗姬之兄栗卿擬問罪，景帝甚惜衛綰忠厚，不忍牽連，便賜假給衛綰，令他還鄉暫避。

待四月事平，劉徹為太子，景帝復又召回衛綰，加為太子太傅，旋又升為御史大夫，躋身「三公」。

如今衛綰接了丞相，為人敦厚，從無雜念，景帝便覺放心。想自己若是重病不起，衛綰即可為顧命之臣，輔佐少主。

如此人事上既有更新，景帝原想，天象當不致有變，從此可保太

平。卻不料轉過年來，至後元二年（西元前142年）正月，長安又有地震，一日三動。塞外匈奴，亦時有窺伺之意。

景帝正在惶然間，當月，即有太原急報至，稱匈奴萬騎攻入雁門郡，太守馮敬率兵民迎敵，不幸歿於陣中！

馮敬乃四朝老將，素有威名，如今竟一朝身殉，朝野無不震動。景帝亦覺驚恐，連忙下詔，發車騎材官（騎兵預備役）數萬人，星夜赴塞下屯兵，以防不測。然軍中終無大將，北地人心，便不免有所動搖。

每見驪山烽煙直上，景帝甚覺鬱悶，再想起周亞夫來，更是百感交集。

正值萬般無奈之際，景帝忽想起一個人來，即是賦閒已久的郅都。覺當今之時，北邊危殆，唯有此人可用。於是暗遣使者，持節赴楊縣（今山西省洪洞縣）郅都家中，拜郅都為雁門（今山西省右玉縣一帶）太守。

太守一職，即是原來的郡守，年前已改稱太守。原郡尉一職，亦改稱都尉。

那朝使奉詔入楊縣，見了郅都，一臉都是笑，傳下了景帝口諭：令郅都便宜從事，無須入都覲見，可直赴雁門，也好瞞過太后耳目。

卻說那郅都罷官在家，卻也不覺沮喪，只想到太后壽數，終熬不過皇帝，耐得十年八年，便可起復。果然才過了七年，便又拜官，當下雄心大振，匆匆赴雁門去了。

此時，雁門關已被匈奴攻破，胡騎四處竄擾，勢不可當。然匈奴各部，都畏懼郅都威名，聞郅都來守雁門，立時引兵遁去，不敢靠近。

有那匈奴右賢王，見部眾皆懼怕郅都，心中不忿，命人刻了一尊木

301

大儒獨抗，野彘之威撼朝野

偶，貌似郅都，令部眾馳驅射之。

那匈奴部眾，素有擅射之名，平日馳馬放箭，無不中的。孰料此時見了郅都木雕，竟都心慌手顫，無一人能射中。右賢王見此，也只能徒喚奈何。

事至此，北邊情勢稍有轉機。景帝稍感釋然，遂又下詔，加郅都為將軍，令其率邊兵擊匈奴。郅都到底是老辣，整軍不過月餘，即率部擊塞外匈奴，大有斬獲，匈奴氣焰為之稍挫。景帝聞報大喜，准天下百姓「大酺」五日，可開懷暢飲。

郅都北出塞外得勝，匈奴上下，無不惶恐，視郅都為李牧、蒙恬再生，一心欲除之。當時漢降臣中行說，仍在匈奴為官，便向軍臣單于獻了一道離間計。單于聽了，拍案叫絕，當即依計而行，遣使入長安，四處遊說公卿，謊稱郅都輕開邊釁，無故虐待匈奴，有背合約。

那匈奴使者巧舌如簧，直把一番子虛烏有，說成了真事。都中諸公卿聽了，都覺驚恐，只怕郅都惹出無窮邊患來。時不久，流言傳入宮中，景帝聽到，知是匈奴心虛，僅一笑而已，並不理會。

豈料眾口鑠金，不到半月，竇太后也聞知傳言，不禁大怒：「好個郅都！昨日鬧得長安不寧，今又去攪擾外番，只恨我漢家有了幾日清淨！」

當日，竇太后便召景帝來問。景帝至長樂宮，聞聽又是郅都事，險些氣結，忍了又忍，方斂息回道：「太后所聞，皆是流言，係匈奴使者用的離間計，並無憑據。兒臣這裡，自有邊郡呈報，皆言郅都在雁門，並無不法事。」

竇太后連聽也不聽，只怒道：「郅都若是良善之輩，如何得了個『蒼鷹』諢號？哀家看得清──他在何處，何處便不得安寧！年前在濟南

郡，殺人無算；冤主入都告狀，成千累萬，狀子都送到了我案頭。人命在他手上，便不是人命，過堂不過三五語，夾棍一上，逼出口供來，便問成死罪。人即是禽畜，也不該如此斷頭！你若用他，還不如廢了漢律，他教何人死，何人便死，豈不痛快也哉？」

景帝見太后動怒，只得撲通一聲跪下，惴惴回道：「太后息怒，兒臣不該令郅都起復，今免他太守便是。」

竇太后卻不肯罷休：「又說這話！哀家是老了，然尚有一口氣；若此氣不出，便將這太后之位也讓了吧！我只知那郅都，自濟南至長安，無一處不悖法。草菅人命，枉法行訟，已是人神共憤。我也不要你罷他官，只要你斬他首！若留得此人在，我兒孫十數人，還不知有幾個要命喪他手！」

景帝見太后逼迫不放，心中悽然，懇求道：「郅都，忠臣也，流言如何能輕信？請阿娘寬大為懷，饒他一命。」

竇太后便將頭一仰，落下了兩行熱淚來：「那臨江王，便不是忠臣嗎？」景帝登時語塞，稽首觸地良久，方才抬頭道：「兒臣……願遵命。」

離長樂宮怏怏返歸，景帝呆坐半晌，將案頭石硯摩挲良久，終嘆了一聲，遣人去召新任大理盧福。

盧福乃是兩朝老臣，聞召急忙來見。景帝不敢直視盧福，只低頭道：「太后甚厭郅都，今有懿旨下：立斬之。著大理銜遣得力屬吏，攜密詔赴雁門，將郅都斬首。」

盧福聞命大驚：「陛下，無故斬二千石，這如何使得？」

景帝無奈道：「臨江王畏罪自裁，郅都反遭物議，有口難辯，此事轉圜不得了。

你是老臣，當如何處置，盡可從權。可遣人赴雁門，會同都尉擒住

大儒獨抗，野彘之威撼朝野

郅都，下手痛快便是。」

盧福滿心驚異，見景帝正抬頭注目，只得勉強受命，悲聲道：「老臣隨文帝入都，兩朝為官，從未做過違心事。此等差事，願今生只得這一回。」

景帝聽得心如刀絞，含淚嘆道：「朕也是萬般無奈。想那郅都，廉正從公，不顧妻子，朝中有幾人能及？」

君臣兩人，相對無言良久，盧福才叩首道：「事既無轉圜，臣下當為陛下分憂，這便去物色能吏出使。」言畢便起身，疾步退下了。

返歸大理衙署，盧福不由犯了難，想那郅都為人嚴酷，中外皆畏懼，大理衙吏員上百，有何人敢去斬他之首。

正躊躇間，忽見獄令周千秋在衙中忙碌，便想到此人乃老吏，久經歷練，可任此險差。於是便喚周千秋到近前，將密詔之事告知。

周千秋聽罷，臉色就一白：「大理卿之意，是要遣下官去斬郅都？」

「正是。」

「下官……萬、萬不敢從命。那郅都是何人？都中小兒聞其名，皆不敢啼哭。若去雁門斬他，何人能有此膽量？下官年邁，幾近殘年，望大理卿開恩，另選少年不怕事的去。」

「足下謀事老練，本官早已知。此差乃奉密詔，非同尋常，署中上下百人，非你莫屬。」

周千秋竟急得跪下，連連叩首道：「還望上官哀憫！朝中大臣，人人畏懼『蒼鷹』，我如何就敢去？」

盧福微露笑意道：「天日之下，有何事能難倒老吏？你附耳過來，我自有妙計授之。」

周千秋湊近前去，聽罷盧福密囑，臉色紅白不定，猶豫片刻，方頓足道：「也罷也罷！大理卿既看重下官，下官來日亦無多，捨命一搏就是。」

旬日之後，周千秋乘驛車，馳入雁門郡城善無縣（今山西省右玉縣南），謊稱捕人，先去府衙見了都尉趙瞿，以天子密詔示之。

趙瞿閱罷密詔，臉色登時慘白，兩手顫抖，竟將密詔縑帛遺落地上。

周千秋忙拾起來藏好，拈鬚笑道：「主上既有詔，都尉還敢推辭嗎？離都之前，大理卿傳詔於下官，務請都尉相助。至於如何斬郄都，我自有妙計，請附耳過來。」

聽罷周千秋一番密語，趙瞿亦是驚疑。

周千秋容不得他猶豫，一拍案道：「事若遲疑，你我定死於非命！老夫死不足惜，足下年壯，怎可不惜命？請依計而行，免得懊悔。」

趙瞿見無退路，只得拱手道：「下臣願從命。」

稍後，趙瞿便引了周千秋，至太守廂房，報稱：「大理衙主吏周千秋，前來追捕逃人。」

郄都正埋頭看公文，聞聽稟報，略一抬頭道：「唔，如何獄令也來捕人了？」

周千秋連忙趨前，伏地拜道：「近日大理詔獄中，有人越獄。下官周千秋，奉命來貴郡緝捕，還請關照。」

郄都瞥了一眼周千秋，轉頭對趙瞿道：「周獄令掌廷獄二十年，名滿京都，都尉不可怠慢，凡事聽獄令吩咐。」

趙瞿便順勢道：「下官也正是此意。今日夕食，擬在舍中設宴，為周

大儒獨抗，野燹之威撼朝野

獄令接風，還請太守賞光。」

郅都放下簡牘，望了望周千秋，沉吟片刻，微微頷首道：「也罷，本官自會去。」周千秋心中竊喜，連聲稱謝，又恭維了郅都幾句，便與趙瞿一同退下。

那郅都所居官舍，與趙瞿之舍僅一牆之隔，皆在府衙後院。至薄暮時分，郅都果然如約而來，見過周、趙兩人，也不多寒暄，依舊面如嚴霜。

三人在後園涼亭落座，周千秋便伸手入懷，拿出一壺酒來，滿面堆笑道：「郅公來雁門，塞外胡騎聞風而逃，此事在都中，已傳為美談。敝衙上下僚屬，無不敬服。下官能與郅公同席，乃生平大幸，特攜來家藏美酒一壺，獻與郅公，聊作敬意。」

那郅都雙目如隼，掃了一眼酒壺，忽就變色道：「獄令來此，可是奉太后密諭？」周千秋不禁渾身一激，連忙辯解道：「哪裡⋯⋯」

郅都不待他說完，便一指酒壺道：「莫非，是要來鴆殺郅某嗎？」趙瞿聞郅都出此言，不禁瞠目，慌忙望住周千秋，身上不住打戰。

但見那周千秋，面不改色，只微笑道：「久聞郅公威嚴，今日方得見。周某一小吏也，哪裡能攀得上太后？此酒，乃出自滇國，為前朝大夫鄧通相贈，下官捨不得飲。今夕幸會，願與郅公同醉。」便拿過酒杯來，先為自己斟滿一杯，一飲而盡。而後，又為郅都斟滿一杯，雙手奉上。

此時，趙瞿家中妻妾、婢女，往來如梭，為賓客端上許多美饌。

郅都見周千秋先飲了酒，這才釋疑，略微一笑，望住趙瞿道：「我只道趙都尉是武夫，只愛騎射，未料你家中有這麼多美眷！來，既是周獄

令好意，你我二人，便不要辜負。你家中還有多少好酒，盡都搬來。」

趙瞿這才緩過神來，連忙笑道：「下官家中，還有一邯鄲歌姬，可為二公助興。」當即喚出一個美姬來，在旁婉轉歌吟，席間頓時平添幾許喜氣。

杯觥交錯間，周千秋只不住恭維郅都，又多有請教之意。如此酒過數巡，郅都雖警覺，到底還是禁不住恭維，酒興便漸濃，不疑有他，指著周千秋笑道：「我也知，公卿都懼周獄令，然今日我見獄令，卻也不似惡煞。」

趙瞿見機，又教妻子取來窖藏美酒，連連勸飲，直灌得郅都酩酊大醉，伏案不起。

見郅都已醉，周千秋便使個眼色。趙瞿會意，即揮退女眷，猛然將一個酒杯擲於地。

聞此砰然一聲，忽就有數名壯士，自亭下暗處躍出，疾奔上來，將郅都死死按住。

來人正是都尉屬下兵衛，已藏匿多時，聞聲出來，未等郅都清醒，便拿繩索將他五花大綁。

郅都為繩索所縛，才略有知覺，喃喃道：「都尉……如何綁我？」

周千秋不容他喘息，即從袖中取出密詔來，宣讀一遍，厲聲對眾卒道：「罪臣郅都，有詔當問斬。推出去，斬了！」

郅都受此一激，忽就清醒過來，暴怒道：「天子發詔令，如何能斬太守？」

周千秋便輕蔑一笑：「既有詔令，莫說一個太守，連丞相也斬得！郅公，今日老吏要教你知：生殺予奪，非你一人可專！」

大儒獨抗，野彘之威撼朝野

郅都怒啐一口，大罵道：「雞狗小吏，惡名滿長安，恨不能當日便尋個由頭，活剮了你這濫人！」

周千秋戟指郅都，惡狠狠回罵道：「酷吏！滿朝公卿，只恨不能剝你皮，你又如何成了好人？那臨江王，與你無冤無仇，如何便要逼人死？你在長安，非殺即剮，好不威風！可知天下人成千累萬，總有一個，是你惹不起的！」

郅都到此時，已全然清醒，不由仰天嘆道：「太后要教我死，我固無可逃；只恨精明一世，竟死在了惡吏手中！」

周千秋冷笑一聲道：「死到臨頭，還只知一個酷字，也活該如此。都尉，押他出去！」

趙瞿當即吩咐道：「今奉詔令，爾等行刑，手腳須痛快！」

眾兵卒一聲應諾，便將郅都拖至門外。至紅纓刀起時，郅都猶自大罵不止，聲震官舍。

待行刑畢，周千秋命人取來首級，裝入函匣，才覺渾身已為汗溼透，手腳皆軟。當夜住在館驛，片刻也不敢闔眼。次日晨起，便匆忙辭別趙瞿，攜了首級，返歸長安了。

可憐那郅都，執法如山，中外懼服，卻是一席酒宴未了，竟斷送了性命。也怪他平素操之過急，素少悲憫，不免有傷天害理之處，而不得善終。其人之沉浮，足可為後世酷吏之鑑。

再說景帝那一邊，半月裡，只覺坐臥不寧。批閱奏章時，也時常停筆，凝望窗外，偶發數聲嘆息。有時鬱悶至極，正欲召周文仁來聊，方才猛省：斯人已遠放邊地矣！

待盧福入奏，稟明郅都已斬，景帝竟恍惚多時，未有答覆。

盧福窺一眼景帝臉色，小心問道：「陛下，郅都已死，將如何善後？」

景帝嘆息道：「郅都之死，實為太子而死，到底是難得的忠臣。將他首級屍身，送歸故里，命縣衙好好葬了。那郅都家小，也須囑縣吏善待。」

「善後之事，臣定當辦妥。以往郅都在長安，豪強不敢猖獗；今郅都死，豪門皆歡喜稱快，城中或許又要亂一時。」

「休想！死一個郅都，那豪門便可張狂嗎？」

盧福仍覺憂慮，直言奏道：「自郅都免官，中尉職虛懸已久，長安城內宗室，屢屢犯法，有司不能禁。京畿要地，如此亂下去，如何得了？只可惜天下再無郅都。」

「如何沒有？有。今濟南都尉寧成，便可任中尉，其治之嚴，不遜於郅都。」

說到這位寧成，原是景帝身邊郎官，後外放為小吏，其為人刁滑，氣又盛，每至一處，必欺凌長吏、苛責下屬。年前遷往濟南為都尉，恰與郅都在一處。

此前幾任都尉，凡入府見郅都，皆步行至府門，由門吏引進，一如縣令見太守，誠惶誠恐。唯寧成在任上，有事直接入府，見郅都也不執禮，自顧坐於上座。郅都久聞寧成之名，見他狂傲，心下反倒喜之，竟與之結好，有如兄弟。

景帝對寧成素來器重，中尉職既空缺，想想也再無他人可用。於是，郅都死後不過幾日，寧成便奉調入都，接任中尉。此人上任後，即效法郅都，執法甚苛，唯廉正不如郅都。

309

大儒獨抗，野彘之威撼朝野

　　長安宗室豪門見此，都暗暗叫苦，私下抱怨道：「今上既在，郅都便不死！」怨言傳遍長安，新任丞相衛綰聞知，頗覺不安，連忙入朝稟報景帝。

　　景帝卻一笑：「豪門憂心，朕便安心。自古以來，天子或就是這般做下來的。古籍上的事，愛卿可曾讀過？若讀過，便不必慌了。」

　　衛綰躊躇片刻，忽一橫心，伏地叩首道：「臣有心事，已鬱結多年，今日提起，願剖白於陛下。」

　　景帝略顯驚異：「哦？君為先帝舊臣，與朕也相熟多年，有何建言，今日但言無妨。」

　　「漢家自呂太后以來，尚無為，用法吏，固是四海晏然，衣食漸豐；然七國亂起，恐是緣於『無為』亦有其弊。」

　　「愛卿此言，朕此前不曾聞。只知秦施苛政，遂失天下；漢則尚無為，方有民務稼穡、食貨豐足之安。卿何以言『無為』亦有弊？」

　　「漢家今日，固無四海皆刑徒之苦，百姓得以謀生計；然民不知禮，世不尊儒，渾渾噩噩一如秦時，方有當今豪強滋生，為非作歹，非用郅都之流而不可抑。前朝賈誼曾有言：禮禁將然之前，而法禁已然之後。臣以為，此恰是當今要害。禮不興，則小民不知敬畏，貴戚不知律己，縱有一二酷吏，可令天下處處無賊嗎？」

　　景帝聞此言，容色微變，瞥一眼衛綰道：「此話，你如何不早說？我用你，是為督責眾臣；想那眾臣怠惰，又怎比禮崩樂壞更險？尊儒崇禮，亦是我所願也；然世事洶洶，如今天下，還有幾個大儒？」

　　衛綰答道：「年來大事多，陛下無暇過問諸生之事。今四方儒生，各有所專，門徒亦盛。言《詩》，在魯有申培公，在齊有轅固生；言《尚

書》，在濟南有伏生；言《春秋》，在齊魯有胡毋生，在趙有董仲舒……」

景帝便又驚又喜：「慚愧了，我只知濟南郡有伏生，此前晁錯搜求《尚書》，曾前去拜師。不想數年間，儒學竟如此之盛！惜乎太后不喜儒，否則，朕將通通召來，為我顧問。」

衛綰便道：「齊人轅固，才學淵深，臣下曾拜他為師。近日，他正在臣家中做客。」

「這個轅固，其人何如？」

「其人廉直清正，子弟繁衍，遍及天下，陛下不妨召見。」

景帝卻沉吟不語，半晌才道：「召轅固生來，不免要惹太后疑心。」

衛綰便獻計道：「臣還識得一位黃生，精通黃老。陛下不妨召二人來，於宣室殿上論辯。若轅固勝，名聲必揚於外，陛下便可趁勢興儒。」

景帝當即大喜：「此計甚好，你便可去安排。」

隔不多日，衛綰邀得轅固生、黃生兩人入宮，當景帝之面，縱論兩人之所學。

當日，宣室殿上簾幕低垂，簾上繡有羲和、羲常雙神圖。四面殿腳，皆放置博山香爐，幽幽生香。樂工一班人，則於簾後操琴，如潺潺流水。

景帝東向而坐，轅固生、黃生與諸臣分列左右。眾公卿落座後，都覺此次論道非同尋常。此前，文帝也曾召見王禹湯等，卻從無這般隆重，便都斂息，不敢失禮。

景帝環視諸臣，微微一笑：「諸君也不必拘謹。今日清閒，延請轅固生、黃生入朝，為我君臣講學，論儒學、黃老兩家之長，我等洗耳恭聽就是。」

大儒獨抗，野燹之威撼朝野

眾人一齊望向二人，但見那轅固生，年紀四十許，俊雅飄逸；黃生則是白髮皤然，為一厚重老者。

轅固生聞景帝之言，便向座中諸人拱手一拜：「儒與黃老，皆號為聖賢之學，實則有雅俗高下之分。今日蒙聖恩，入朝論辯，還請長者在先。」

那黃生也不客氣，只略一回禮，便從黃帝講起，至老子、列子、莊子、鶡（ㄏㄜˊ）冠子等，一路講下來，滔滔不絕。

諸臣聽得入神，都拊掌讚嘆。景帝便插言道：「昔我為太子，師傅亦曾提及，那鶡冠子為楚人，居深山，以五色鶡羽為冠，故為名號。只不知，此人有何高明處？」

黃生答道：「鶡冠子知兵法，通陰陽，尤擅天文，乃戰國末奇人也。主張上下無為，方使人知止知足。若人人知足，少則同濟，長則同友，死生同愛，禍災同憂。所謂天下大同，庶幾可至矣！」

景帝聽到此，竟是難以自持，環視諸臣一眼，讚嘆道：「好個知止知足！若此，人皆為堯舜，相愛相濟，豈非踰越上古三代了？」

轅固生微露冷笑，向黃生一拱手道：「長者高德，晚輩敬之；然長者之言，吾卻不能信。那鶡冠子，初本黃老，後又雜以刑名，漸趨末流。所謂『使人知止，死生同愛』，悖於人倫常理甚遠，萬難實行；欲以此為大同，豈非痴人說夢乎？」

黃生便嗤笑道：「小子無知，豈能妄論先賢？鶡冠子曰：『天地成於元氣。』知止，便是守住元氣，不事侵奪。萬民雖愚，尚有聖人；有聖賢者啟之，執大同之制，何愁無三代之盛？」

轅固生則仰頭大笑道：「先生之言，果然是夢囈！人之慾，果能禁絕

乎？無非以詩書禮樂教化之，方能知規矩、循禮節。所謂『聖人執大同之制』，若有違人倫，空言大義，必如暴秦之虐政，白白害了千萬人性命。故而黃老之說，實乃鄉鄙之論也。如今婦孺童蒙，皆能言『無為』。然則，人有七情，可無為乎？民有大欲，願無為乎？唯有己所不欲，勿施於人，方能推己及人，使君臣父子各安其位。」

「小子，可知儒者由來嗎？儒者之流，原為殷商遺民，無以為生，為人執喪儀而已。故而儒學之論，無非瑣細規矩，枝枝蔓蔓，無涉天地之元氣。那孔子所言禮，孟子所言修身，無非是小吏眼光，鄙俗不可耐！」

「斷無此理！我儒學先賢，孔子為魯司空[46]、大司寇[47]，攝相國事；孟子遊歷齊、宋、滕、魏，為君王座上賓；荀子為齊學宮祭酒、楚蘭陵令，都曾周遊天下，倡言仁義，所遇國君無不折服。敢問先生，此輩中，何人是小吏？倒是那老聃（ㄉㄢ）為周守藏史[48]，擺弄書籍；莊周為宋漆園吏[49]，無非嗇夫者流，不是小吏又是何職？」

「黃老之學，大音希聲，豈是爾等鄙儒所能領會的？那孔丘在魯，不知禮樂之源，不明道德之要，尚須驅車千里，就教於老子。其人僥倖，得為魯國大司寇，方及三月，即舉措失當，狼狽逃去，才是庸吏一個！鶡冠子曰：天地，自然之物也。任其自然，則本性不亂；不任自然，則奔忙於仁義之間。孔丘，腐儒也，他怎知天地本元？」

「非也。孔子倡仁政，便不是天地本元嗎？人有欲，故而克己；天下無道，故而復禮；『克己復禮為仁』，豈不正是大同之制？那黃老無根

---

[46] 司空，官職名，西周始置。掌水利、營建之事。
[47] 大司寇，官職名，西周始置。掌律法、刑獄之事。
[48] 守藏史，官職名，西周始置。掌收藏國家圖籍，為史官之一。
[49] 漆園吏，一般指莊子。一說漆園為古地名，莊子曾在此做官；另一說為莊子曾在蒙邑中為吏，主督漆事。

大儒獨抗，野彘之威撼朝野

之說，上天入地，飄忽莫定，焉能信之？王者欲成大同之世，便不能無為，須從修身起，齊家治國，乃至平天下。上古湯武受命[50]，便是復禮；若無湯武受命，順天應人，勤於事功，又何來三代之盛？」

「笑話！湯武哪裡是受命，分明是弒君！」

「不然。桀紂昏亂，天下之心皆歸湯武。湯武順天下之心，而誅桀紂，不得已自立為王，如何便不是受命？」

黃生便一抖白鬚，笑道：「小子又不知了！冠冕雖舊，必加於首；鞋履雖新，必著於足。為何？乃有上下之分也。桀紂雖失道，然為君上也；湯武雖聖，乃臣下也。君主德行有失，臣不正言諫之，反因過而誅之，代立為天子，不是殺君又是何為？」

轅固生聞此言，目光炯炯，忽然變色道：「以先生之言，莫不是高皇帝代秦，即天子之位，也是錯了？」

此言一出，滿座皆驚。公卿靜聽兩人互相駁難，已然入神，此時更是面面相覷。

見兩人激辯至此，景帝便覺不能安坐，連忙截住：「食肉不食馬肝，未為不知味也；言學者不言『湯武受命』，不為愚。二公論道，機鋒百出，各有所秉，總以不傷和氣為上。我君臣聞高論，算是開了眼界。更何況，今日論學，是為求經世之道。朝廷施政，何為得失，可否指點一二？」

黃生便正色道：「鶡冠子言：『主知不明，以貴為道，以意為法。』最是要不得！百姓家困人怨，在上者卻諉過於下，如此『過生於上，罪死於下』，便是誅盡罪臣，也無濟於事。」

---

[50] 湯武受命，指商湯、周武王起兵滅夏桀、商紂王。

景帝臉便一紅，連連拱手道：「領教領教！」轉頭便又望向轅固生。

轅固生隨即道：「荀子言：『堯舜之與桀蹠，其性一也；君子之與小人，其性一也。』唯有倡禮儀，制定法度，方可使泥塗之人為堯舜。」

景帝心有所悟，不由就一喜：「二公指教，真乃貴於千金。今日便到此吧，朕將各有賞賜，並擬召兩位為博士，以備顧問，萬望勿推辭。」

二人謝恩畢，便有謁者上來，分頭安排不提。

消息傳開，朝中轟動，百官爭欲一睹二人風采。未幾，竇太后在長樂宮，也聞聽轅固生大名，知他不以黃老之說為尊，便有意召見，欲當面問個究竟。

轅固生應召來至長信殿，拜過竇太后，便遵命坐於太后座前，屏息聽命。

竇太后緩緩道：「哀家目盲，看不清你相貌了。聽你聲音，中氣十足，顯是飽學之士。」

轅固生便客氣道：「太后謬獎了！小臣蒙陛下看重，忝列博士，當知無不言，指陳時弊。」

「好！有此心便好。天子身邊，總不能盡是逢迎之徒。哀家早年時，便喜好《老子》，可否指教，此書最關要處，是哪一節？」

「此書，市井之言也，不讀也罷。」

竇太后不意轅固生有此言，不禁大怒：「老子之書，不比孔子那築城吏夫之書強嗎？」言畢，便喚了宦者令來，命將轅固生帶去後園，推入猛獸圈，徒手與野豬鬥。

殿中眾宦者聞令，立即上前，將轅固生死死捉住。

大儒獨抗，野豕之威撼朝野

轅固生掙扎呼道：「小臣拗直，不該忤太后之意；然入猛獸圈，當有兵器。」

竇太后便輕蔑一笑：「你輩孔門之徒，不是說那孔子『瞻之在前，忽焉在後』嗎，請他來助你便是。哀家也要去猛獸圈，看他如何在你前後！」

那宦者令將轅固生拖出，心知事已鬧大，連忙囑人奔至未央宮，急報於景帝。景帝聞之，大驚失色，也顧不得更衣了，急忙乘軟輦，趕到長樂宮後園。

好在竇太后更衣費了些時，待景帝到時，眾甲士正將轅固生舉起，投入野豬圈中。

當時漢宮內，與猛獸格鬥蔚然成風。當年李廣，便是力能格虎，方獲文帝賞識的。此次竇太后發怒，到底是未將事情做絕，僅令轅固生與野豬格鬥。

只見一眾涓人、甲士，都圍在柵欄外，喧嚷不已，要看野豬如何咬死轅固生。竇太后則端坐於傘蓋下，神態悠然；眼目雖看不大清，聞聲也是面露喜色。

那轅固生被投入圈中，甫一落地，未及站穩，便有一隻凶猛野豬逼近，虎視眈眈。

人獸之間，兩相對峙。柵欄外諸人也都收了聲，只注目觀望。

景帝不由得惶急，連忙推開眾人，靠近圍欄。見情勢緊急，又不便違逆太后之意，急得滿頭是汗。

那轅固生身臨險境，臉色雖白，倒也未驚惶，只逼住野豬怒視。

景帝心中嘆道：「書生雖迂腐，終究是直言無罪，何至於此！」當即

四下裡望望，忽見身邊甲士佩有短劍，便伸手拔出，擲入圈中。

轅固生乃儒生，平日嫻習「六藝」，除禮樂書數之外，亦精通射御，身手十分敏捷。見有短兵器落下，倏忽便拾起，大喝一聲，刺向野豬。

這一劍，正中其心，野豬應聲而倒，四腳抽搐，不多時便死了。

圍觀眾人便一陣喝采。有那掌獸圈的水衡都尉，連忙上前開了鎖鑰，放轅固生出來。

竇太后見此，默然無語，便也無意再加罪轅固生，擺擺手，算是就此放過。

景帝在旁舒了口氣，迎上前去，對轅固生道：「先生好身手！速去歇息，餘事暫不用問。」

風波過後，景帝只覺哭笑不得。恰逢後宮夫人王息姁病歿，其三子劉乘，此時已成年，立為清河王；景帝便拜轅固生為王太傅，遠赴清河（今河北省清河縣東南），先避開太后再說。

臨別，景帝執轅固生之手，滿心不忍，嘆息道：「朕久有尊儒之意，惜乎時運不濟，只得委屈先生了。」

後清河王在位十二年病歿，無子除國，轅固生也隨之罷歸。至漢武帝時，徵召賢良，轅固生竟以九十高齡應徵，也算是一段傳奇，此為後話了。

至景帝後元二年（西元前142年）入秋，衛綰為相已一年，諸事料理皆妥。再看天下，邊患雖有緩解，天公偏又不作美，春有饑荒，秋又大旱，各地年成均告歉收，五穀不登。

衛綰見倉廩漸少，百姓乏食，心中便著急。想到民間如若糧盡，野有餓殍，將無顏以對天下後世，便急忙入朝，將心中所憂，稟報景帝。

大儒獨抗，野叟之威撼朝野

景帝亦不敢怠慢，數日後，即有詔令頒行天下，不受諸侯進獻，減宮中宴享，省民間徭賦，以安民心。並昭告各郡國，力促百姓務農桑、廣蓄積，以備災害。

此外，又痛斥各地縣丞之輩私心濫權，魚肉百姓。其詔曰：「今歲或不登，民食頗寡，其咎安在？或詐偽為吏，吏以貨賄為市，漁奪百姓，侵牟萬民。縣丞，為各縣長吏也，或有奸猾之徒，與盜同盜，目無法紀。自今之後，令二千石各修其職，嚴明吏治。有敷衍官職、空耗財賦者，由丞相查明，請其罪，布告天下。務使臣民明朕之意。」

詔下數日後，景帝便召衛綰來問：「詔令頒至四方，有何議論？」

衛綰面露喜色道：「民皆歡躍，以為聖意明察，從此猾吏不得為非矣。」

景帝頓覺欣慰，隨後又問道：「你曾外放河間，知地方民情。何以近年猾吏蜂起，貪賄公行，莫非朕馭下乏術，太過仁慈乎？」

「非也！陛下登位以來，馭下甚嚴，權臣亦多有得咎。長安豪門，如今已躡足而行，不敢放肆。」

「何以豪門知收斂，小吏反倒猖獗？」

「只因禮崩樂壞，已成大勢，人心貪之不足。以往執宰，只知減賦富民；另有儒生崇禮，又只知倡學救世。殊不知：人不患其不知，而患其為詐也；不患其不富，而患其貪得無厭也。」

景帝愕然，口大張而不能閉，遂拍案道：「君之所言，朕從未曾聽聞，果真就是如此！」

衛綰又道：「世有廉士，清心寡慾，若為吏，當知恤民之苦。然今之選吏，無資財十萬錢以上者，不得為宦。那廉士寡慾，從何處可得這十

萬錢？故廉士久不得志，而貪夫則常得利。」

景帝拍掌讚道：「君曾為太子師，果然通達！選吏之弊，朕已明白了。高帝以來數朝，抑豪強，削諸侯，不遺餘力；然於郡縣眾吏，則稍嫌寬仁。日久，彼輩便成蠹蟲，反噬其主。」便命衛綰擬詔，令民間凡有資財四萬者，即可為宦，不使廉士報效無門。

如此，景帝才稍覺寬心。時過不久，逢秋冬之交，忽又有衡山國及河東、雲中兩郡，驟發瘟疫，百姓病死者無數。長安官民聞訊，也大為恐慌，家家煮醋酢祛毒，一日三驚。

景帝看過各地呈報，也是無計可施，急得不思飲食。呆坐了半響，忽問身邊宦者道：「周文仁在零陵，每月必有來信，本月怎不見寄至？」

那宦者吞吞吐吐，不敢明言。景帝便怒道：「你便如實說！」

宦者伏地戰慄道：「上月末，零陵郡有急報，稱周文仁已病歿。然……近臣無人敢呈報主上。」

「啊！」景帝渾身一顫，登時憂憤滿懷，淒聲呼道，「周文仁君，你如何就走了！」忽就覺胸悶氣塞，力不能支。勉強撐了半日，仍覺頭暈，只得臥床不起。

太子劉徹聞訊，大驚失色，忙奔至宣室殿，端水煎藥，百計伺候，晝夜不離父皇病榻。

秋風苦雨間，熬了兩月過去，堪堪已至後元三年（西元前141年）。元旦，因天子有恙免了朝賀，倒也覺清淨。景帝此時，稍覺復甦，便囑劉徹扶自己起來，憑窗遠眺。

見長安千門萬戶炊煙裊裊，景帝不禁就有淚流，對劉徹喃喃道：「我之為政，戾氣太重。文武重臣，皆死於非命；心腹如周文仁，亦夭壽而

319

大儒獨抗，野彘之威撼朝野

亡。為父今生雖為天子，卻怵惕不能安枕，實不如長安一富戶耳。」

太子劉徹年已十六，生性果毅，頗為懂事，當下安慰道：「父皇莫憂心，近來朝政，應對皆屬得當。郡國有災，賑濟皆已發下，百姓自知感恩。」

「我連月有恙，長安可還安穩嗎？」

「回父皇，中尉巡察甚嚴，丞相亦親赴市井察問，凡偶語父皇病況者，無論官民，一概捕拿。故此數月間，城內安堵如常。」

景帝便一驚，稍後才緩緩道：「如此……也好，也好！」

此後，景帝每日晨起，都勉力起身，踱至窗前，貪看戶外景緻。痴望中，想起周文仁來，不禁又暗自流淚。

如此一連五日，竟都見到霧中一輪冬陽，赤如炭火，紅光遍灑市塵中。景帝便覺驚異，急召太常許昌來，問道：「日連赤五日，太史官是如何說？」

許昌答道：「太史僅說起，前元三年，天北有赤雲如席，而後有七國之亂……」景帝臉色一變，急急問道：「近來日赤呢？」

許昌答道：「太史不能解。」

景帝便嘆口氣，想了想，即吩咐道：「你這便傳詔南皮侯竇彭祖，令他去召王禹湯來。旁人不能解，王生定然能解。」

此時，竇彭祖已免官歸第，接到詔令，不敢怠慢，當即駕車趕往交道亭。至王宅門前下車，卻見門扉緊鎖，鐵鎖上已鏽跡斑斑，心中便覺奇怪，反身去找里正探問。

里正也不知其詳，隨了竇彭祖來至王宅，見果然如此，便道：「王生居此，已有三十餘年，往來皆貴人，從無鄰里入其門。小人只知他獨

居，衣食自足。近來事雜，倒將他疏忽了。」隨後低頭想想，才又道，「自當今太子立，就再也未見他出入。」

竇彭祖躊躇片刻，便命里正取來斧子，砸開門鎖入內。門內景象一如往日，小院幽寂，茅舍依舊，似無甚異常；走近前去，才看到屋門為虛掩。竇彭祖壯了壯膽，推門進去，但見塵埃滿屋，蛛網零落，竟是多年無人居此的模樣！

竇彭祖大感駭異，滿屋裡仔細看，忽見正堂木案上，有人用手指在浮塵上寫了字。細一辨認，原是「扶蘇、蒙恬」四字。

竇彭祖大驚，與里正面面相覷。少頃，竇彭祖才厲聲問道：「里正，那王生是從何處而來？尋常竟是何等樣人？」

里正聞此問，慌得跪下，連連叩首道：「王生來此時，小人尚是幼童。數十年間，只見他獨來獨往，灶火自理，不見有何異謀。」

竇彭祖呆怔半晌，嘆了口氣，揮手命里正退下，自己又徜徉多時，方出門登車返回。

再說寢殿病榻上，景帝見竇彭祖只一人返回，神色有異，便問道：「王生如何了？」

竇彭祖一陣戰慄，急急將所見如實稟報。

景帝亦是吃驚，口中喃喃道：「王禹湯，果然異人也！那『扶蘇、蒙恬』四字，究是何意？」

「回陛下，微臣也不知。」

「扶蘇、蒙恬，皆為趙高所害……」景帝仰頭想想，臉色忽就一白，掙扎道，「朕明白了！劉榮死，周亞夫亦死，然我絕非秦二世！」說罷，竟一陣痰迷，暈死了過去。

大儒獨抗，野豕之威撼朝野

竇彭祖與眾人一陣慌亂，忙喚太醫進來，熱敷灌藥；又分頭去喚了太子、王皇后前來。

眾人圍著景帝，七手八腳侍弄一番。稍後，景帝好歹緩過來，見太子劉徹在床邊，便一把扯住，急喚道：「去，召丞相衛綰來。」

時不久，衛綰應召奔入，景帝拉住他衣袖道：「赤日當頭五日，實不知是吉是凶。黃石公曰：『孤莫孤於自恃。』朕之過，就在於太過自恃。今周亞夫已病卒，想那勳臣之後國除，實是不妥。可封亞夫之弟周堅為侯，以承周勃之祀。」

此時忽聞門外有女子哭聲，景帝便望住王皇后。王皇后連忙回道：「是後宮賈夫人、程姬、唐姬等，皆在門外。」

景帝便一搖頭：「命爾等速退下，先帝尚未召我，哭的什麼？」遂又望住竇彭祖，囑咐道，「太后那裡，萬不能驚動。」

如此忙亂半日，景帝面色漸緩，眾人這才鬆口氣。王皇后與劉徹便不敢大意，自此輪流守候，晝夜不離。

又過了半月，景帝稍覺振作，便命王皇后、劉徹不必守護，任由自己調養。豈料才過一月餘，至十二月末，忽有黑雲壓長安，冬日裡雷聲大作。眾涓人皆感驚惶，從窗戶望出去，見日光竟成了紫色。

景帝聞之，命宦者扶自己起來，也往窗口去看。仰望了片刻，眼中忽精光一閃，急命人召劉徹前來。

劉徹聞召，以為父皇病重，急忙氣喘吁吁奔來。見景帝倚於床上，並無異常，這才將懸心放下。

景帝微露笑意，招手道：「徹兒過來。」劉徹便跪下，膝行至床前聽命。

景帝道：「你母生你時，曾夢紅日入懷。近來長安頻出紅日，今日更由紅而紫，當是應驗在你身上。」

劉徹驚疑道：「兒僅是懵懂少年，何以當之？」

「人間事，不可以常理推之。為父近日病重，料想來日已無多。想我登位以來，迄今已十六年，為政百端，無一事難得住我；唯於身後事，則感無能為力。這幾日想得多，覺臣民頌聲灌耳，不若後事託付得人。今紅日既出，世事更替，你便要擔起這社稷了。」

「父皇此言……兒臣今日不想聽。」

景帝便容色凜然道：「事已臨頭，我父子如何不能實言？紅日照長安，赤光漫道，固是瑞吉之象，然為父也疑是血光之兆，不可不提防。你日後登位，萬不可開殺戒。」

劉徹心頭也一凜，戰戰兢兢答道：「兒遵命。」

景帝又道：「為父病重，羸弱異常，恐等不及你二十再加冠了。下月中，你即可赴高帝廟，權行加冠禮。我不能親臨，則由丞相代之。」

劉徹聞言，頓時淚流如注，只得叩首應之。

至正月十七日，諸公卿、宗室奉上命，簇擁劉徹至高帝廟，行禮如儀，備極隆重。

當日返回，劉徹疾步入寢殿，見景帝倚倒床上，竟是氣若游絲，不禁就大哭。

景帝聞聲睜開眼，勉強一笑：「徹兒勇武，何以纏綿似小家婦？」

劉徹哽咽問道：「阿翁還有何囑？」

「我為政，似過嚴苛，徹兒不得似我，待臣民須仁厚。年來我廢磔

大儒獨抗，野焱之威撼朝野

刑[51]，允死罪以腐刑[52]代之，又屢赦天下，皆是為平民怨，然亦無濟於事。」

「父皇，你已盡心了。」

景帝聲音漸小，似耳語道：「乃祖與我，勤勉兩代；只可惜，留予你無窮憾事……」說到此，聲漸不聞，竟已陷入了昏迷中。

寢殿寂寂，可聞窗外有寒鴉悲鳴，數聲又止。劉徹大慟，伏在床邊急呼，然景帝卻猶如已入夢，此後再也未出一語。

如此十日後，即正月二十七日，天將薄暮，萬家炊煙未散時，漢景帝崩於宣室殿，享年四十八歲。

他前後在位十六年。臨終之際，猶自顫顫伸出手，緊握劉徹之手不放，似有千言萬語要說……

---

[51] 磔刑，古時酷刑，將肢體分裂。
[52] 腐刑，亦稱宮刑、蠶室，古時酷刑，即「男子割勢，女人幽閉，次死之刑」。

漢家天下──七國之亂：

削藩埋禍，七國叛起！山河能否再歸漢室？

作　　　者：	清秋子
發 行 人：	黃振庭
出 版 者：	複刻文化事業有限公司
發 行 者：	崧燁文化事業有限公司
E - m a i l：	sonbookservice@gmail.com
粉 絲 頁：	https://www.facebook.com/sonbookss
網　　　址：	https://sonbook.net/
地　　　址：	台北市中正區重慶南路一段61號8樓 8F., No.61, Sec. 1, Chongqing S. Rd., Zhongzheng Dist., Taipei City 100, Taiwan
電　　　話：	(02)2370-3310
傳　　　真：	(02)2388-1990
印　　　刷：	京峯數位服務有限公司
律師顧問：	廣華律師事務所 張珮琦律師

國家圖書館出版品預行編目資料

漢家天下──七國之亂：削藩埋禍，七國叛起！山河能否再歸漢室？ / 清秋子 著 . -- 第一版 . -- 臺北市：複刻文化事業有限公司 , 2025.02
面；　公分
POD 版
ISBN 978-626-7671-16-0(平裝)
1.CST: 中國史 2.CST: 通俗史話
610.9　　　　114000519

-版權聲明-

本書版權為河南文藝出版社所有授權複刻文化事業有限公司獨家發行繁體字版電子書及紙本書。若有其他相關權利及授權需求請與本公司聯繫。

未經書面許可，不得複製、發行。

定　　　價：450 元
發行日期：2025 年 02 月第一版
◎本書以 POD 印製
Design Assets from Freepik.com

電子書購買

爽讀 APP　　臉書